꿈이 있는 공동체 학교

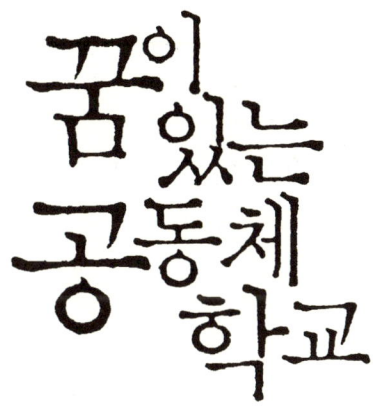

일, 놀이, 공부가 하나인 윤구병의 교육 에세이

윤구병 지음

Humanist

머리말
망할 놈의 세상이 아이들을 죽이고 있다

　미쳤다. 온 세상이 미쳐 돌아가고 있다. 아이들이 살아 있는 '미라'로, '강시'로, '좀비'로 바뀌고 있는데도 아무도 이 아이들을 살릴 생각이 없다. 어찌할거나, 어찌할거나. 교육이란 별게 아니다. 아이들이 스스로 제 앞가림을 할 수 있게 보살피는 일, 제 손발 놀리고 제 몸 놀려 먹고, 입고, 자는 나날의 삶을 알차게 꾸려가는 길을 열어주는 일, 사람 새끼는 혼자 살 수 없으니까 이웃과 함께 서로 도와가면서 오순도순 살 수 있게 너른 마당을 마련하고 튼튼한 울타리를 둘러주는 일, 나아가 모든 목숨 지닌 것들이 한데 어우러져 삶을 잔치로 바꾸는 놀음을 거드는 것이 교육이 맡은 일이고, 교육자가 할 일이다.
　그런데 지금 온 세상 교육 현장에서 무슨 일이 벌어지고 있는가? 아이들에게 스스로 제 앞가림을 하는 힘을 기르는 일은 뒷전에 두고, 남의 몫을 가로채는 법, 남에게 기대 사는 법, 몸 놀리고 손발 놀려 살길을 여는 게 아니라 잔머리 굴려서 불쏘시개감도 못 되는 돈만 산더미처럼 쌓아올리는 게 유일한 꿈이라고 여겨 주식시장, 증권시장 같은 도박판을 기웃거리면서 마지막에는 패가망신하는 노름꾼이 되는 법……들만 가르치고 있다. 하루에 열 시간이 넘게 딱딱한 걸상에 궁둥이를 붙이고는 살아가는 데 아무짝에도 쓸모가 없는 대학입시용 교과서만 달달 외우게 밤낮으로 몰아대고 있으니, 이게 무슨 학교 선생이 할 짓이고, 부모가 할 짓인가. 짐승들도 비록 남의 새끼일망정 이렇게 모진 학대는 하지 않는다. 그런데도 사랑의 이름으로, 교육의 이름으로, 위에서는 대통령, 수상이라는 연놈들부터 아래로는 어중이떠중이 놈년들까지 모두 한통속이 되어 아이들을 집단으로 학대하는 데서 한 걸음 더 나아가 집단 학살의 길로 접어들고 있다. 유대인 학살보다 더 참혹한 게 지금 온 세계의 교육 현실이다. 이 미치광이 놀음에 가장 앞서고 있는 땅이 '대한민국'이다. 내가 보기에 교육을 책임지고 있다는 연놈들 가운데 '사디스트'가 아닌 놈년들이 거의 없다.

사디스트, 가학성음란증 환자. 지나치다고? 아니다. 사디스트는 그래도 나은 편이다. 손발을 밧줄로 묶어놓고, 몸, 그 가운데서도 등짝만 주로 채찍으로 내리치니까. 잠깐만 고통을 견디고 나면 밧줄에서 풀려나 자유로운 몸이 될 수 있으니까. 그런데 우리 교육 현장에서는 무슨 일이 벌어지고 있는가? 묶어놓지 않았다는데도 아이들은 하루 종일 손발을 놀리지 못하고, 몸도 꼼지락거리지 못하는 철통같은 감시와 징벌 체제 속에서 일거수일투족이 통제되고 있다. 그리고 혼자서는 제 앞가림을 할 수 없고, 여럿이 모여도 오순도순 살길을 여는 게 아니라 함께 살아야 할 이웃이자 동무들을 너 살면 나 죽고, 나 살려면 너 죽일 수밖에 없는 경쟁자로, 철천지원수로 여겨서 등 돌리게 하는 늑대들, 살아 있는 살인기계들로 바꾸어내고 있다.

지난 200년 동안 이런 교육에 세뇌되고, 잔머리 굴리는 데 앞장서게 된 이른바 선진국의 '똑똑이'들이 한 짓이 무엇인가. 군함과 항공기, 대량 살상무기를 앞세우고, 살아 있는 살인기계로 바뀐 '교육 받은' 젊은이들을 앞장세워 착하고 가난하게 사는 나라들을 식민화하고, 서로 먼저 남의 땅 제 것으로 삼겠다고 자기네끼리도 치고받아 온 세상을 피비린내 나는 아수라 지옥으로 바꾸어놓는 길 닦아놓은 것 아닌가. 다시 이런 일이 되풀이되어서는 안 된다. 몸 놀리는 사람, 손발 놀리는 사람이 머리통 잘 굴리는 사람보다 더 대접 받고 사는 세상이 되도록 교육제도를 거꾸로 뒤집어야 한다. 산과 들과 바다에서 몸 놀려 일하는 사람이 하루 종일 책상머리에 궁둥이 붙이고 사는 사람보다 훨씬 더 사람대접을 받고 사는 세상이 와야 한다.

이 책이 그런 세상을 꿈꾸는 사람들에게 도움이 되는 교육혁명의 '에프엠(FM)', '전략 전술 교본'이 되었으면 좋겠다.

오래된 글을 하나하나 읽고 추려내어 묶느라고 하루 종일 걸상에 궁둥이를 붙이고 낑낑댔을 우리 불쌍한 선완규 선생과 김선경, 임미영 씨, 그리고 휴머니스트 출판사 인문학 출판 일꾼들에게 깊은 애도를 표한다.

2010년 1월

윤구병

차례

1 일과 놀이와 공부가 하나인 세상

할머니, 콩은 언제 심어요? 15
호박잎만큼도 안 되는 소갈머리 23
일과 놀이와 공부가 하나인 세상 26
헤엄을 배우던 날 30
진짜 숙제, 가짜 숙제 32
철부지가 철부지에게 35
시골 각설이와 도시 양아치 38
떡잎 때부터 잘 키우자 42
쓸 만한 말, 쓸 데 없는 말 46

2   꼭 같은 것보다 다 다른 것이 더 좋아

'나 감기 걸릴 거야' 53

아빠와 아버지 60

무협소설 읽는 대학교수 우리 아버지 67

꼭 같은 것보다 다 다른 것이 더 좋아 76

믿기 힘들지? 그렇지만 모두 사실이야 85

괴짜 선생님의 이상한 체육 시간 95

꿈꾸듯 말해보는 학교 104

가장 훌륭한 교과서는 이 세상이란다 113

그래, 네 멋에 살아라 124

불쌍한 내 딸년 131

3 콩나물 교실에 난쟁이 책걸상

몸을 통해서 가슴으로, 가슴을 거쳐서 머리로 143
아이들을 건강한 파괴자로 기르자 154
민주 시민을 길러내는 교육 163
종살이를 가르치는 독서교육 167
사회 변혁과 문체 혁명의 관계 174
어디로 가서 무엇을 배워야 할까 180
공부 잘하는 사람보다 일 잘하는 사람이 더 훌륭하다 189
그분들이 받았던 벌을 달게 받으렴 198
콩나물 교실에 난쟁이 책걸상 203
자본주의사회와 청소년 비행 211

4 가장 훌륭한 교사는 자연이다

학생들 잘못 가르쳐서 미안하이 221
내가 기억하고 있는 박 선생님 226
더 좋은 배움터란? 236
가장 훌륭한 교사는 자연이다 240
어디 저게 학교야? 244
뭘 하고 싶으냐? 247
자식들을 문 밖으로 258
실험학교와 새로운 공동체 263
내 손으로 찾는 소리와 빛의 세계 268

1
일과 놀이와 공부가 하나인 세상

할머니, 콩은 언제 심어요?

올해로 이태째 농사를 짓고 있다. 작년에는 대학선생을 하면서 주말과 방학 때만 농사일을 거들었다. 그러다 보니 좋은 농사꾼도 좋은 교수도 되기 힘들었다. 둘 가운데 하나를 골라야 했다. 대학교수를 그만두기로 했다. 우리나라에서도 그렇고 다른 나라에서도 대학교수는 많은 사람들이 선망하는 직업이다. 그리고 농사일을 꺼리는 사람이 날로 늘어나고 있다. 모두가 되고 싶어 하는 대학교수를 그만두고 되기 싫어하는 농사꾼이 되겠다 하니 말리는 사람들이 많았다. 식구들도 말리고 주위에서도 말렸다. 농사 경험이라고는 아주 어린 시절에 시골에서 살면서 몸에 익힌 낫질 정도다. 그런데 이제 그 낫마저 손에서 놓아버린 지가 마흔 해가 훨씬 넘는다. 나이 쉰 살이 넘어서 농사를 짓겠다 하니 많은 사람들이 '저 사람 온전한 정신인가?' 하고 고개를 갸웃거렸음 직하다.

농사일이 힘들다는 건 세상이 다 아는 사실이다. 토요일도 일요일도 없다. 물론 방학도 없다. 겨울철은 농한기여서 한가하리라고 여길 사람이 있을지 모르나, 지난겨울에 시골에서 지내면서 거의 하루도 쉴 틈이 없었다. 땔나무도 해야 하고, 보리밭 고랑을 덮을 낙엽도 긁어 모아야 하고, 이런저런 올해 농사 준비로 그야말로 눈코 뜰 새가 없었다. 시골 생활을 모르는 도시내기 가운데 이런 말을 하는 사람이 있다.

"토요일과 일요일은 좀 쉬지 그래요. 그리고 방학 때는 이곳저곳 돌아다니기도 하고 손님도 맞고 그러면 조금 덜 고될 텐데요."

그런 말을 들을 적마다 속으로는 참 한가한 생각을 하는구나 여기지만 그냥 이렇게 대답하고 만다.

"글쎄요. 풀도 주말에는 자라지 않는다면 쉴 수 있겠지요. 그리고 해도 날을 정해서 비추고 비도 우리가 바라는 때 내려주면 그럴 수 있을지도 모르겠어요."

살갗이 조금 검은 쪽이기는 하지만 대학선생으로 지낼 때는 얼굴이며 손발이 까마귀사촌으로 여겨질 만큼 새까맣지는 않았다. 얼굴도 몸도 벙벙했다. 그런데 농사일에만 매달린 지 일 년이 가까워오는 요즈음 내 모습을 보면 아주 많이 바뀌었다. 언젠가 한번 서울에 올라갔더니 버스에서 내리자마자 경찰관이 붙들어서 파출소로 데리고 갔다. 오랜만에 나들이한다고 제법 갖추어 입고 길을 떠났는데 몸과 옷이 따로 놀아서 대뜸 수상하게 보였던 모양이다. 그런 경우를 당하면 옛날에는 따지고 삿대질을 했는데, 마음도 그새 바뀌었는지 황소처럼 눈만 껌벅이면서 고분고분 따라가 묻는 대로 대답하고 크게 기분이 언짢아하는 기색도 없이 나왔다.

이쪽에서 누군가 "그래도 후회가 없어요?" 하고 물으면 고개를 끄덕이겠지. 일주일에 아홉 시간만 강의하는 대신에 하루에 열두 시간, 어떤 때는 열여섯 시간을 일하고, 나이 쉰이 넘어서 팔에 알통이 생길 만큼 힘든 노동을 거의 날마다 하는데도 농사꾼이 된 게 더 좋다고 하면 의아하게 여길 사람들이 많을 것이다.

나는 철학 교수였다. '아하, 그러면 그렇지. 보통 사람이라면 그런 생각을 했겠어? 괴짜니까 그런 생각을 했겠지.' 하는 반응을 보일지도 모르겠다. 그러나 나는 내가 괴짜여서 이런 선택을 했다고 보지 않는다. 철학과 내가 선택한 직업 사이에 아무 관계가 없다고는 말하지 않겠다. 그러나 철학을 공부했기 때문에 그런 선택을 한 것은 아니다. 차라리 이렇게 물으면 어떨까?

"철학을 가르치는 일보다 시골에서 농사짓는 게 더 행복해요?"

그렇다. 적어도 내게는 이 길이 행복에 이르는 더 가까운 길로 여겨진다.

여러분 눈앞에 높은 산이 있고, 그 산꼭대기에 행복이 있다고 상상해보자. 사실 이 말은 이치에 안 맞는 말이다. 순간순간 그날그날 행복이 이어져야 하고 그것이 쌓여서 행복한 삶을 이룬다고 믿기 때문이다. 그래도 오르는 산자락 굽이굽이에서 자라는 나무와 이름 모를 산새들의 울음소리 속에 행복이 있지 않고 고생고생해가면서 험한 산길을 헐떡이며 오른 뒤에야 산꼭대기에서나 맛볼 수 있는 것이라고 치자.

행복이 저 산꼭대기에 있다고 하면 누구나 지름길을 찾을 것이다. 그리고 그 지름길로 산꼭대기에 올라가려고 할 것이다. 그러나 지도 속에 그려져 있는 산에는 지름길이 있고, 그 지름길을 잣대로 그을 수 있을지 모르지만, 현실의 산에는 그런 지름길이 없다. 산에 오르는 사람이 다 같은 신체 조건을 타고난 것이 아니다. 나이도 다르고, 힘의 세기도 다르고, 좋아하는 길도 다르다. 넓은 계곡물을 훌쩍 뛰어넘을 힘이 있는 젊은이에게는 그렇게 해서 가로지르는 것이 지름길이지만, 다리가 불편하거나 힘이 약한 어린이와 노인에게는 계곡물을 뛰어넘는 것이 지름길이 되지 못한다. 제 힘에 맞는 길을 찾아 조금 돌아가는 것이 지름길이다. 지름길로 여겨 숲에 들어섰다가 가시덤불을 만나 못 가는 수도 있고, 무리를 해서 가파른 바위벼랑을 오르다가 떨어져 다리를 다치는 수도 있다.

이렇게 행복이 있는 산꼭대기에 이르는 지름길은 사람마다 다 다르다. 그러니까 농사짓는 일이 행복에 이르는 에움길이고 대학에서 학생들을 가르치는 일이 지름길이라는 생각은 모두에게 통하는 진리는 아니다.

꽤 여러 해 전에 중학교에 다니던 어떤 여학생이 이런 글을 남기고 스스로 목숨을 버린 일이 있다.

난 1등 같은 것은 싫은데, 앉아서 공부만 하는 그런 학생은 싫은데, 난 꿈이 따로 있는데, 난 친구가 필요한데, 이 모든 것은 엄마가 싫어하는 것이지. 난 인간인데, 난 친구를 좋아할 수 있고 헤어짐에 울 수도 있는 사람인데……. 나에게 수단과 방법을 가리지 말고 이기라고 하는 분, 항상 나에게 친구와 사귀지 말라는 슬픈 말만 하시는 분……. 공부만 해서 행복한 건 아니잖아? 무엇이든지 최선을 다해 이 사회에 봉사하고, 가난하고 불쌍한 사람을 위해 조금이라도 도움을 주면 그것이 보람 있고 행복한 거잖아? …… 난 로봇도 아니고, 인형도 아니고, 돌멩이처럼 감정이 없는 물건이 아니다. 밟히다, 밟히다 내 소중한 삶의 인생관이나 가치관까지 밟혀버릴 땐, 난 그 이상 참지 못하고 이렇게 떤다.

글로 미루어보면 이 학생은 학과 성적이 무척 좋았던 듯하다. 그러나 1등만이 행복에 이르는 지름길이라고, 1등을 놓치지 않으려면 친구도 버리고, 꿈도 버리고 기쁨도 슬픔도 한쪽에 접어놓고 밤낮 없이 책상머리에 매달려 어떻게 해서든지 경쟁에 뒤떨어지지 말아야 한다고 채찍질하는 어른들의 우격다짐을 견디다 못해 그 고운 꿈 한 자락 꽃잎처럼 펼쳐보지 못한 채 시들었다.

나는 이 글을 읽으면서 몹시 부끄러웠다. 나도 그 고운 꿈들을 짓밟는 어른 가운데 한 사람이었기 때문이다. 성적에 따라 학생들의 가치를 판단하고, 시험 볼 때 모르는 문제가 있어서 안타까워 두리번거리는 학생에게 호통을 치고, 학과 점수가 좋아야 일류 회사에 들어가 안정되고 행복한 삶을 누릴 수 있다고 꼬여온 사람이기 때문이다. 나는 부끄럽지 않은 선생이 될 자격도 자신도 없었다. 그래서 곰곰 생각했다. 어떻게 하면 얼마 남지 않은 내 삶을 떳떳하게 살아낼 수 있을까?

생각하고 또 생각한 끝에 부끄러운 선생으로 남아 있기보다는 부끄럽지 않은 학생이 되기로 했다. 농사일은 어린 시절을 시골에서 보냈기 때문에 낯설지 않았다. 그리고 농사일이라는 게 심고 기르고 가꾸는 일이어서 다른 생명체를 살리면서 나도 살길을 찾을 수 있을 것 같았다. 그런데 나는 농사일에는 거의 까막눈이다. 농사를 짓는 일에는 그야말로 유치원 학생이나 다름없다. 나는 대학선생에서 유치원 학생으로 떨어져도(?) 되겠느냐고 스스로 묻고 또 물었다. 내 안에서 고개를 끄덕이는 사람이 있었다. 그래서 나는 농사꾼이 되었다.

여기서는 모두 새로 배워야 한다. 내 이웃에 살면서 농사짓는 어른들은 젊으나 늙으나 모두 내 선생님들이다. 그런데 이 선생님들은 내가 공부를 못한다고 나무라지 않는다. 내가 몰라서 쩔쩔매면 자기 일 팽개치고 와서 도와준다. 나는 여기에 살면서 이제까지 한 문제에 정답이 하나밖에 없다고 생각해온 내가 얼마나 어리석었는지를 몸으로 깨닫고 있다. 이를테면 지난봄에 콩을 심으려는데 언제 심어야 하는지 알 수 없었다. 그래서 동네 할머니께 물었다.

"할머니, 콩은 언제 심어요?"

물으면서 마음속으로 틀림없이 몇 월 며칠에 심는다는 대답을 해주실 줄로 믿고 달력을 쳐다보았다. 그러나 할머니 대답은 뜻밖이었다.

"으응, 올콩은 감꽃 필 때 심고, 메주콩은 감꽃이 질 때 심는 거여."

이 말을 듣고 나는 정신이 번쩍 났다. 그래, 책을 보고 날짜를 따져서 씨앗을 뿌리겠다는 내 생각이 얼마나 어리석은가! 지역마다 토양이 다르고 기후도 온도도 다르고 내리는 비도 바람길도 다른데, 그래서 지역에 따라 씨 뿌리는 철도 거두어들이는 철도 다를 수밖에 없는데, 마치 몇 월 며칠이라고 못을 박아야 정답인 것 같고, 다른 풀이나 나무가 자라는 시기를 기준으로 대답하면 틀린 것으로 여겨온 내 교과서식 지식이 얼마나 잘못되었는가.

생각하면 할수록 적어도 내가 사는 곳에서는 그 할머니 대답 이상으로 '과학적인' 해답이 없었다. 우리 마을에는 감나무가 유난히 많다. 집 안에도 울 밖에도 온통 감나무 천지다. 늘 보는 감나무의 철맞이를 잣대 삼아 콩 심고 팥 심는 때를 가늠하는 시골 어른들의 이 지혜는 오랜 세월을 두고 해온 세심한 관찰과 경험이 쌓여 생겨난 것이다. 씨 뿌리는 시기를 몇 월 며칠 식으로 못 박으려면 온 나라의 땅과 기후와 온도와 강우량과 바람길, 그리고 강과 들과 산을 모두 획일화

해야 한다. 생명의 세계를 기계의 세계로 바꾸어야 한다. 그러나 이런 일은 하느님도 할 수 없다. 그뿐더러 그렇게 해놓은 결과는 너무나 끔찍할 것이다. 어느 한 가지 조건만 달라지더라도 생명을 가진 모든 것이 한꺼번에 목숨을 잃을 수도 있지 않은가.

생명과학의 세계는 물질과학의 세계와 아주 많이 다르다는 것을 깨닫는 것도 농사를 지으면서부터였다. 공장에서야 똑같은 재료와 틀을 써서 똑같은 물건을 산더미처럼 만들어낼 수 있다. 물건이 팔리느냐 팔리지 않느냐에 따라 덜 만들어낼 수도 있고 더 만들어낼 수도 있다. 토요일이나 일요일에는 공장 문을 닫을 수도 있다.

그러고 보니 현재 우리 학교제도도 공장과 비슷하다. 저마다 다른 학생들의 소질과 소망과 능력과 취향을 무시하고 공부하는 기계로 만들어내는 경향이 없지 않다. 학생들은 미래를 꽃피울 소중한 씨앗들이고 그 씨앗들은 저마다 서로 다른데, 하다못해 한 콩깍지에서 나온 콩이라도 자라면서 달라지는데, 어쩌자고 꼭 같은 나사못으로 깎아내려고만 들까. 그리고 나도 무엇에 홀려 그런 일에 앞장서 왔을까.

농사일을 배우면서 적어도 나는 쓸모없는 지식을 배우지 않는다. 벼락치기로 밤샘을 하여 달달 외웠다가 시험이 끝나면 온데간데없이 머리에서 사라지고 마는 그런 공부는 하지 않는다. 내가 배워 익히는 것은 모두 내 삶에 소중한 것들뿐이다. 논과 밭에서 저절로 자라는 풀들이 모두 잡초는 아니라는 것도 여기 와서 깨우쳤다. 농약과 제초제와 화학비료를 써서 한 가지 농작물만 생산해내는 농사 방법이 옳지 않다는 것도 직접 농사를 지어보면서 알아챘다.

이제 살 날이 얼마 남지 않은 어른이 이렇게 말씀하시는 것을 들었다.

"한평생 한눈팔지 않고 농사만 지었는데 아직도 농사일에 대해서 아는 것보다 모르는 게 훨씬 더 많아. 해마다 농사일 새로 배우는 느낌이야."

농사일에는 박사이신 어른이 이런 말씀을 하시는데 뒤늦게 유치원 문에 들어선 나 같은 풋내기야 무슨 말을 할 수 있으랴.

뒤늦게야 철학 공부는 교과서를 보고 책을 보고 하는 게 아닐지도 모른다는 생각이 든다. 가장 큰 스승인 자연의 가르침을 온몸으로, 생각만이 아니라 기쁨과 슬픔과 아픔의 문까지도 활짝 열고 겸손하게 귀담아들을 때 비로소 지혜가 인도하는 행복의 길로 들어설 수 있지 않을까.

호박잎만큼도 안 되는 소갈머리

내가 사는 변산 지역은 산과 들과 바다가 다 갖추어져 있어 부지런히 몸만 놀리면 굶어 죽을 걱정이 없는 곳으로 알려져 있다. 동학농민전쟁이 실패로 돌아간 뒤에 관군에게 쫓기던 동학군들 일부는 살아남으려고 지리산으로 들어가고, 일부는 변산으로 숨어들었다고 한다. 그런데 시절이 좋아져서 지리산에 갔던 사람과 변산에 갔던 사람이 돌아오는 걸 보니, 지리산 갔던 사람은 피골이 상접한 모습인데 변산 갔던 사람들은 살이 포실하게 쪘더란다. 나 어렸을 적 흉년이 들었을 때 우리 마을 사람들은 왕겨와 수수껍질을 갈아 먹으면서 견뎠는데 이곳 사람들은 개펄에서 낙지를 파먹고 흉년을 났다고 한다.

이렇게 살기 좋은 곳으로 이름난 곳인데도 마을에 젊은이들이 드물다. 땅을 지키고 살리려는 뜻을 지니고 남아 있거나 새로 들어온 젊은이들도 아이들 교육 문제와 부족한 일손 때문에 어려움이 많다. 여기에 산 지 여섯 해째 접어들면서 아직 일머리도 트이지 않고 일손도 서툴러 교육 문제는 먼 뒷날 일이라고 느긋하게 마음먹고 있었던 게 오산이다. 그래서 젊은 식구들을 구슬리고 달래서 농사일과 중등 과정 지역 아이들 교육을 함께 해가느라 경황이 없는 터에 이번에는 짐이

1 일과 놀이와 공부가 하나인 세상   23

하나 더 늘었다. 우리 공동체에는 그래도 일손이 많으니 서너 살 안팎의 꼬마들을 돌봐달라는 부탁이 들어온 것이다. 사정이 딱해 '우리 코도 석 자다.'라고 버틸 수도 없었다. 본디 우리 공동체가 '교육은 무상으로'라는 원칙을 코끝에 내걸고 있는 터라 품앗이가 아니면 거저 돕는 수밖에 없다. 그래서 일손 하나가 더 줄었다.

그런데 이게 웬일인가. 열 명밖에 안 되는 아이들이지만 워낙 어려서 제대로 돌보려면 줄잡아 두 사람이 매달려야 하는 놀이방에서 자격증도 있고 경험도 많은 선생님이 개인 사정으로 아이들을 더는 돌볼 수 없다고 손을 떼니, 또 쫓아와서 우리더러 귀농할 뜻도 있고 아이들을 사랑하는 유치원 정교사 한 분을 빨리 알아봐달란다. 이번에는 가난한 농어민이지만 그냥 돌봐달라는 부탁은 않겠으니 박봉이나마 받고 일할 분 구해달라는 것이다. 참 어려운 부탁이다. 특별한 경우라고 유급 교사를 뽑자니 무상교육 원칙과 싸우고, 자원봉사자를 찾자니 쉽지 않고……. 할 수 없이 공동육아운동에 앞장선 후배 교수에게 도움을 청했다. 그리고 하회만 기다리고 있는 중이다.

내가 구인 광고 비슷한 이야기를 구질구질 늘어놓는 뜻이 있다. 얼마 전에 옥수수밭을 매면서 옥수숫대 사이에 끼어 저절로 자라는 호박순을 보았다. 그냥 뽑아 던지기에는 너무 아까워 미리 땅을 파서 지난겨울에 똥오줌까지 부어놓았던 호박 구덩이에 옮겨 심었다. 뿌리를 다치지 않게 하느라 제법 땅을 넓게 파서 흙째 옮겼는데도 하루 햇볕에 그 싱싱하던 잎들이 축 늘어져버리는 것을 보고 고개를 저었다. '역시 안 되는구나.' 하고. 그런데 다음 날 새벽에 가보니 시들어 늘어진 넓은 잎 사이로 조그마한 새 잎이 손을 내미는 게 보이지 않겠는가! 참 놀라운 일이었다.

그러니까 물은 부족한데, 뿌리도 힘을 잃어 제대로 물을 빨아들일 형편이 안 되는데, 물이 많이 필요한 어미 잎들이 저 살겠다고 나서면 새끼들까지 죽이게 된다, 우리 어미 잎들이 희생해서 새끼 잎들을 살리자고 밤새 의논을 했던 것 같다. 아, 식물 사이에서조차 자식 사랑, 새 생명에 대한 배려는 이렇듯이 절절한 데가 있구나 싶어 눈시울이 뜨거워졌다. 그걸 보면서 '왜 우리한테만 이런 무거운 짐을 지우려드는 거야. 아직은 자신을 돌보기에도 급급한데…….' 속으로 투정하던 마음이 부끄러워졌다. 호박잎만큼도 안 되는 소갈머리에 얼굴이 붉어졌다.

지금은 이 시골에서 부지깽이 힘이라도 빌릴 수 있으면 빌리고 싶을 만큼 바쁠 때다. 새벽 5시가 되기 전부터 눈 비비고 일어나 하루 종일 서둘러도 해낸 일보다 할 일이 더 많다. 그래도 아이들은 돌보아야 한다. 이 아이들이 바로 우리 미래의 삶이니까. 희망은 바로 우리 미래의 삶을 일컫는 말이다.

일과 놀이와 공부가 하나인 세상

지난여름 아이들 몇을 모아 계절학교를 연 적이 있다. 아이들을 이 계절학교에 보낸 부모들은 아주 비싼 수업료를 내야 했다. '돈은 일체 받지 않는다. 잠자리도 먹을 것도 거저 준다. 다만 아이들이 계절학교에서 공부하는 한 주일 동안 부모님들이 함께 와서 우리와 함께 땀 흘리며 농사일을 거들어야 한다. 밖에서 돈 주고 사는 청과류나 과자 부스러기, 즉석식품은 가져올 수 없다. 세제나 비누도 가져와서는 안 된다. 하루 한 끼는 자연에서 나는 이름 모를 풀 반찬을 해먹어야 한다.' 대체로 이런 조건이었으니 차라리 무리를 해서라도 돈으로 때우는 편이 훨씬 더 낫겠다고 속으로 투덜거린 부모님이 있었으리라.

첫날 학부모와 교사, 학생들의 확대회의가 있었다. 멍석에 앉아 모깃불을 피우고 별빛을 받으면서 연 회의였는데, 아이들에게 불량식품은 일체 입에 댈 수 없다고 했더니 초등학교 3학년에 다니는 재혁이라는 아이(이 애는 한 달쯤 뒤에 부모와 함께 아예 우리 마을로 살러 들어왔는데, 그때까지는 전형적인 서울 깍쟁이였다.)가 대뜸 "그건 공평하지 않아요." 하고 들고일어섰다. 왜냐고 물었더니 어른들은 불량식품 가운데서도 가장 나쁜 담배를 피우고 술을 마시면서 자신들한테만 불량식품을 입에 대지 말라니 말이 되느냐 한다. 말문이 막혔다. 그래서 "그럼 너희 보는 앞에서는 술, 담배 삼가겠다."고 선심을 썼다. 그러자 다른 아이가 그 말을 받아 "그럼 우리도 어른들 앞에서만 불량식품 안 먹으면 되겠네요." 하는 것이 아닌가. 할 말이 없었다.

이 만만치 않은 아이들을 데리고 임시로 지은 숲 속 '하우스' 안에서 생활을 하는 동안 느낀 게 참 많다. 가장 기억에 남는 기쁜 일은 아이들이 일을 두려워도 무서워도 하지 않는다는 사실을 확인한 것이다. 숲 속 저수지 곁에 우물이 하나 있다. 마을 어른들이 '참샘'이라고 부르는 우물인데, 온 동네에 심한 가뭄이 들어 우물들이 모두 마르면 이 '참샘'에 와서 물을 길어 식수로 썼다 한다. 그런데 마을에 수돗물이 들어오면서 이 '참샘'은 오랫동안 버림 받고 있었다. 옛 모습이 거의 남아 있지 않은 이 우물을 다시 복원하기로 했다. 이 일을 아이들에게 시켰더니 하루 종일 땡볕에서 돌을 나르고 우물가에 우거져 있는 풀을 베고, 우물을 막고 있는 낙엽 썩은 것을 걷어내고 돌로 물길을 따라 수로를 내고 …… 하는 일을 하는데 불평하는 아이가 아무도 없었다.

넓혀놓은 개울물에 띄워놓고 놀 뗏목을 만들라고 했을 때도 마찬가지였다. 모두 톱도 망치도 못뽑이도 처음 들어보는 아이들이었다. 처음에는 칡덩굴을 걷어 통나무를 묶겠다고 낑낑대더니, 그게 만만치 않다는 걸 알고 못으로 통나무를 연결하는데, 처음 해보는 못질이니 못이 제대로 박힐 리가 없다. 휜 못을 빼고 박고 하면서 '지렛대의 원리', '압력은 면적에 반비례한다' 어쩌고저쩌고 하면서 한나절이 넘게 손이 부르트도록 일을 하면서도 얼굴빛이 환하다.

숲 속 길을 열면서 계곡 따라 올라가 보기를 할 때도 마찬가지였다. 나무꾼들이 다니던 옛 숲길에 풀과 나무가 우거져 길을 막고 있기에 낫을 들려주고 사용법을 가르쳐주었더니 점심 먹는 것까지 잊어가면서 숲길을 개척하여 계곡 탐사를 하는 것이 아닌가.

이 계절학교에는 대학생부터 중학생, 초등학생이 고루 참여했다. 교사의 수는 부모님까지 합하면 학생 수보다 더 많았다. 바닷가에 나가서는 큰 천막 치고 아이들이 잡아온 게와 소라 새끼를 튀기고 삶고 하여 맛있게 먹었는데, 이 과정에서 교사 역을 맡은 우리 공동체 식구들은 여러 차례 식은땀을 흘려야 했다. 풀과 나무의 이름과 쓰임새, 바닷가에 사는 여러 어패류의 생태, 아름다운 목소리로 노래하는 새들의 이름과 생김새 …… 어느 것 하나 제대로 아는 게 없었으니 그야말로 엉터리 선생님들이었는데, 모르겠다고 대답해도 아이들은 뜻밖에 아주 너그러웠다.

나는 아이들의 가장 훌륭한 스승은 자연과 부모를 포함한 마을 어른들이라고 본다. 그리고 가장 자연스러운 교육은 선생님 한 분에 아이들이 여럿인 관계에서가 아니라 선생님 여럿에 아이 하나, 또는 선생님 한 분에 아이 하나의 관계에서 이루어진다고 본다. 상품경제를 뒷받침하기 위한 제도교육이 자리 잡기 전까지 아이들은 모두 대자연의 품 안에서 마을 어른들을 집단 스승으로 모시고, 게다가 형이나 누나 같은 보조교사까지 있는 환경에서 삶에 필요한 정보를 머리로만이 아니라 온몸으로 받아들이면서 건강하게 자라왔다.

제도교육의 장점을 모르는 바가 아니지만 아이들이 일과 놀이와 공부가 하나로 녹아 있는 기초 생산 공동체에서 자율적이고 독립심이

강한 아이들로 자라는 것이 더 좋다고 여긴다. 도시에서 살다가 우리 마을로 이사 온 이제 초등학교 4학년이 된 재혁이에게 "서울 안 가고 싶니?" 하고 물으면 펄쩍 뛸 듯이 몸짓을 과장하며 "아뇨." 하고 큰 소리로 대답하는데, 이런 아이들이 많이 늘면 늘수록 우리의 미래는 그만큼 더 밝아질 것 같다.

헤엄을 배우던 날

'아주 쉽다'를 나타내는 우리말 표현에 "누워서 떡 먹기"와 "땅 짚고 헤엄치기"가 있다. 실제로 누워서 떡 먹기는 설핏 드는 생각과는 달리 그다지 쉬운 일이 아니다. 고물이 있는 떡은 그 떡고물이 눈에 떨어질 수도 있고, 맨떡만 먹다가는 목이 메는 수도 있다. 그러니 떡은 상머리에 앉아 잘 익은 무김치쪽이나 조청을 곁들여 먹는 게 제격이다.

이와는 달리 '땅 짚고 헤엄치기'는 정말 얼마나 쉬운가. 둔덕으로 버드나무가 그늘을 드리우고, 눈이 시리도록 맑고 투명한 개울물 밑 바닥에는 하얀 모래가 깔려 있다. 피라미와 모래무지, 송사리와 버들붕어가 종아리와 발등을 간지럼 태우면서 헤엄치는 얕은 물에서 두 손바닥으로 모래의 감촉을 즐기며 두 발로 번갈아 물장구를 치노라면 저 멀리 산등성이에 뭉게구름이 솜을 타놓은 듯 보드랍고 하얗게 부풀어 오른다.

그때가 예닐곱 살 때쯤이었을까. 헤엄치러 갈 때는 으레 동네 형들과 함께 가기 일쑤인데, 짓궂은 형들은 우리 조무래기들이 땅 짚고 헤엄치면서 마냥 좋아하는 걸 두고 보지 못한다. 그날이 내 차례였나 보다. 동네 형 가운데 하나가 느닷없이 내 쪽으로 와서 나를 번쩍 치켜들더니 버드나무 그늘이 있는 깊은 물로 사정없이 내던져버리는 게 아닌가. 손에도 발에도 짚이는 게 아무것도 없이 끝없이 깊은 죽음의 수렁으로 빨려드는 그 두려움이라니. 입으로 코로 한없이 흘러들어 배를 채우고 허파까지 아리게 하는 물. 손발을 허우적대고 비명을 지를수록 더 빨리, 더 크고 무섭게 다가서는 죽음의 공포. 어떻게 어떻게 해서 가장자리 쪽으로 기어 나와 살았다 싶으면 또 누군가 등을 떠밀거나 다리를 걷어차 깊은 곳으로 던져버렸다.

동네 형들이 나를 죽이려 들면 친형들이라도 나서서 구해주는 게 마땅한 일이련만 그 친형들마저 옆에서 구경하고 웃고만 있을 뿐 구원의 손길을 내미는 기미가 털끝만큼도 없었다. 그 버림받은 느낌이라니. 잔혹함이 허옇게 이를 드러내며 웃는 가운데 속절없이 죽음에 몸을 맡길 수밖에 없는 데서 생기는 원망이라니.

그러나 이것은 물고문 이야기가 아니다. 우리는 모두 이런 과정을 거쳐서 헤엄치기를 배웠다. 땅 짚고 헤엄치기의 즐거운 유년 시대를 마감하고 멀고 험한 파도로 에워싸인 삶의 바다로 헤어나갈 준비를 적들이 아니라 한 울타리 안의 형들이 시켜주었다.

진짜 숙제, 가짜 숙제

부모님 팔다리 주물러드리기, 부모님 발 씻어드리기, 가족 팔씨름 대회, (부모와 함께) 나물 캐어 무쳐 먹기, 우리 집 둘레 청소하기, 함부로 버린 쓰레기 줍기, 손톱에 봉숭아 꽃물들이기, 밥해보기, 시장 구경, 이웃돕기 성금 모으기……. 이것은 이호철 선생님이 자기 반 아이들에게 내준 '재미있는 숙제'의 목록이다. 이 선생님이 쓴 《재미있는 숙제, 신나는 아이들》이라는 책 가운데서 가정생활과 연관되는 제목만 뽑았다.

이런 숙제에 대한 부모님들의 반응이 어떤지 아이들의 글을 통해서 한번 살펴보자.

엄마는 재미있는 숙제를 무척 좋아하신다. 처음 재미있는 숙제를 한다고 하니까 "그런 숙제도 다 있나?" 하시며 무척 신기해하셨다. 얼마 전 불우이웃돕기를 할 때도 "느그 선생님 참 좋으신 분이네. 느그 선생님 한번 봐야 되겠네." 하며 웃으셨다.

재미있는 숙제를 할 때면 아버지는 "또 그 숙제 하나? 참 별난 숙제 다

낸다. 공부만 열심히 하면 되는 거지, 귀찮게 그런 숙제는 뭐 하러 내노?" 이렇게 말씀하시곤 한다.

반응이 딴판이지 않은가? 우리 아이가 이런 선생님을 만나 이런 숙제를 받아올 때 자신은 어떤 반응을 보일지 한번 생각해보라. 모르면 모르되 "공부만 열심히 가르치면 되지, 무슨……." 하고 속으로 혀를 찰 부모님들이 적지 않을 것이다. 이때 부모님들이 머리에 떠올리는 '공부'는 아마 나중에 일류 대학에 붙는 데 필요한 학과 공부, 시험공부일 것이다.

'사람 공부'를 게을리 하고 시험공부에만 신경을 써서 기른 아이들이 나중에 어떻게 되는지 우리는 박한상 군이나 최근에 아버지를 죽인 어느 대학교수의 행적에서 큰 교훈을 얻을 수 있다.

시험공부는 벼락치기로 할 수도 있지만, 사람 공부는 하루아침에 이루어지지 않는다. 아이들의 사람 공부가 꼭 부모만의 책임이라고 볼 수 없다. 학교와 지역 사회가 부모와 함께 힘을 합해야 아이들을 제대로 길러낼 수 있다. 그렇기는 해도 역시 가장 큰 책임은 부모에게 돌아간다.

숙제만 하더라도 그렇다. 어떤 선생님들은 국어책 몇 쪽에서 몇 쪽까지, 수학 문제 50개, 문제집 몇 쪽까지 …… 이런 식으로 아이들이 잠시도 쉴 짬이 없이 팔이 떨어지도록 과중한 숙제를 내주는데, 부모님들은 아이들이 하루 종일 책상 앞에 엎드려 있는 것을 보는 것만으로 흐뭇하여 방관하는 경우가 있다. 이런 의미 없는 숙제에 지친 아이들이 마음속으로 '다시 태어난다면 꼭 공부 없는 나라로 가야지.' 하고 울먹이고 있는데도 말이다.

여기에서 '재미있는 숙제'가 아이들에게 어떤 방식으로 사람 공부도 시키고 글쓰기 공부도 시키는지 예를 하나만 들어보자.

> 요번 주의 재미있는 숙제는 엄마 다리 주물러드리기나 발 씻어드리기다. 저번 주에는 엄마가 반대했기 때문에 하지 못했다. 그래서인지 요번 주에도 자신이 없었다. 여섯 시 이십 분쯤에 온 엄마에게 "엄마, 다리 주물러줄까?" 하고 물어보았다. 그러자 엄마는 빙긋이 웃으면서 이렇게 말했다. "니가 웬일이고? 내 다리까지 주물러줄려고 하노? 무슨 부탁 있나?" 난 그 말에 대답 안 하고, 전기장판 위에 앉혔다. 엄마는 몸을 뒤로 젖히고 두 팔로 버티었다. 엄마는 "아이고, 우리 효자 손으로 주물러주는데 한번 잘 주물러봐라." 하고 농담 반 진담 반 섞인 소리로 말했다. 난 엄마와 이야기를 하며 다리를 주물렀다. 주무르는 내 마음도 즐겁고 가벼웠다. 엄마의 다리를 계속 주무르다가 발이 부어 있다는 것을 알았다. "엄마, 엄마 발 와 이래 부었노? 아침에는 안 그렇든데……." 하고 물어보았다. 그러자 엄마는 태연히 "하루 종일 돌아다녔으니까 발이 안 붓고 되나. 다 너거 먹여 살릴라고 안 그랬나?" 하고 말했다. 다리를 주물러주는 손이 떨렸고 눈물이 핑 돌았다.
>
> ─ 경산 부림초등학교 6학년 이동철

이호철 선생님 반 아이가 쓴 글이다. 어떤가? 사람 공부도 시키고, 글쓰기 공부도 시키는 이런 숙제가 진짜 숙제가 아닐까?

철부지가 철부지에게

지난 주말에 4박 5일 동안의 겨울 계절학교를 끝마쳤다. 우리 공동체 학교 아이들, 지역 아이들, 그리고 서울을 비롯한 외지에서 온 중고생들이 함께 생활하면서 아이들 스스로 밥 짓고, 반찬 만들고, 새끼 꼬고, 묵은 밭에서 칡덩굴 걷고, 소나무 가지를 쳐서 솔잎을 따 효소 만들고, 낫 갈기를 익혀 팽이 깎고, 개펄에 나가 바지락 캐고, 새벽에 일어나 산에 오르고, 달집 만들어 쥐불놀이하고, 가마솥 아궁이에 불을 때서 밥과 국을 끓여 먹는 등 골고루 체험하게 했다.

요즈음에는 시골 아이들도 낫을 어떻게 가는지, 새끼를 어떻게 꼬는지 잘 모른다. 가마솥에 밥을 하고 뜸 들이는 것이야 더 말할 것도 없다. 산살림, 들살림, 갯살림은 우리네 기초 살림이고, 도시에 살건 시골에 살건 유사시에 대비해서 자연에서 얻는 재료를 가공해서 제 앞가림을 할 수 있도록 하는 게 필요한데, 우리의 제도 교육기관에서 이 살림교육을 제대로 시키지 않으니 참 답답하다.

때가 어느 땐데 그런 케케묵은 생활양식을 아이들에게 가르치려고 드느냐고 콧방귀를 뀔 사람이 적지 않을 것이다. 그러나 자연에서 배우는 게 없는 사람은 평생을 살아도 제대로 철이 들지 않는다는 게 내 생각이다. 철없는 사람은 제 앞가림을 스스로 할 수 없다. 요즈음 들어 생태계를 위험에 빠뜨려 결국 자기가 빠져 죽을 구덩이를 파는 자연 파괴가 범세계적으로 자행되는 것도, 따지고 보면 스스로 제 앞가림을 할 줄 모르는 인간들이 자연과 상생하는 길을 찾는 대신 기생과 약탈을 일삼는 철없음에서 비롯한 것으로 본다.

많은 사람들이 과학 기술을 무턱대고 숭상한다. 그러나 같은 대장간에서 벼리는 연장이라도 그것이 낫이나 호미인지, 창이나 화살촉인지에 따라 문명의 이기가 되기도 하고 재난의 근원이 되기도 한다. 낫이나 호미는 자연과 관계 맺음 속에서 자연스러운 생명의 시간, 다시 말해서 철에 따라, 철에 맞추어 제 기능을 한다. 그러나 창이나 화살촉은 자연과 동떨어진 인공의 시간 속에서 이유야 어찌 되었건 철없이 만들어지고 철모르는 상태에서 쓰이기 십상입니다.

과학 기술이 자연과 상생하는 생명의 시간 속에서 움트고 열매 맺으면 문명의 이기가 되지만, 자연과 동떨어진 인간의 시간 속에만 만들어지고 그 쓰임새가 결정되면 제 갈 길을 벗어나 인류에게나 다른 생명체에 큰 재난으로 작용하기 쉽다는 것을 인공의 에덴동산을 꿈꾸는 도시 사람들은 곧잘 간과해버리고 만다.

사람에게 철을 가르치는 것은 사람의 몫이 아니다. 아무리 슬기로운 사람도 제 힘으로 자식들을 철들게 만들 수 없다. 자연이 가장 큰 스승이라는 말은 자연만이 바뀌는 생명의 시간 속에서 사람을 철들게 만들고 철나게 만들기 때문에 생겼다. 사람은 한 철, 또 한 철 자연과 교섭하는 가운데 밖에서 나는 봄철, 여름철, 가을철, 겨울철을 내면화한다. 그리고 그 과정에서 철이 나고 철이 든다.

사실 이런 이야기를 하는 나도 시골에 터 잡은 지 이제야 겨우 여섯 해째 접어드니까 다섯 살배기 철부지에 지나지 않는다. 교육의 큰 목표 중 하나가 아이들을 철들게 하는 것이라면, 아이들이 생명의 시간에 동참할 수 있는 기회를 마련해주어야 한다. 교육 개혁은 인공의 시간 계획표 속에서는 이루어지지 않는다.

시골 각설이와 도시 양아치

시골 각설이와 도시 양아치에 관한 실없는 농담 한마디.

시골 각설이는 비록 빌어먹지만 먹고살 한 해 계획을 세워야 한다. 보리나 쌀 같은 주식이 사시장철 언제나 나는 것이 아니고 보리누름과 벼 베기 철이 따로 있으니, 이때 부지런히 동냥을 해서 겨울을 나야 하고 보릿고개에도 살길을 찾아야 한다. 그러니 아무리 뱃가죽이 등에 눌어붙더라도 하루에 한 끼만 때워야 한 해를 굶어 죽지 않겠다는 요량이 서면 얻어다 놓은 곡식 자루가 동산만큼 부풀어 올라 보이더라도 그 곡식을 축내서는 안 된다. 이것이 시골 각설이의 마음가짐이다.

이와는 달리 도시 양아치는 먹을 것이 생기는 때를 종잡을 수 없다. 재수 좋으면 비록 먹다 버리는 것일망정 산해진미가 하루 종일 배 터지게 먹을 만큼 깡통을 가득 채우기도 하지만, 재수에 옴이 붙으면 골목골목을 누비면서 코앞에서 쾅 닫히는 매정한 대문 앞에서 애절한 목소리로 "한 술 줍쇼!"를 목이 터져라 아무리 외쳐봐야 생기는 게 없다. 따라서 도시 양아치는 하루 생기면 하루 먹고 하루 못 벌면 하루 굶어야 하니, 먹을 것이 있을 때 양껏 배를 채워두는 게 상책이다. 어느 겨를에 한 해를 가늠하겠는가.

아이들 독서 지도에 대해서 한마디 하라고 했더니 뚱딴지같이 웬 궁상떠는 이야기냐고 할지도 모르겠다. 그러나 기왕에 빗나가기 시작했으니 상식 없는 이야기 한마디 더.

아이들에게 독서 지도는 나중 일이다. 요즘 들어 글의 쓰임새가 날로 커지기는 하지만, 그래도 이웃과 더불어 사는 데 더 큰 몫을 하는 것은 서로 주고받는 이야기다. 글 읽기에 앞서서 가르쳐야 할 것은 제대로 말하기다. 옛날과 달리 요새는 아이들이 말하는 법을 제대로 배울 기회가 없다. 품에 안고 옛날이야기를 들려주시는 할머니도 없고, 말 잘못하면 그때그때 꾸짖어줄 마을 어른도 없다.

아이들은 마을이라는 공동체의 삶 속에서 말을 배우는 것이 아니라 핵가족으로 파편화된 격리된 공간 속에서 부모와 방송 매체를 통해서 말을 배운다. 그러니까 한 집안에서만 효용성을 지닌 아주 사사로운 말을 익히거나 전 국민을 상대로 해서 하는 추상적이고 보편적인 말을 중심으로 해서 말하기와 듣기를 배우는 것이다. 이런 교육으로써야 아이들이 건강한 민주 시민으로 자랄 수가 없다.

엎친 데 덮친 격으로 아이들이 그나마 불완전하게 익힌 우리말 교육은 글을 가까이하면서 무섭게 일그러진다. 아이들은 말을 연필로 종이에 옮겨놓으면 글이 되는 세상에 사는 것이 아니라 말과 글이 너무 동떨어져서 말은 잘하지만 글은 못 쓰는 아이와 말은 못하지만 글은 잘 쓰는 괴상한 아이로 자라게 된다.

많은 아이들이 글 쓰는 걸 두려워한다. 당연한 일이다. 말의 질서와 글의 질서가 달라서 글을 쓰려면 애써서 새로운 질서를 익혀야 하기 때문이다. 이를테면 "우리 할머니 열한 살 때 민며느리로 이웃 마을에 시집을 가는데, 너무 무서워서 가마 속에서 오줌을 쌌대요."라고 말하는 아이더러 글을 쓰라면 "우리 할머니는 열한 살 때 민며느리로 이웃 마을에 시집을 갔습니다. 그녀는 너무 무서워서 가마 속에서 오줌을 쌌다고 합니다."라고 써야 바른 글이 되는 줄로만 안다. 이것은 약과다. "나는 옷이 소매가 끝이 너무 길어서 늘 걷고 다녀야 해."라는 말이 자연스러운 것을 알면서도 글로 쓸 때는 "나의 옷의 소매의 끝이 너무 길어서 나는 늘 옷소매를 걷고 다녀야만 했다."라고 써야 정확한 글로 알고 있다.

우리 아이들이 말도 제대로 배우지 못하고 글도 제대로 쓰지 못하는 데는 아이들이 읽는 글 탓도 크다. 아이들이 읽을 만한 글 하면 으레 외국 동화책을 머리에 떠올리는 부모가 많다. 큰일이다. 아이들이 자라서 읽을 글이 꼭 동화뿐일까? 신문도 읽고 잡지도 읽고 학문 서적도 읽는다. 계산서도 읽고 유인물도 읽고 돼지나 소 키우는 법을 써 놓은 글도 읽는다. 따라서 아이들은 어려서부터 사회생활에 필요한 여러 갈래의 글을 가까이할 필요가 있다.

앞에서 시골 각설이와 도시 양아치 이야기를 했지만, 지금도 시골 아이들은 교육 쪽으로 보면 도시 아이들보다 훨씬 더 건강한 편이다. 시골 아이들은 자연과 일 속에서 많은 것을 배운다. 또 공동체의 삶 속에서 기본적인 사회관계를 배운다. 바로 말하고 바로 실천하는 법을 배운다. 그러나 도시의 아이들은 비교육적 환경 속에 아무런 보호 장치도 없이 방치되어 있다. 아이들의 정신 건강을 지키기 위해서 어려서부터 좋은 글을 읽혀야 할 필요는 도시 아이들에게 훨씬 더 크다.

그동안《어린이 마을》이나《개똥이 그림책》같은 아이들 책을 만들면서 나는 시골 각설이로 커온 내가 도시 양아치로 자라는 우리 아이들에게 해줄 것이 무엇인가를 곰곰이 생각해보았다. 농담조로 시작한 비유지만 귀에 거슬릴지 모른다는 걱정을 무릅쓰고 한마디 덧붙이고 싶다.

시골 각설이는 비록 인가에서 문전 박대를 당하더라도 자연이 품에 안고 먹여준다. 그러나 도시 양아치는 사람이 거두지 않으면 담을 넘거나 칼을 들 수밖에 없다. 도시 아이들을 바로 키우기 위해 어린 시절부터 바른 말, 바른 글을 애써서 제대로 익혀주어야 할 필요는 이 때문에 생긴다. 바른 말, 바른 글은 바른 사회관계의 결과이자 또 원인이 되니까.

떡잎 때부터 잘 키우자

얼마 전에 '광주전남여성회'에서 전화가 왔다. 어린이 동화 모니터 모임을 마련하려고 하는데, 그 자리에서 부모님들께 바람직한 동화에 대해서 이야기해달라는 부탁이었다. 건강 문제도 있고, 시간도 빠듯해서 아무래도 어려울 것 같다고 했지만 막무가내였다. 나는 철학을 공부하는 사람이어서 아이들 동화는 아는 바가 없다고 뻗대도 소용없었다. 내가 기획한 〈어린이 마을〉과 〈올챙이 그림책〉을 꼼꼼히 살펴보고 하는 부탁이니 터무니없는 주문은 아니라는 것이었다. 쩝쩝 입맛을 다시다가 결국 강연 청탁을 받아들이고 말았다.

가서 대체로 이런 이야기를 한 기억이 난다. '우리가 바라는 세상이 뭐냐? 모두가 사람답게 사는 세상이 아니냐? 사람이 사람답게 산다는 게 뭐냐? 온 인류가 자유롭고 평등하고 평화스럽게 오순도순 협동하면서 사는 사랑의 공동체를 이루는 게 아니냐? 불행하게도 우리가 사는 세상은 억압과 착취와 전쟁과 이기심과 탐욕이 지배하고 있는 세상이다. 우리 아이들에게만은 이런 세상을 물려줘서는 안 된다……'

이 이야기, 저 이야기 끝에 〈어린이 마을〉과 〈올챙이 그림책〉을 만들 때 우리가 지녔던 마음가짐에 대하여 말할 기회가 있었다. 다 아는 사실이지만 아이들은 기린이나 코끼리 같은 동물을 좋아한다. 저마다 다른 동물한테는 찾아보기 힘든 신체적 특징을 지니고 있기 때문이다. 그래서 이런 동물들은 아이들 책에 자주 나온다. 그러나 〈어린이 마을〉을 만들 때나 〈올챙이 그림책〉을 만들 때 우리는 이런 동물을 뺐다. 그리고 그 자리에 산토끼나 고라니 까치 같은 것을 넣었다. 아이들이 그림책에서 본 것은 현실에서 곧 확인할 수 있어야 한다고 믿었기 때문이다. 현실에서는 한 번도 볼 수 없는 이국적인 것만 담겨 있는 책을 보고 자란 아이들은 자기가 뿌리내리고 사는 세상의 소중함을 마음에 간직하기보다는 들뜬 마음으로 손에 잡히지 않는 먼 세계에만 눈길을 돌리기 쉽다고 여겼기 때문이다. 일을 하면서 자라는 농촌 아이들, 어촌이나 산촌 아이들, 탄광촌이나 도시 변두리 아이들의 삶을 보여준 것도 비슷한 뜻에서였다.

또 한 가지 생각나는 게 있다. 아이들에게 어려서부터 생명을 존중하는 마음을 갖게 해주고 싶었다. 그래서 바다 속에 사는 물고기들을 보여줄 때도 아무렇게나 구색 맞추어 그려 넣어서는 안 된다고 믿었다. 바다 속에서는 깊이에 따라 사는 물고기들이 다르다. 따라서 수면 가까이 사는 물고기를 심해에다 그려 넣는다거나 바다 속 100미터가 넘는 곳에 사는 물고기를 표면에서 놀도록 배치하는 것은 생명을 존중하는 태도가 아니다. 그런데도 실제로 그런 일이 자주 있다. 우리가 책을 만들 때도 종종 그런 일이 생겨서 조그마한 소동이 벌어지곤 했다.

한번은 이런 일이 있었다. 어느 화가에게 봄 풍경을 부탁했더니 아주 정성 들여 잘 그려왔다. 나무랄 데 없는 그림이었다. 표구해서 벽에다 걸어두고 오래오래 보고 싶을 만큼 좋았다. 그런데, 이런! 화가의 실수가 발견되었다. 진달래를 논둑에 심어놓은 것이다. 진달래는 물이 질척거리는 논둑에서 살 수가 없다. 비록 그림 속이지만 우리에게는 살아 숨 쉬는 것들을 죽을 곳에 몰아넣을 권리가 없다. 다시 그려달라고 부탁했다.

우리 속담에 "될성부른 나무는 떡잎부터 알아본다."는 말이 있다. 이 말은 사람이 사람답게 사는 세상을 정말 바라는 사람들은 그런 사회를 이룰 미래의 세대를 떡잎 때부터 잘 길러야 한다는 말로도 해석할 수 있다. 아이들 책은 동화가 되었든 그림책이 되었든 무슨 책이든지 아이들이 지니고 있는 잠재적인 능력을 고스란히 드러낼 수 있도록 돕고, 그 능력이 올바로 쓰이도록 바른 가치관을 지니게 하고, 힘을 바르게 씀으로써 정서적 만족감을 얻을 수 있도록 감수성을 순화시킬 수 있어야 한다.

나는 좋은 아이들 책에는 다음과 같은 건강한 뜻이 바탕에 깔려 있어야 한다고 본다.

'아이들이 어려서부터 살아 있는 것을 소중하게 여기고, 사물을 과학적으로 인식하고, 이웃과 더불어 자유롭고 평등한 공동체를 이루어 행복하게 살 길을 찾게 해주어야 한다.'

이것은 내가 3~4세 아이들이 볼 《올챙이 그림책》(지금의 《개똥이 그림책》) 60권을 만들면서 늘 마음에 두었던 생각이기도 하다.

내가 좋아하는 책에 권정생 선생님이 쓴 《몽실 언니》가 있는데, 나는 이 책이 요즈음 유행하는 어떤 '철학 동화' 보다도 더 철학적이라고 본다. 철학의 궁극적인 목적은 딴 데 있지 않다. 모두가 사람답게 사는 세상을 만드는 일이 철학의 최종 목표라고 할 수 있다. 그러나 이런 세상은 머릿속에 그리고 있다고 해서 저절로 오는 것이 아니다. 젖먹이 아이부터 오늘내일 하는 노인네들까지 모두가 힘을 합해서 만들어내야 한다.

그렇기는 하지만 이런 세상을 만드는 데 가장 큰 힘을 쓸 사람들은 자라는 아이들이라고 할 수 있다. 살기 좋은 세상이 따로 있는 것은 아니다. 모든 사람이 저마다 사람답게, 행복하게 살고 있다면 바로 그런 세상이 살기 좋은 세상이다. 다시 말해서 '철학 동화'에 나오는 똑똑한 노마네 반 아이들이 머리를 굴려서 만드는 공상 속의 세계가 살기 좋은 세상의 모범이 아니다. 공상이 아닌 현실 속에서 온 몸으로, 온 마음으로 기쁨과 슬픔, 아픔과 즐거움을 오롯이 받아들이고, 그것을 이웃과 함께하며, 절룩거리는 발걸음으로도 똑바른 발자취를 남기면서 살아가는 '몽실 언니'가 많은 세상이 살기 좋은 세상이다.

내가 아이들을 키우는 부모님에게 드리고 싶었던 말씀은 이런 것이었다. 다행히 동화 모니터 모임에 참석했던 모든 부모님들은 나와 뜻이 같았다. 아니, 나는 그분들뿐만 아니라 자식을 키우는 모든 부모님들이 다 같은 뜻을 가지고 있다고 본다. 제 자식이 사람답게 살고 행복하게 살기를 바라지 않는 부모가 어디 있겠는가? 그렇다면 길은 분명하다. 아이들 손을 꼭 붙들고 억압과 착취가 없는 세상, 이기심과 탐욕과 공포와 증오가 없는 세상으로 함께 걸어가면 된다.

쓸 만한 말, 쓸 데 없는 말

요즈음엔 어렵고 두껍고 값비싼 책들이 참 많이 나온다. 옛 어른들의 행적을 그린 무슨 무슨 평전(評傳)이야 워낙 중국 글자를 빌려 시도 짓고 산문도 쓰던 시절 탓으로 돌리더라도, 하다못해 소설 나부랭이조차 교양의 시대가 활짝 열렸다고나 할까?

교양이라면 나도 옛날에는 '한 교양 했던' 사람에 든다. 지금이야 어깨에 괭이나 삽 둘러메고 산 지 10년이 넘어 책을 벗 삼지 않고 시냇물과 새 소리, 휘영청 밝은 달과 장독대에 어쩌자고 저리 속절없이 쌓이는 함박눈을 벗 삼느라 그 알량하던 교양마저 머리에서 뿌리 뽑힌 지 오래지마는, 마흔 해도 넘은 먼 옛날에 교과서에 실렸던 〈페이터의 산문〉이나 이양하의 〈신록예찬〉 같은 글을 읽고 '야, 거 참 대단히 유식하구나. 지식인 말 들으려면 이런 어려운 낱말이 입에서 술술 나와야 하나 보구나.' 하고 감탄에 감탄을 거듭하면서 머릿속에 몰아넣으려면 요리조리 가랑이 사이로 빠져 달아나던 그 미꾸라지 같은 낯선 외국 말들 뒤를 쫓아다니느라고 허덕이던 시절도 있었노라고 고백하면서 말머리를 자르자.

지난번에 전국교직원노동조합 국어교사 연수회에 불려가서 초 · 중등 선생님들 앞에서 강연(?)을 한 적이 있다. '농사꾼이 된 철학교수.' 멋있지 않은가? 국립대학 교수라면, 그것도 조교수도 부교수도 아닌 정교수라면 정년 퇴임 때까지 논문 한 편 써내지 않아도 자리에서 내몰릴 걱정이 없을 터인데 그 단단한 철밥통을 똥 친 막대기 내던지듯 팽개치고 기름기 자르르 흐르던 희고 고운 손에 괭이를 움켜쥐었으니, 도대체 이 인간이 누구이며 벌리는 입에서 무슨 소리가 튀어 나올지 궁금도 했으리라.

자료집에 실린 내 글이야 어렵지 않은 것이니 후루루 5분쯤 훑어보면 무슨 사연인지 다 아실 거고, 300명 가까운 '선생님들' 앞에 서니 말문이 콱 막히는구나. 저 초롱초롱한 눈매들을 어찌 감당하려고 이 자리에 이리 염치도 없이 서겠다고 했노. 어찌 되었거나 이미 엎지른 물이요, 펴놓은 멍석이라, 한마디 큰 소리로 외쳐 가로되, "이 세상에 어려운 말 치고 쓸 만한 말 없고, 쉬운 말 치고 쓸 데 없는 말 없노라." (너희가 그 이치를 아느뇨?)

어안이 벙벙해하는 500개가 넘는 눈망울을 감당하기 쉽지 않지만, 어쨌든 뱉어놓은 말이라 추스르기는 해야 할 텐데 어디서부터 추스르지? 이야기는 이렇듯 이어졌겄다.

젖먹이 아이가 옹알이를 끝내고 입을 떼기 시작할 적에 맨 먼저 내는 소리가 뭐냐? '엄마', '압바'가 아니더냐? 그 소리를 '맘마', '팝파'로 듣는 건 코쟁이 나라 어른들이고, '마마', '파파'로 듣는 건 이웃나라 '짱깨'들일러라. 입에서 나오는 가장 쉬운 소리로 자기를 지켜주는 가장 중요한 대상을 가리키는 건 우리 애들만이 아니라 온 세상 애들의 타고난 말버릇이라. 어디 그뿐이랴. 먹어야 사는 '밥', 움직이지 못하면 시체가 되는 '몸', 하루라도 거르면 목이 타서 못 견디는 '물', 지져먹고 삶아먹고 볶아먹고 등 따습게 자려면 꼭 필요한 '불', 씨앗주머니인 '불알'에 이르기까지 우리에게 꼭 필요한 것을 가리키는 말들은 모두 가장 소리 내기 쉬운 말들이라. 이렇게 쉬운 말로 살아가는 데 가장 소중한 것들을 가리키기 시작해서, 있어도 좋고 없어도 좋은 하찮거나 시시한 것들은 나중에 발음하기 힘든 어려운 말들로 부르는 게 다만 우리뿐만 아니라 '인류 언어의 보편 문법'(이 말 되게 어렵쥬? 이런 말은 별로 쓰잘데기 없는 말이니, 한 귀로 듣고 다른 귀로 흘려버리셔.)이라. 그러니 내 어찌 쉬운 말이 소중하고 어려운 말은 들어도 그만 안 들어도 그만이라고 말하지 않을 수 있겠나뇨?

우리는 학교 문턱을 넘어서자마자 국어뿐만 아니라 수학도, 과학도, 사회도, 음악도, 미술도 배우고, 중·고등학교와 대학을 거쳐 더 높은 교육을 받을 때에도 인문, 사회, 과학, 문화, 예술, 심지어 외국어까지도 국어에 기대지 않고는 배우기 쉽지 않은 터에 국어를 어찌 다른 학과목이나 다름없는 '전공과목'이라고 이를 수 있을까?

말을 어렵게 하는 사람들을 지켜보면 대체로 말에 알맹이가 없거나, 자기가 하는 말이 무슨 말인지 뜻을 잘 모르거나, 듣는 사람에게 으스대려 하거나, 자기들끼리만 알아듣는 말로 쑥덕거려 나쁜 짓을 꾸미거나, 우리는 이런 사람들이니 함부로 까불지 말라고 먹물을 내뿜거나 하는, 그야말로 흰소리치는 시정잡배들이기 십상이라. 말 어렵게 하는 사람, 글 어렵게 쓰는 사람은 당최 상종할 인간이 못 되니, 똥이 무서워서 피하나 더러워서 피하지, 아예 가까이 하지 않는 편이 몸에도 마음에도 이로우니라. 그리고 한마디 더 하자면, 말 어렵게 하고 글 어렵게 쓰는 연놈들 치고 더불어 함께 뜻도 나누고, 느낌도 나누고, 먹을 것과 입을 것도 나누자는 민주의식을 가진 이 드문지라, 이런 특권의식 지닌 인간들 가까이 해서 이로울 게 뭐가 있겠수?

저 잘난 척 남의 욕만 하지 말고, 이제 내 욕도 좀 하자. 얼마 전에 내가 자그마치 값이 4만 원이나 되는 책을 한 권 샀다우. 그놈의 교양병이 도져서 덜컥 사기는 샀는데,(아 글쎄, 책 뒤표지에 이렇게 써 있지 않겠수. '2003년 퓰리처상 일반 논픽션 부문 최종 후보에 오른 하버드 대학교 언어심리학자 스티븐 핑거의 역작!' 그러니 혹할 수밖에!) 들춰보니 줄줄이 사탕으로 나오는 게,

　　인간의 행동을 제어하는 메커니즘은 유전 외적인 것이며 피부 바깥에 존재하는, 이를테면 문화적인 프로그램이다.
　　……
　　문화심리학은 문화적 전통과 사회적 관습들이 인간의 정신을 통제하고 표현하고 변형하고 치환함으로써 마음, 자아, 감정에 인종적 차이를 만들어내기보다는 인류의 정신적 통일성을 만들어내는 과정을 연구한다.

어쩌고저쩌고!

아이고, 내가 이런 인사들 먹여 살린다고 늙은 몸뚱이 움직여 하루 종일 밭머리에 붙어 허리도 못 펴고 호미질, 낫질에 손목 인대까지 늘어나는 고생을 하고 있나. 동네 사람들아, 들어보소. 이것이 뭔 말이다냐? 내가 시방 생돈 써서 주워 담으려는 교양이 진짜 교양 맞아?

2
꼭 같은 것보다 다 다른 것이 더 좋아

'나 감기 걸릴 거야'

나도, 아내도 어지간히 신경이 무딘 편이다. 그래서 아파트에서 사는데도 사람이 집에 있을 때는 문을 걸고 지낸 적이 없다. 세 살 터울의 아이들이 저마다 두세 명씩, 네댓 명씩 동무들을 끌고 와서 북새통을 쳐도 내버려둔다. 아내는 하루에 집안 청소를 두 번씩이나 하는데도 여편네 집 나간 것같이 어수선하다고 가끔 투덜거리지만 그것으로 그만이다. 나는 전부터 무엇에 한번 정신이 팔리면 벽창호가 되어버리는 사람이라 집에 사람이 많이 있으나 적게 있으나 아랑곳하지 않는다. 도리어 집안이 시끌벅적해야 활기가 있는 듯해서 아내나 아이들의 친구가 집에 놀러오지 않으면 섭섭해하는 편이다.

그래서 우리 집은 별명이 여러 개다. 아이들이 어렸을 때 우리 집 별명은 '탁아소'였다. 그 뒤로 동네 부인들이 시도 때도 없이 와서 죽치는 바람에 여자들의 '휴게실'이 되었다. 내가 친구들을 데리고 와서 밤을 새워 술 먹는 일이 잦다 보니 '화곡장'이 되었고, 머리 깎은 스님네들부터 아이를 안은 부인네까지 아무나 무시로 와서 자고 간다 하여 '여인숙'이라는 별명이 보태졌다.

지금부터 하려는 이야기는 '탁아소' 시절에 우리 집에 맡겨졌던(?)

아이들과 연관된 것이다. 요즈음 들어 서울에 살면서 10년이 넘도록 이사 한 번 하지 않고 한 곳에 머물러 살기란 이혼하는 것보다 더 어렵다는 우스갯소리도 있는 모양이지만, 우리는 화곡동 한 아파트 단지 안에서 꼬박 10년이 넘도록 살았다. 다행히도 이렇게 게을러터진 사람들이 우리뿐만은 아니었다. 그래서 우리 아이들은 어릴 때부터 같이 자란 '꾀벽쟁이 동무(빨가벗고 놀 때부터의 벗)'가 많다.

서너 살 무렵의 아이들은 모두 천재들이다. 허투루 하는 말이 아니라 이 무렵의 아이들이 보여주는 언어 습득 능력이라든지 사물을 이해하는 방식에는 정말 놀라운 바가 있다.

"아빠."

"왜?"

"아빠는 왜 날마다 늦게 와?"

"응, 회사 일이 바쁘니까."

"회사 일이 왜 바빠?"

"회사에 일이 많거든."

"왜 일이 많아?"

"……."

이렇게 한없이 물고 늘어지는 통에 진땀을 뺀 기억을 대체로 어느 부모나 가지고 있을 것이다. 그리고 아이들의 질문이 까다로운 물리학적 지식을 필요로 하는 것부터 삶의 본질에 대한 것까지 광범한 영역을 포괄하는 것이어서 제대로 대답을 못해주고 어물거리거나 말문을 막아버리거나 모르겠다고 손을 든 경험은 다들 있을 것이다. 우리 둘째 놈은 내가 모르겠다고 손을 들어도 막무가내여서 "왜 몰라?" 하고 묻기가 일쑤였다. 그러면 짜증이 나서 "모르니까 모르지." 하고 퉁명스럽게 내뱉는 수가 많았는데, 재미있는 것은 이 무책임한 대답이 그 애에게는 훌륭한 대답 구실을 한다는 것이었다.

서너 살 난 아이들은 자기의 세계가 엄마와 아빠와 내 숟가락과 밥그릇, 내 옷, 내 신발 같은 것으로만 이루어져 있지 않고, 다른 애들과 놀이터와 무서운 개와 달이나 별 같은 것도 그 안에 포함된다는 것을 깨우치게 된다. 그리고 모든 현상과 행위에는 까닭이 있다는 것도 배우게 된다. 아이들이 하나하나의 현상이나 행위가 독립되어 있지 않고 다른 무엇과 연관되어 있다는 것을 알게 되는 것은 부모와 맺는 관계를 통해서일 것이다.

우리는 밥상머리에서 흔히 다음과 같은 이야기를 주고받게 된다.

"나래야, 이 밥 마저 먹어야지."

"싫어, 먹기 싫단 말이야."

"먹기 싫어도 먹어야 돼. 그래야 몸이 튼튼해서 감기에 안 걸리지."

"나 감기 걸릴 거야."

"그럼 쓴 약을 먹어야 하고, 할머니 집에도 못 가게 되는데?"

아이들은 이런 과정을 거쳐서 먹기 싫은 밥을 먹어야 하는 여러 가지 이유를 알게 된다. 과자를 많이 먹으면 이가 썩게 되어 아프니까 가게를 그냥 지나치는 불행을 맛보아야 하고, 요에다 오줌을 누면 이웃집 순동이와 명순이가 얼라리꼴라리 하니까 귀찮을 테니 싫더라도 잘 때는 오줌을 누고 자야 한다.

그러니까 서너 살 무렵부터 아이들은 막연하게나마 이 세상은 눈에 보이는 현상으로만 이루어진 것이 아니고 이 현상들을 지배하는 법칙들이 있다는 것을 깨우치게 된다. 그래도 세상의 중심에는 자기가 있다. 서너 살 된 아이들이 한 방에 가득 차 있을 때 어떤 일이 일어날까? 온 동네가 떠나가도록 왁자지껄한 소동이 벌어질까? 서로 어울려서 시간 가는 줄 모르고 흥겹게 놀까?

물론 서로 밀고 당기고, 그래서 울고불고하는 일이 없지 않다. 대개 이런 일이 일어나는 이유를 살펴보면, 아이들에게는 네 것 내 것이 따로 없고 내가 갖고 싶은 것은 다 '내 것'이기 때문에 남이 가지고 있는 '내 것(?)'을 빼앗아오거나 '내 것'을 남이 빼앗아가려고 들 때 분쟁이 생긴다. 그러나 '내 것'이라고 생각하는 것이 서로 다르거나 없을 때는 이런 일은 생기지 않는다. 그 조그마한 이기주의자들은 저마다 자기의 작은 우주 속에서 독립적인 왕국을 이루고 살기 때문에 의외로 탁아소는 정적에 잠기는 때가 많은 것이다.

앞에서 서너 살 난 아이들은 모두 천재라고 했는데, 그 말이 진실은 진실인데 주관적 진실이라고 생각할 부모가 많을 것이다. 다시 말하면 모든 부모의 눈에는 자기 자식들이 세상에서 제일 똑똑해 보이는데 객관적으로는 그렇지 않고, 그저 비슷비슷하게 평범한 아이일 뿐이라는 것이다.

하지만 그렇지 않다. 서너 살 난 아이 치고 평범한 아이들은 하나도 없다. 그 애들은 모두 천재다. 부모가 자식 사랑에 눈이 어두워서 제 자식의 재능을 잘못 평가하는 것이라고 판단해서는 안 된다. 부모는 자식들과 오랫동안 같이 생활하면서 그 아이들이 지닌 남다른 재능을 누구보다 빨리 간파한다. 그리고 대부분의 경우에 부모의 이런 판단은 별로 틀리지 않는다. 다만 이처럼 많은 아이들이 지니고 있는 저마다 다른 독창적인 능력을 수용해서 발전시켜줄 길이 제도교육에 열려 있지 않을 뿐이다.

누구나 다 알고 있는 발명왕 에디슨 이야기는 천재가 어떻게 해서 평범한 교육과정에 적응하지 못하고 탈락하여 천재성을 그대로 보존하게 되었는지를 결정적으로 증언해준다. 불행하게도 오늘날 거의 모든 천재들은 에디슨의 어머니와 같은 대찬 부모를 못 가졌다. 또 제도 교육에서 탈락할 만큼 둔하지도 못하다. 그들은 뛰어난 적응력으로 자신들의 천재성을 말살시키는 제도교육에마저 적응하고 있다.

아이들을 천재로 만들려고 애쓸 필요가 없다. 그 애들은 이미 천재다. 교육을 많이 받은 부모일수록, 똑똑한 부모일수록 이런저런 자식의 심오한(?) 질문에 정확한 대답을 어떻게 해야 할지 몰라서 쩔쩔매는 경우가 많은데, 그럴 필요가 없다. 어른들이 알고 있는 정확한 대답이라는 것이 아이들의 눈에는 얼마나 빈약한 것으로 비칠지 안다면 대부분의 어른들은 놀랄 것이다. 어른들은 하나의 질문에 하나의 정답밖에 없는 메마른 세계에 살도록 길들여졌다. 그러나 아이들은 그렇지 않다. 그 애들은 하나의 질문에 수천, 수만 가지의 정답이 있는 풍요한 세계 속에 살고 있다.

어른들은 아이들의 질문에, 그 질문이 서너 살짜리 꼬마의 입에서 나온 것일지라도 논리적으로 대답하려고 애쓴다. 유아교육 학자들은 '이런 질문에는 이렇게 대답하시오.' 라는 문답서를 펴내서 곤란에 빠진 부모들을 도우려고 한다. 그러나 그것은 모두 부질없는 짓이다. 아이들의 질문은 낯선 세계를 통합하려는 노력에서 비롯된다.

아이들은 이제까지 자기를 중심으로 해서 통합된 비교적 단순한 세계에서 살아왔다. 개를 보고 처음 이름을 배우는 아이는 네발짐승만 보면 모두 개라고 부르지만, 이렇게 단순한 인식의 틀은 그 아이의 삶에 큰 문제를 일으키지 않았다. 그러나 아이는 자라면서 자기 둘레에 더 넓은 세계가 있음을 알고, 이 넓은 세계에는 낯선 것이 많다는 것을 배운다. 질문은 이런 낯선 현상에 대한 낯익히기 과정이고, 낯선 현상을 일상적인 현실 속에 편입시키려는 과정이다.

아이들이 때때로 어른들 사이에서라면 대답하기 힘든 까다로운 질문을 해놓고, 그 질문에 어른들이 부실하기 짝이 없는 대답을 하는데도 만족을 할 때가 있는데, 이것은 아이들이 질문을 한 목적이 바른 대답을 얻는 데 있는 것이 아니기 때문이다. 다만 불가사의한 일이 아니고 설명될 수 있는 일이라는 것을 확인하는 데 있기 때문이다.

아이들이 파악하는 세계는 살아 있는 힘으로 넘쳐 있는 세계다. 그것은 무한히 변화할 수 있는, 아이들의 독특한 접근 방식을 수용하는 세계다.

아이들에게 하나의 연결고리는 파악되자마자 곧 잊히고 다음 순간에는 다른 연결고리가 나타난다. 이렇게 해서 아이들이 파악한 세계의 모습은 어른들이 아무리 경탄해도 모자랄 만큼 생기로 가득 찬 것이 된다. 이렇게 아이들이 하나의 고정된 정답을 모르는 동안에는 그 애들은 무수히 많은 정답을 자신의 힘으로 찾아낸다. 서너 살짜리 아이들이 모두 천재일 수 있는 것은 그들이 아직 고정된 정답을 배운 일이 없어서 자기 힘으로 수많은 정답을 찾으려고 하고, 또 아직 찾을 능력을 잃지 않았기 때문이다.

과학의 역사는 자연과 인간 사회가 제시하는 문제에 대하여 새로운 정답을 발견하는 역사였다. 그리고 과학의 역사는 우주라는 넓은 바닷가에서 조개껍질을 줍는 어린애들로 가득 찬 역사이기도 하다. 우리는 서너 살짜리 아이들이 현실을 파악하는 방식이 우리의 방식과 다르다고 할지라도 그 아이들의 기를 꺾거나 우리 방식을 강요해서는 안 된다. 아이들의 천재성은 아이들 숫자만큼이나 많다. 우리는 아이들을 바꾸려고 하는 대신에 아이들의 천재성을 키울 수 없게 되어 있는 교육제도를 바꾸어야 한다. 지금 우리 교육제도는 하나의 문제에 한 개의 정답만 강요하고 있는데, 그것은 수많은 천재들 가운데 어느 하나만 선택하고 나머지는 모두 버리는 결과를 빚는다.

 내가 우리 아이와 함께 어울려서 노는 이웃 아이들을 보면서 느낀 것은 우리 모두가 뛰어난 개성과 능력을 지닌 아이들을 낳아놓고도 획일적이고 도식적인 교육 방법 때문에 낙오자로 키우는 일이 비일비재하다는 것이다.

아빠와 아버지

　형이 뒤늦게 장가를 간 까닭에 우리 집 둘째 놈과 큰조카가 한 살 터울인데 우리 집 애가 한 살 더 많다. 나와 형은 우리 나이로 세 살 터울인데 실제로는 두 살 남짓밖에 차이가 나지 않는다.
　형과는 자라면서 싸우기도 무던히 싸웠다. 그러나 형과 내가 그렇게 앙숙이라는 사실을 우리 부모님은 거의 모르고 지내셨다. 그도 그럴 것이, 형과 나의 드잡이질은 부모님이 집에 안 계실 때거나 부모님 눈에 띄지 않은 곳에서 이루어졌기 때문이다. 더구나 아버지는 내가 어릴 적부터 형제간의 싸움이 되었든 동네 아이들과의 주먹다짐이 되었든 용납하지 않았다. 그러니 어쩌다 동네 아이들과 된통 싸우다 힘이 부쳐서 늘씬하게 두들겨 맞고 설움이 복받쳐 자지러지게 울다가도, 우리 집 골목에 들어서려면 개울가에서 깨끗이 세수를 하고 아무렇지도 않은 듯이 콧노래를 부르는 등 능청을 떨어야 했다. 지금도 대여섯 살 때 형에게 덤비다가 온몸이 노곤하게 흠씬 두들겨 맞고 울다 울다 지쳐서 돌담 밑에 기대어 앉으면, 탱자나무 생울타리 사이로 스며든 햇살이 눈물 젖은 속눈썹 사이에서 아롱아롱 무지갯빛으로 찬란하던 기억이 새롭다.

그런 기억 탓인지는 몰라도 나는 우리 집 애들이 싸울 때 어느 한 편을 거들어주는 일이 없다. 큰애가 딸이고 작은애가 아들이어서 누나는 동생을 알뜰살뜰 아껴주고 동생은 누나에게 고분고분한 다정한 오누이 사이가 되려나 하는 기대는 아름다운 꿈이었다. 처음에는 말로만 아옹다옹하다가 이내 육탄전으로 돌입하게 되면 주먹다짐, 발길질이 예사로 벌어지게 된다. 그러다가 끝내는 사내놈 입에서 울음보가 터지고 만다. 사내놈은 친구 따라 태권도 도장이라는 데를 일 년 남짓 다녔는데도 싸움과는 도(道)가 유별한 탓인지 그 솜씨를 발휘해서 보기 좋게 누나를 때려눕히는 것을 한 번도 본 적이 없다. 적이 안심이 되는 일이로되 마음속으로는 '쯧쯧, 사내 녀석이……' 하고 혀를 차는 일도 적지 않다.

둘이 싸우다가 어느 한 편이 힘이 부치면 눈에 띄는 대로 아무것이나 주워드는 때가 간혹 있다. 이런 형태가 아마 무기 발달의 발생론적인 근거가 될 터인데, 일이 여기에 이르게 되면 나는 그때까지 유지하고 있던 냉정한 관전자의 태도를 버리고 "이런 비겁한……" 어쩌고 저쩌고 빽 소리를 지르게 된다.

이제까지 이야기한 것으로 미루어 아이들을 대하는 내 태도가 어떤지 대강 짐작되리라 믿는다. 아내는 내가 무책임하게 내버려둔다고 비난하는 눈치지만 내 나름으로는 이유가 있다. 자식들이 오순도순 사이좋게 지내는 것을 바라지 않는 부모가 세상에 어디 있으랴. 그러나 어른들 세계에 문제가 있는 것과 마찬가지로 아이들 세계에도 그 나름으로 문제가 있게 마련이다. 걸핏하면 어른들은 아이들이 싸우는 것을 문제 삼아 부모까지 들먹여가면서 성토를 하지만, 그러는 어른들 자신을 돌이켜보면 입이 열 개라도 할 말이 없을 것이다. 도덕과 윤리, 그리고 때로는 종교적 열정으로까지 무장한 어른들이 어떤 때는 생트집까지 잡아서 전쟁을 일으키고 그 과정에서 애먼 사람들의 목숨까지 앗아갔던 일이 어디 한두 번인가.

아이들이 싸우는 것은 싸울 만하니까 싸우는 것이다. 곁에서 지켜보는 어른들 눈에는 싸우는 까닭이 하잘것없이 여겨지는 때도 적지 않다. 그러나 아이들 쪽에서 생각하면 그 이유는 어떤 때는 어른들이 선전포고를 할 때 대는 이유보다 더 심각할 수도 있다.

예를 들어 누나가 제 동생한테 "메롱 메롱, 누리 바보." 하고 혀를 쏙 내밀면서 놀려댔다고 치자. 이런 짓은 동생으로서는 받아들일 수 없는 인격 모독 행위로 여겨지게 된다. 놀리는데도 내버려두면 그것은 진짜로 자기가 바보라는 것을 인정하게 되는 셈이다. 그러니 바보가 아니라는 것을 보여주어야 한다. 여기에서 어떻게 대거리를 하느냐는 상황에 따라 달라진다.

"이 마귀할멈아, 내가 왜 바보야?" 하고 역공격을 할 때도 있고, "너 죽어." 하고 댓바람에 달려드는 수도 있다. 그래서 또 한 판 드잡이질이 시작되는데, 이런 싸움을 통해서 아이들은 많은 것을 배우게 된다는 것이 내 생각이다. 누가 이기든 누가 지든 그것은 크게 문제가 되지 않는다. 결과에 상관없이 아이들은 싸움을 통해서 두 사람 사이에 발생한 문제를 해결하려고 애쓰고, 당장에 해결이 되지 않더라도 적어도 차츰 해결하는 방법을 배우게 된다.

흔히 집안 어른들로부터 듣는 이야기가 있는데, 그것은 우리 집 애들이 버릇이 없다는 비난이다. 그렇다고 인정한다. 언젠가 내가 한 석

달가량 집을 비울 일이 있어서 나가 있다가 집에 돌아왔더니 둘째 놈이 목에 매달리면서 묻는다.

"아빠, 아빠, 아빠가 보고 싶었는데, 처음에 보고 싶은 게 아니고, 있다 있다 보고 싶었는데, 한참 있으니까 아빠 얼굴이 생각나지 않잖아?"

"그래서?"

"그래서 아무리 해도 생각이 안 나기에 오랑우탄을 생각했지. 그러니까 아빠 얼굴이 생각나잖아."

"에끼 놈!"

이럴 정도로 버릇이 없다. 내가 어른이기에 망정이지 아이였다면 만나자마자 대판 싸움이 벌어질 뻔했다.

나는 한편으로 우리 애들이 버릇이 없다는 것이 마음에 걸린다. 그것은 다만 여남은 살 남짓 되기 전에는 아이들에게 부모나 어른들의 칭찬이나 비난이 절대적으로 여겨질 만큼 아이들의 윤리관이나 도덕관이 타율적이고 규범적이라는 심리학자들의 말 때문이 아니고, 형 집 큰조카 애와 우리 집 애가 영 딴판으로 자란다는 사실 때문에 그렇다.

조카는 아빠라는 말을 모른다. 어찌 모른다고 할 수 있으랴마는 말을 배우기 시작할 때부터 이날 이때까지 형을 '아빠'라고 부르는 것을 본 적이 없다는 말이다. 그리고 제 부모뿐만 아니라 어른들에게는 한결같이 깍듯하게 경어를 쓴다. 내가 형 집에 가면 "작은아버지 오셨어요?" 하고 점잖게 인사를 한다. '야, 요놈 봐라. 서너 살 또는 대여섯 살 된 아이로서 이렇게 예절 바르게 되기란 보통 어려운 일이 아닐 텐데, 이 녀석은 말하는 품이나 행동거지가 어른과 조금도 다름없으니…….' 하고 놀란 적이 한두 번이 아니다. 그뿐만 아니라 우리 집 애들에게 하던 버릇대로 명절 때나 오랜만에 보는 경우에는 가끔 돈을 주는데, 한 번도 덥석 받는 걸 본 적이 없다. 곁에서 형이 "작은아버지가 주시는 것이니 받아라." 하고 이르지 않으면 막무가내로 거절을 한다. 어른들과 이야기할 때도 어린애다운(?) 구석이 없다.

지금 내 조카가 잘못 자라고 있고, 형의 교육 방침에 문제가 있다고 선뜻 이야기할 수 있다면 얼마나 홀가분하랴. 그러나 문제는 그렇게 이야기할 수 없다는 데 있다. 권위주의적 교육 방법이 어떻고 민주적 교육 방법이 어떻고 할 생각은 조금도 없다. 우선 조카와 이야기할 때는 나로서도 조심스러워진다. 그러니까 조카를 아이로서 대할 수가 없다는 말이다. 그리고 보니 이제까지 나는 아이들을 나와 대등한 자리에서 대해본 적이 없다는 생각이 든다. 겉으로는 가장 이해심 깊은 아버지로 행세하면서, 따지고 보면 진지하게 아이들과 이야기를 나누어본 적이 몇 번이나 되던가? 그러기에 딸이 '우리 아빠'라는 제목으로 "자신이 세상에서 가장 딸을 잘 이해한다고 생각하는 우리 아빠. 불쌍한 생각에 사로잡히신 우리 아빠. 왜 그렇게 딸을 이해 못하실까? 한 번도 나와 진지한 얘기를 하려 들지 않으니." 하는 글을 쓰기에 이르렀지.

말은 세상을 질서 지우는 중요한 방식이다. '아빠'와 '아버지'의 차이는 다만 명칭의 차이에서 끝나지 않는다. 그것은 세상을 질서 지우는 방식의 차이로 연결된다. 형이나 나나 앞으로 우리 애들이 이루어야 할 사회가 억압과 착취가 없는 사회가 되기를 바라는 점에서는 의

견의 차이가 없다. 그러니까 우리가 그 안에 몸담고 있고 질서 지우는 데 동참했던 세계의 질서가 더 나은 것으로 바뀌기를 바라는 점에서는 똑같다는 뜻이다. 그런데도 형과 내가 아이들을 사회관계로 이끌어 들이는 데는 이렇게 큰 차이가 있다.

형의 생각으로 보면 아이들의 말은 불완전한 것이다. 말이 불완전하다는 것은 그 안에 세계의 질서가 진실하게 드러나지 않는다는 뜻이다. 세계의 변화를 바라는 경우에는 변화시키려는 세계를 바로 아는 것이 앞서야 한다. 그런데 불완전한 유년 시절의 언어 습관을 방치하게 되면 아이의 성숙은 그만큼 늦어진다. 우리 아버지는 열다섯에 장가를 드셨는데, 그 나이에 한 집안의 어른이 되고도 어른으로서 제반 백사를 처리하는 데 어긋남이 없으셨다. 그런데 스무 살 가까이 되어서도 아버지를 '아버지'라고 부르지 않고 '아빠'라고 부르는 자식들을 생각해보라. 요즈음에는 대학원 입학시험장에도 부모가 따라오는 일이 있다고 들었는데, 이렇게 성인을 어린애로 취급하는 풍조가 보편화된 것은 어린 시절부터 언어 습관을 바로잡아 주지 못한 데도 큰 탓이 있다. 어린애에게 일찍부터 어른의 말과 행동거지를 익히도록 해주는 것은 권위주의와는 아무 상관이 없다. 그것은 일찍부터 아이들을 어른의 세계로 편입시켜 그들을 어른으로 대접해주자는 것이다. 형의 태도를 내 나름대로 해석하면 아마도 이런 말로 요약될 수 있을 것이다.

솔직히 말하면 내가 아이들의 말을 버릇이 없다고 느끼면서도 방치하고 있는 것은 뚜렷한 까닭이 있어서가 아니다. 요즈음 세상 습속을 반성 없이 수용한 결과 그렇게 되었다고 하는 편이 정직한 고백이 될 것이다. 오늘날 많은 부모들이 자녀들의 언어 습관을 방치하거나 관용하고 있는 데는 특별한 까닭이 있을 것 같지 않다. 그 까닭을 묻는다면 많은 부모들이 "어떻게 하는 것이 좋은지 알 수가 없어서 애들 하는 대로 내버려두고 있는 겁니다. 그 애들이 어느 정도 지각이 들면 그때 가서 말버릇을 고쳐주어야겠다는 생각을 하고 있지요." 하고 대답할 수밖에 없을 것이다. 그러니까 우리 같은 사람은 전통적인 삶의 방식과 아이들이 앞으로 맞이할 삶의 방식 사이에 커다란 골이 생기리라는 것을 뼈저리게 예감하고 있으면서도 그 사이에서 징검다리 구실은 제대로 하지 못하고 있는 셈이다.

무협소설 읽는 대학교수 우리 아버지
―나래가 민주에게

민주야.

우리 아버지 참 엉터리다. 우리 아버지가 이번 겨울방학 내내 뭘 하시며 지냈는지 아니? 너는 점잖은 대학교수가, 그것도 철학 선생이 날마다 만홧가게에 출근하다시피 했다면 믿을 수 있겠니? 다른 사람에게 들었다면 나도 믿지 않았을 거야. 내가 겨울방학 내내 곁에서 그 꼴(?)을 지켜본 그 대학교수의 딸이 아니었다면 말이야.

하긴 재작년 여름엔가도 우리 아버지는, 엄마 말씀을 빌리면 '통속소설에 코를 박고' 지내시던 때가 있었어. 너 읽어본 적 있니? 김홍신의 《인간시장》 말이야. 난 아버지가 읽으시는 것을 같이 보려다가 혼쭐이 났어. 뭐, 정신 건강에 해롭다나? 나한테는 그렇게 말씀하시면서도 그 책을 손에서 놓지 않으니 아버지의 정신 건강이 몹시 염려스러웠지만 차마 입 밖에 내서 이야기하지는 못했지.

그런데 이번에는 만홧가게에서 뭘 빌려온 줄 아니? 무협지 《영웅문》이야. 작년 가을엔가 네가 이야기한 적이 있잖아. 중학교에 다니는 네 남동생이 한 학기 동안 줄곧 그것만 들고 다니기에 대충 읽어보니까 유치하기 짝이 없더라고. 글쎄 그런 책을 우리 아버지가 읽고 계신 것을 봤으니 내 심정이 어땠겠니?

그리고 보면 우리 아버지도 남들이 좋다면 무조건 따라 하는 속물이신 것 같아. 평소에는 거들떠보지도 않다가 몇십만 권이 팔렸다느니 하는 이야기만 들리면 아무리 통속소설이라도 꼭 빌려다 보시는 걸 보면 말이야.

집에서는 비록 아직도 철딱서니 없다는 구박을 받고 있기는 하지만 이제 나도 컸잖니. 춘향이는 내 나이에 이 도령을 향한 순정을 지키려고 큰칼을 목에 쓰고 옥중에서 '사랑가'를 부르고 있었으니까. 그래서 아버지에게 말했지.

"도대체 아버지는 대학교수나 되는 사람이 통속소설, 아니면 무협지나 읽고, 부끄럽지도 않으세요?"

그런데 어럽쇼! 우리 아버지는 그냥 껄껄껄 웃으시는 거야. 기분 나쁘게. 먹다 남은 묵은 된장 같은 얼굴이 온통 구겨지도록. 그래서 따졌지.

"그러면서 걸핏하면 우리에게는 이건 읽지 마라, 저건 읽어서는 안 된다고 할 수 있어요?"

그랬더니 우리 아버지 말씀이 걸작이야. 당신은 철학 공부를 하니까 그런 것도 어쩔 수 없이 읽어야 하지만, 나는 불행하게도 철학 선생의 딸로 태어났으니까 그런 것을 읽어서는 안 된다는 거야. 도대체 말이 되는 소리라니? 그래서 그런 개똥철학이 어디 있느냐고 그랬더니, 금방 정색을 하시면서 이렇게 묻는 거야.

"나래야, 너 철학이 뭐라고 생각하니?"

"그걸 제가 어떻게 알아요? 그렇지만……."

"그렇지만 뭐?"

"《영웅문》 같은 걸 읽는 것이 철학이라면 만화방에 죽치고 있는 애들이 모두 철학자게요?"

"그렇지는 않지."

"왜 안 그래요?"

"뭐라고 설명하면 좋을까? 너 〈아마데우스〉라는 영화 봤지?"

"아버지랑 같이 봤잖아요."

"그래. 너 그 영화 어떻게 생각하니? 특히 그 영화에 나오는 살리에리라는 사람 말이야."

"미쳐버린 사람 말이지요? 그 사람 참 불쌍했어요."

"왜?"

"따지고 보면 살리에리가 모차르트보다 훨씬 더 성실한 사람이잖아요. 그런데 다만 타고난 음악 재능이 좀 떨어진다고 그렇게 비참해졌으니까요."

"그럴까?"

"그렇지 않으면 뭐예요?"

"살리에리가 정신병원에 가게 된 데는 더 깊은 까닭이 있을 것 같은데……."

"그게 뭔데요?"

그랬더니 우리 아버지가 뭐라고 하셨는지 아니? 살리에리는 어차피 처음부터 정신이 온전한 사람이 아니었다는 거야. 도대체 말이 되니? 너도 〈아마데우스〉를 봤지? 우리가 보기에 모차르트는 경박하고 호들갑스러운데다 반쯤 미친 사람 같고 살리에리는 정반대였지 않니?

"살리에리는 봉건시대의 세계관을 떠받들고 살던 사람이야. 밥 먹고 할 일 없으니까 온갖 까다로운 예절과 규범을 다 만들어놓고 그것을 잘 지켜야 성실하고 훌륭하다고 생각했던 봉건귀족들의 세계관 말이야. 그러니 온전한 정신이 아니라는 거지. 살리에리는 귀족 축에 끼지도 못하면서 귀족들에게 길들여져 귀족들 비위나 맞추면서 살게 된 허수아비 같은 사람이지. 그런 살리에리를 성실하다고 보는 것은 봉건시대의 규범을 당연하고 자연스러운 것으로 받아들이기 때문이야. 그런 생각이 바로 반(半)봉건적이고 비역사적인 인식이란다.

봉건영주의 사치와 권위, 방탕하고 게으른 취미에 아첨하느라 그이들 비위에 맞는 음악이나 만들던 살리에리 앞에 모차르트가 나타난 거야. 경박하기 짝이 없고 여자 뒤꽁무니나 쫓아다니고, 버릇없고, 천한 상것들이나 드나드는 선술집에서 떠들썩하게 난장판이나 벌이고……. 살리에리는 어느 모로 보나 멸시를 받아 마땅한 이 어린것이 음악에서만은 자기보다 훨씬 더 뛰어나다고 생각했어. 그러니 하느님이 불공평하다고까지 생각한 거지.

살리에리의 바로 이런 생각이 글러먹은 거야. 모차르트의 행동이나 취미가 살리에리에게는 품위 없고 속되게 보였을지 몰라. 하지만 모차르트가 봉건시대의 모든 규범을 헌신짝처럼 내팽개칠 수 있는 열린 삶의 자세를 가졌기 때문에 살리에리보다 더 훌륭한 음악을 만들 수 있었던 거야. 음악을 포함한 모든 예술 행위는 그렇게 자유로운 삶의 태도가 바탕에 깔려 있어야 하는 것이니까.

살리에리는 봉건시대의 농노들처럼, 자기를 노예로 만든 봉건영주들의 세계 질서를 최선의 것으로 받아들였어. 그리고 자기의 모든 행동 규범을 거기에 맞추려고 애썼지. 하지만 그래 봤자 결국에는 봉건 영주의 어릿광대에 지나지 않았던 거야. 반대로 모차르트는 어렸을 때부터 연주 여행을 하면서 그 당시에 새로 움돋기 시작한 완전히 새로운 혁명의 세계관을 만나게 됐지. 18세기 말 이탈리아, 프랑스, 영국에 새롭게 등장한 상공업자의 세계관 말이야. 모차르트는 가볍고 천박한 생활 태도를 가지고 있었고, 그이의 음악은 그때 사람들 기준에는 충격일 만큼 저속했어. 그것은 바로 그 시대에 새로 벼락부자가 되고 마침내는 봉건귀족들을 꺼꾸러뜨릴 힘을 갖게 된 신흥 상공업자들의 생활양식과 조금도 다르지 않지.

그러니까 모차르트는 낡은 세계관인 봉건주의에 맞서 새로이 떠오르는 초기 자본주의 세계관을 대변하고 있었고, 살리에리는 자기를 어릿광대로 만든 주인의 세계관, 곧 봉건주의 세계관을 받아들이고 있었으니 모차르트에게 질 수밖에 없었어. 그러니 살리에리는 애초부터 제정신이 아니었던 거야."

솔직히 말해서 난 아버지의 이야기를 알아들을 수가 없었어. 그래서 삐딱하게 말대꾸를 했지.

"그게 철학 교수인 아버지가 《영웅문》 읽는 것하고 무슨 관계가 있는 건데요?"

"어떤 사람이 스스로 깨닫고 있든지 못하든지 상관없이 그 사람의 말이나 행동에는 그 시대의 특징이 들어 있어. 《인간시장》 같은 책도 그냥 우연히 나오게 된 것이 아니야. 사람들이 그저 우연히 그 책을 많이 읽게 된 것도 아니지. 《인간시장》 같은 소설에는 우리 시대가 앓고 있는 병들이 있는 그대로 고스란히 드러나 있으니까. 어떤 책이 많이 읽힌다는 것은 그만큼 그 책이 여러 사람에게 영향을 준다는 것을 뜻해. 그러니까 억지로 시간을 내서라도 그 책을 읽고 내용을 분석해야 하는 거지."

"그런 일을 하는 사람은 따로 있잖아요? 문학평론가가 그런 일을 하는 사람 아니에요?"

"그렇기도 하고 그렇지 않기도 하지."

"그런 흐리멍덩한 대답이 어디 있어요?"

"방금 들었지 않니? 《영웅문》이나 《인간시장》 같은 소설을 분석하고 검토하는 일은 문학평론가가 아니라 사회과학이나 철학을 공부하는 사람이 할 일이야."

그러고 보니 우리 아버지는 《단》이라는 소설도 읽으셨단다. 《인간시장》은 우리 사회에 널리 퍼져 있는 폭력 숭배와 남존여비 사상을 밑바탕에 깔고 있어서 문제고, 《단》은 국수주의나 구름 잡는 초인주의 사상을 부추길 수 있다고 어디엔가 쓰시기도 했어.

"그럼 《영웅문》은 뭐가 문제인데요?"

"글쎄, 한두 마디로 대답하기는 어렵다만 얘기해보자. 너 '무협지'라고 들어봤지? 《영웅문》이 바로 무협지야. 무협지는 지금도 서울 시내 만홧가게마다 수백 권, 수천 권씩 쌓여 있지. 우리나라 사람들이 이 무협지에 중독된 것은 유신 시대부터였어. 이 무협지가 왜 하필이면 유신 시대부터 유행한 걸까? 나래야, 너 유신 시대가 뭔지 아니? 그것은 막강한 군사력을 거머쥔 한 정치가와 그 사람을 떠받드는 정치 집단이 오래도록 집권하려고 헌법을 제멋대로 뜯어고쳤던 공포정치의 독재 시대를 가리키는 말이야. 그때 이 나라 백성은 숨도 제대로 못 쉬고 살았어. 바로 그 시절에 무협지가 판을 쳤던 거야.

본디 무협지는 타이완 사람들이 쓴 거란다. 타이완은 우리나라보다 경제는 넉넉하지만 사실은 지독한 독재 국가야. 너도 신문에서 봐서 알 거야. 몇 년 전에 계엄령이 해제될 때까지 40년 가까이 온 국민이 계엄 상태에서 살았다는 걸 말이야. 타이완 국회에는 야당이 아예 없었단다. 무협지는 독재 국가에 살고 있는 타이완 사람들의 의식을 마비시키는 데 아주 뛰어난 마취제 노릇을 했지.

무협지는 무술을 닦은 건달들의 황당무계한 영웅담이야. 거기 나오는 무예계 고수들을 요즈음 식으로 말해볼까? 걸핏하면 까닭도 없이 패싸움을 벌이고 사람 목숨 알기를 파리 목숨보다 더 가볍게 아는 깡패 집단, 살인자 집단이야. 무술 닦는 사람 치고 땀 흘려 일해서 자기 먹을 것을 마련하는 사람은 눈을 씻고 봐도 찾을 길이 없거든.

우리나라에도 영웅소설은 있었어. 그런데 우리나라 사람들이 무술을 수련하는 방법은 무협지에 나오는 주인공들이 무술을 수련하는 방법과는 전혀 달랐지. 무술을 익히려면 먼저 오랜 세월 동안 물 긷고, 빨래하고, 나무하고, 농사짓는 따위의 생산에 관련된 일을 몸에 익혀서 스승을 먹여 살리고 스스로도 먹고살 능력을 갖추어야 했어. 그렇게 하다 보면 물론 본격적으로 무술을 익힐 수 있는 몸가짐이 되기도 하지만, 더욱 중요한 것은 일을 하는 사람의 마음가짐, 일하는 사람만이 얻을 수 있는 마음을 갖게 된다는 거야. 그리고 무술을 익히고 난 뒤에도 여간해서는 밖으로 드러내지 않았지. 수련하다가 다른 사람을 해치게 되면 까닭이 무엇이든 가차 없이 쫓겨나거나 무서운 벌을 받았어. 그런데 무협지에는, 특히 사람들이 많이 읽는《영웅문》에는 무술을 익히는 사람이 지켜야 할 이런 최소한의 규율조차 무시되고 있어. 결국 가장 힘센 놈만 살아남게 되어 있는 거야.

가장 힘센 사람이 가장 정의로운 사람이 되는 세계, 인간과 인간의 문제가 결국은 피비린내 나는 싸움으로만 해결되는 사회, 힘이 없는 사람은 힘센 자들의 권력 다툼 속에서 떼거리로 개죽음을 당하는 사회, 이런 사회를 두고 아마 지옥이라고 하겠지. 아무리 조그마한 문제라도 팔씨름만으로 해결할 수 없는 것이 우리네 살림살이가 아니니? 그런데 모든 일을 폭력으로 해결할 수 있다는 환상을 몇만 명, 몇십만 명이 넘는 사람이 갖게 된다면 그 결과는 어떻게 될까? 더구나《영웅문》이나《인간시장》같은 소설을 읽고 그런 환상을 갖게 되는 사람들이 이제 막 피어나는 청소년들일 때는?"

이것이 우리 아빠가《영웅문》을 읽고 나서 하신 말씀이야.

민주야, 넌 어떻게 생각하니? 난 아무리 생각해도《영웅문》같은 시시한 소설 나부랭이나 보고 어쩌고저쩌고하는 것이 철학인 것 같지는 않아. 우리 아버지는 그걸 읽느라고 얼마나 힘들었는지 모른다고 한숨을 내쉬지만.

그래도 철학이라면 영원히 변하지 않는 진리를 추구하는 것이 아니겠니? 우리 아버지는 내가 이런 말을 하면, 철학은 우리 삶의 실제 문제에서 출발한다고 늘 말씀하셔. 하지만 아무래도 믿기지 않는 구석이 있어. 철학이란, 음, 뭐랄까? 아주 심오하고, 고상하고, 알쏭달쏭하고, 그래서 철학을 공부한다는 사람들 말을 보통 사람들이 잘 알아듣지 못하고……. 그런 것 아니니?

"너 자신을 알라." 이 말은 소크라테스가 한 말이라던가? 아무튼 지금은 우리 아버지가 자기 자신을 잘 모르는 것 같은데, 네 생각은 어떠니? 잘 읽어보고 답장해주면 좋겠어. 너도 알다시피 내가 워낙 골치 아프게 이것저것 따지는 것 딱 질색이잖아. 그런데 너는 나와 다르게 생각이 깊잖니. 한마디로 넌 꽤 철학적이잖아?

  잘 있어. 그리고 곧 답장해줘.

―나래가

꼭 같은 것보다 다 다른 것이 더 좋아
―아버지가 나래에게

나래야.

오늘은 우리 아파트를 둘러싸고 있는 담에 대해 같이 생각해볼까? 네가 아주 어렸을 때 이 아파트로 이사했으니까 너에게는 우리 아파트 담이 아주 자연스럽게 여겨질 거야. 그러나 담이 없는 곳에서 살다 온 아버지에게는 처음에 이 담이 여간 불편한 것이 아니었다.

너도 곧잘 놀리듯이 이 아비는 원래 촌놈이 아니냐? 촌에는 마을을 둘러싸고 있는 울타리가 없어. 그러니까 아무리 작은 마을이라도 길이 여기저기로 뚫려 있는 거야. 뒷산에 나무하러 갈 때는 판술이네 마당을 가로지르면 되고, 한여름에 먹 감으러 갈 때는 오복이네 대밭을 끼고 논두렁길로 나서면 되고, 벌레간*에 가서 동무들과 뒹굴고 놀려면 한 참봉네 돌담을 끼고 동백나무 숲을 질러가면 되고, 장터에 가려면 당산나무가 서 있는 동구 밖으로 나서면 되고……. 대개 이런 식이었단다.

그런데 어느 날 마을에 울타리를 두르면서 길이라고는 동구 밖으로 나 있는 신작로 하나밖에 안 남게 된다고 생각해봐. 먼 산에 가서 푸나무를 한 짐 잔뜩 해가지고 내려오던 판술이 아버지가 코앞에 자기

집을 두고도 한참을 더 낑낑거리면서 돌아가야 한다면 그 마음이 어떻겠니? 들에서 볏짐을 지고 오던 순임이 아버지가 평탄한 동구 밖 길을 따라 마을에 들어오지 못하고 산모롱이를 한참이나 돌아 고샅길로 들어서야 한다면 말이다.

그런데 우리 아파트에 사는 사람들은 누구나 그런 불편을 겪고 있는 셈이야. 우리가 사는 곳에서 시내에 나가는 버스가 서는 정류장까지 가장 빨리 가는 지름길은 옛 마을이 있는 샛길로 빠져나가는 길이거든. 하지만 그것은 우리 아파트에 담이 없을 때나 가능한 이야기야. 너도 거기에 오래된 마을이 있다는 것은 철조망 너머로 보아 알고 있을 거야. 하지만 어떤 사람이 살고 있는지, 또 마을에 작은 골목길이 얼마나 많은지, 또 원래 길이었던 곳이 새 집이 들어서면서 어떻게 막히게 되었는지는 잘 모를 거야. 아니, 거기에 그런 마을이 있다는 사실조차 평소에는 까맣게 잊어버리고 있지 않니?

생각하면 이상하고 우습지 않니? 우리 집과 가장 가까운 곳에 있는 마을이 그 사이에 가로놓여 있는 담 때문에 가장 먼 곳이 되어버리고, 그 담이 가까운 길을 가로막고 있기 때문에 먼 길로 돌아다니게 된 것이나, 이사 오기 전부터 거기에 담이 있었다는 사실 때문에 아파트에 사는 주민 모두가 그것을 자연스러운 것으로 받아들이고 아무런 불평도 하지 않고 살고 있다는 거 말이야.

이 아비는 너만 한 나이에 러시아 소설에 푹 빠진 적이 있었단다. 알렉세이 톨스토이나 표도르 도스토예프스키 같은 작가의 작품도 좋았지만, 다른 어떤 작품보다도 이 아비의 마음을 사로잡았던 소설은 보리스 파스테르나크라는 작가가 쓴 《의사 지바고》라는 소설이었다.

그 소설을 읽고 난 뒤에 이 아비의 마음속에 자리 잡게 된 가장 큰 소망은 눈 덮인 러시아의 대평원에 가보는 일이었지. 제국주의 일본의 가혹한 식민 통치 밑에서 무릎 꿇고 살기를 거부한 많은 우리 조상들이 살 곳을 찾아 이리저리 떠돌아다니던 길, 주린 배를 움켜쥐고 겨울바람에 휘청거리면서 줄지어 흰 발자국 남긴 길, 때로는 한 손에 총 들고 눈보라 일으키면서 말 달려가던 길, 그리고 차르의 전제정치에 맞서 헤아릴 수 없이 많은 러시아 농민들이 마가목 열매보다 더 짙은 선홍색 피로 눈 쌓인 우랄의 산과 들을 물들이던 곳. 의롭게 살려다 비명에 죽어간 조상들의 피를 머금고 그 살로 뿌리를 살찌웠던 풀 한 포기, 나무 한 그루, 소중하지 않은 것이 없는 내 땅 역시 눈이 시리도록 예뻐 보이지만, 그래도 막막한 눈의 세계 러시아는 잠들 때마다 꿈 속에서 나를 손짓해 부르고는 했다.

  그러나 그 뒤 서른 해 가까이 살면서 이 꿈은 휴전선이라는 담벼락에 수없이 부딪히고 또 부딪혔다. 그러는 동안 피 흘리고 멍들고 너덜너덜해진 채 찌들고 때 묻은 모습으로 내 마음속 어두운 구석에서 더 어두운 구석으로 기어들어 갔다. 그리고 이제는 언제 그런 꿈이 있었냐는 듯이 이따금 흐릿한 윤곽만 드러낼 뿐이지.

  그래, 휴전선은 넓은 대륙으로 가려는 우리의 발길을 가로막고 있어. 문 하나 없이, 어리친 강아지 한 마리 드나들 수 있는 개구멍 하나 없이 우리를 통째로 가두어버렸지. 이 세상에서 가장 높고 긴 감옥의 담벼락이다. 그러나 평소에 우리는 우리 겨레가 나아갈 길을 가로막는 이 원수 같은 담벼락을 의식하지 못한 채 살고 있어. 우리에게는 기차로 하루면 가닿을 수 있는 만주 벌판과 블라디보스토크가 비행기를 타고도 종일 날아야 하는 대서양 저편의 런던이나 태평양 건너 로스앤젤레스보다 더 멀다. 마치 나래 너에게 담으로 가로막힌 아랫동네가 광화문보다 더 멀게 느껴지듯이 말이다.

나래야.

어쩌다 이야기가 이렇게 곁가지를 치게 되었다만, 오늘 너와 나누고 싶었던 이야기는 겨레 분단의 비극에 관한 것이 아니다. 이 문제는 언젠가 다시 이야기할 기회가 있겠지. 이 아비는 우리 아파트를 가둬버린 담벼락을 보면서, 학교교육의 틀 속에 옴짝달싹할 수 없이 갇혀버린 너희의 소망, 너희의 의식, 너희의 재능, 너희의 꿈…… 그래, 너희의 삶 전체에 대한 안타까움을 느꼈다.

나도 마찬가지였지만, 너희도 10년 넘게 동무들과 함께 꼭 같은 책상과 꼭 같은 의자에 앉아, 꼭 같은 칠판에 쓰인 꼭 같은 내용을, 모두가 꼭 같은 공책에 적어 꼭 같이 공부하고, 꼭 같이 나누어받은 꼭 같은 시험 문제로 꼭 같이 평가받았다.

그러나 살아 있는 것은 하나도 꼭 같은 것이 없어. 하다못해 서울운동장의 축구장에 깔린 잔디 잎들마저 꼼꼼하게 들여다보면 하나도 꼭 같은 것은 없어. 우리 아파트 뒷산 솔숲의 소나무 잎사귀도 자세히 견주어볼라치면 하나도 꼭 같은 것은 없어.

너희도, 너희 가운데 일란성 쌍둥이라 해도 모두 다르지. 어떤 녀석은 초등학교 다닐 때부터 궁둥이가 함지박만 해서 손바닥만 한 걸상이 못처럼 궁둥이에 박혀서 이리 비비적 저리 비비적거리고 선생님 하는 말은 귀 넘어 듣다 보니 나중에는 갈 데 없는 열등생이 되어버리기도 했을 것이고, 어떤 녀석은 아무리 먹어도 자라지 않아, 쑥쑥 자란다는 콩나물을 열심히 먹어봐도, 더 빨리 자란다는 죽순을 먹어봐도 마냥 그 모양이라 속을 썩이기도 했겠지. 또 하늘에서부터 키를 재면 겨우 1등을 해볼까 하는데, 그나마 맨 앞자리는 선생님한테 잘 보이려는 놈들이 차지해버려서 앞에 앉은 놈 겨드랑이 사이로 칠판을 쳐다보려니 반은 베끼고 반은 지나치다가 공부에 취미를 잃어버린 놈도 있고, 어떤 녀석은 나무에 기어오르거나 코 잡고 물속에 오래 있기 시합을 하면 자기를 당해낼 사람이 없다고 속으로 으스대는데 학교에서 시키는 뜀박질에는 젬병이라 체육 시간만 되면 죽을상이 되기도 했지. 이렇게 살아 있는 너희는 생명체이기 때문에 모두 다르다. 얼굴 생김생김, 몸매, 신체 기능에서부터 좋아하는 것, 갖고 싶은 것, 먹고 싶은 것, 하고 싶은 것, 하기 싫은 것이 저마다 다르다.

나래야.

너는 이 다르다는 것이 얼마나 좋은 일인지 아마 잘 모를 것이다. 도리어 다르다는 것은 나쁜 것이고, 따라서 남다른 짓을 한다는 것은 중뿔난 짓이고 저 잘난 체하는 짓이고 못된 짓이라고 생각할지 모르겠다. 하기야 꼭 같은 아파트 건물에서 꼭 같은 분유를 먹고, 꼭 같은 딸랑이를 흔들면서 자라고, 꼭 같은 모자를 쓰고, 꼭 같은 옷을 입고, 유치원에 들어가 꼭 같은 춤과 꼭 같은 노래를 배우고, 초등학교에 들어가면 꼭 같은 책상과 꼭 같은 걸상에 몸을 의지하고, 꼭 같은 교과서를 꼭 같은 시간에 꼭 같이 펼쳐들고, 선생님이 해마다 꼭 같이 가르치는 꼭 같은 교과 내용을 앵무새처럼 꼭 같이 외우면서 자라왔으니까. 그리고 초등학교에서도, 중학교에서도, 고등학교에서도 꼭 같은 교과서에서 내는 꼭 같은 시험 문제에, 틀리는 답은 얼마든지 있지만 맞는 답은 모두에게 꼭 같이 하나밖에 없다고 배우고, 거기에 의심을 품거나 따르지 않는 학생에게는 열등생 낙인을 찍어 사람대접을 하지 않았으니까. 우리가 그랬던 것처럼 너희도 남과 달리 생각하고, 남과 달리 행동한다는 것을 두려워하는 것은 당연한 일이겠지.

실제로 이 땅을 일제가 내리눌렀던 식민 통치에서 벗어나고 난 뒤 반세기가 지난 오늘까지도 우리 가운데 많은 사람들이 꼭 같은 생각과 꿈을 강요하는 교육을 자연스럽게 받아들이고 있는 것은 바로 우리의 의식이 기계처럼 되어버렸기 때문이 아니겠니?

그런데 이렇게 기계처럼 되어버린 의식을 가지고는 삶에서 부딪히는 갖가지 도전에 바로 대응할 수가 없어. 아까 너에게 다르다는 것은 좋은 거라고 이야기했지? 그럼 지금부터 나하고 '사고 실험'을 한번 해볼래? 내가 말하는 '사고 실험'이라는 것은 머릿속에 현실과는 다른 어떤 상황을 가정해놓고 그 상황에서 어떤 일이 벌어질 것인지 그려보는 거야.

자, 먼저 인류의 유전형질이 모두 똑같다고 생각해보자. 그러면 모두가 판에 박은 듯이 꼭 같은 생김새가 될 거야. 생김새가 꼭 같으니까 우리는 이 사람과 저 사람을 구별할 수가 없게 될 텐데, 그렇게 되면 어떤 일이 일어나게 될지 한번 상상해봐. 남편과 아내의 구별은 물론이고 부모와 자식의 구별도 없어지게 될 거야. 그러면 우리가 의지하는 모든 도덕규범은 죄다 무너져버리고 말겠지. 그런데 그보다 더 큰 문제는 하나의 유전형질로 꼭 같아진 인간은 이 지구에 살아남을 수가 없다는 것이지.

인류가 계속 살아남기 위해 이제까지 온갖 도전에 맞서 싸워왔다는 것은 너도 알고 있지? 질병과 싸워온 것을 예로 들어보자. 이 세상에는 헤아릴 수 없이 많은 질병이 있는데, 그 가운데 어떤 질병에 특히 저항력이 강한 사람이 있고, 약한 사람이 있어. 그 까닭은 체질이 다르기 때문이야. 물론 그 밖의 다른 까닭도 있지만. 다시 말하면, 이 질병에는 이런 유전형질을 가진 사람이 더 저항력이 강하고, 저 질병에는 저런 유전형질을 가진 사람이 더 저항력이 강하다는 거야. 그러니까 질병과 관련된 것만 보더라도 이 세상에는 클레오파트라 같은 미녀만이 아니라 네 아비같이 못생긴 사람도 있어야 조화롭고 넉넉하게 살 수 있다는 거지. 조금 어렵게 말하면, 이 세상에는 인류가 이제까지 이겨내온 것만큼이나 많은 도전이 있고, 그 도전에 맞서 살아남으려면 되도록 서로 다르고 차이가 있는 유전형질을 지니는 것이 좋다는 것이지. 유전형질에 따라 얼굴 모습이나 몸매가 달라지는 것이라면, 이 아비의 얼굴이 이처럼 희한하게 생긴 것도, 너를 비탄에 빠뜨리고 있는 그 오리 궁둥이도 다 인류의 미래를 위해서는 굉장한 뜻이 있다는 거야.

　이처럼 하나하나마다 품고 있는 바탕이 서로 달라야 이 세상에서 살아남을 수 있는 것이라면, 본래 바탕에 따라서 저마다 다른 능력, 취향, 소망, 재주에 따라 가르치고 배우는 것이 가장 바람직한 교육 아니겠니? 불행하게도 지금 우리의 교육 현실은 바람직한 방향과는 반대로 나아가고 있는 것 같다. 아파트에 울타리를 두르듯이, 자유롭게 뻗어나가야 할 학생들의 재능을 학교와 교실과 교과서라는 이중 삼중의 울타리로 가두어놓고, 한 귀퉁이에 만들어놓은 비좁은 문 하나로 빠져나오는 것만이 바른 길이라고 가르치고 있으니 말이다.

우리가 교과서에서 배우는 것들 대부분은 실제 삶 속에서 겪으면서
배우는 것에 견주어보면 참으로 보잘것없는 것이다. 그런 점에서 나
에게는 공부 못하는 너와 너희 반 친구들이, 공부 잘하는 다른 반 아
이들보다 더 소중하게 여겨진다. 꼴찌 반 아이들만 가지고 있는 터질
것 같은 생명력, 얌전히 따르지 않고 여기저기 기웃거리는 끊임없는
호기심, 그 아이들만이 가지고 있는 고민, 이런 것들이 사실은 너희를
너그럽고 성숙하게 만들어준다. 너 언젠가 이 아비에게 그렇게 말했
지? 이번 학기 성과 가운데 가장 큰 성과는 시험만 보면 꼴찌를 도맡
아 해서, 너희 반을 1등으로 만들겠다고 큰소리치던 담임 선생님을
겸손하게 만들어드린 것이라고 말이야. 아무튼 너희 학년 가운데 너
희 반 아이들이 가장 사이가 좋고, 소풍을 가면 별별 희한한 재주를
다 부려서 사람들을 웃긴다지? 그러고는 마침내 자율학습, 아니 네
말대로라면 타율학습이지, 아무튼 그 지긋지긋한 시간을 당당히 거부
하는 데 앞장섰다는 이야기를 듣고는 너희가 1등 반 아이들보다 훨씬
더 소중한 진짜 공부를 하고 있다는 생각이 들었다.

나래야.

사람들이 갈라지는 것은 서로 다르기 때문이라고 생각하기 쉽지만,
사실은 모두 꼭 같아서 갈라지기 쉽다는 것을 알아야 해. 다르기 때문
에 통일된다는 것을 잊지 마라. 획일은 통일이 아니야. 우리는 꼭 같
은 것을 한자리에 모아놓고 통일이라고 하지는 않으니까 말이다. 통
일은 서로 다른 것들이 따듯하게 주고받으면서 조화롭게 하나를 이루
는 것을 뜻한다. 그러니까 서로 다른 여럿이 없으면 통일도 없는 거
지. 획일은 다른 것을 받아들이지 않지만, 통일은 다른 것을 다른 것

으로 존중하는 데서 출발한다는 점이 달라.

　1등만 인정하고 꼴찌는 인정하지 않는 교육제도를 잘못됐다고 하는 까닭은, 학교에서 배우는 것만이 세상의 바른 길잡이라고 믿을 근거가 없기 때문이야. 사람들이 하는 말 가운데 "학교 1등은 사회 꼴등"이라는 이야기도 있지 않니? 지식만 널름널름 받아먹는 우등생들은 남의 마음을 헤아리지 못하고 '자기의 이득'이라는 좁은 세상에만 살아서 사회관계, 인간관계에서 꼴등이 되기 쉽다는 말이야. 모두를 이겨야 할 경쟁상대로 보면서 따뜻한 인간관계를 만들기는 힘들겠지.

　나래야.

　사람은 혼자 살 수 있는 생명체가 아니란다. 네가 아침저녁으로 먹는 음식, 몸에 걸친 옷가지, 먼 길을 갈 때 타는 교통수단 …… 이 모든 것을 다른 사람이 너에게 베풀기 때문에 네가 살아갈 수 있는 거야. 그러니까 더불어 사는 길을 찾는 게 교육의 궁극 목표 가운데 하나라는 것을 잊지 말았으면 한다.

　공부에서는 비록 꽁무니가 되더라도 인간관계에서는 1등이 되거라. 지나친 욕심이냐?

— 아비가

＊ 양지바른 무덤가에 소복하게 풀이 돋아난 곳. 넓고 평평해서 아이들이 놀기 좋다.

믿기 힘들지? 그렇지만 모두 사실이야
―나래가 민주에게

민주야.

우리 국어 선생님 참 괴짜다. 어느 날 나더러 좋아하는 시가 뭐냐고 물으시는 거야. 그래서 교과서에 나오는 박목월의 시 〈나그네〉를 좋아한다고 했지. 그랬더니 그 시 어디가 그렇게 좋으냐고 또 물으시겠지. 그래서 "길은 외줄기 남도 삼백 리 / 술 익는 마을마다 타는 저녁놀"이라는 구절이 좋다고 했지. 그랬더니 박목월이 그 시를 언제 썼는지 아느냐고 또 물으시더라. 알 리가 없지. 솔직히 모른다고 고백했어. 그렇게 대답하면서도 난 속으로 '시만 좋으면 됐지, 그런 건 시시콜콜 따져서 뭘 한담?' 하고 생각하고 있었어.

그런데 선생님 말씀이 그 시는 박목월 시인이 우리나라 사람들이 일제 식민지 통치 아래에서 괴로워하고 있을 때 쓴 거래. 그래서? 그 시를 식민 시대에 썼다고 해서 좋은 시가 나빠지나? 안 그래? 식민지 통치 아래에서 쓴 것이기는 하지만 이육사나 윤동주나 한용운의 시 같은 것들도 죄다 좋잖아? 그래서 대들었지. "교과서에 실릴 정도라면 누구나 알아주는 좋은 시가 아닌가요? 그것을 식민지 시대에 쓴 게 뭐가 문제가 되나요?" 하고 말이야.

맙소사! 그러고 나서 내가 당한 것을 생각하면……. 나더러 글쎄 시골에서 살아본 적이 있느냐고 물으시지 않겠어? 없노라, 그렇지만 우리 아버지는 스무 살 가까이까지 시골에서 농사를 지은 무지막지한 촌놈이라고 대꾸했지. 그러니까 생각나는데, 언젠가 나 어렸을 때 겨울에 기차를 타고 마산에 있는 외갓집에 간 적이 있어. 그때 우리 아버지가 창밖으로 보이는 빈 들을 가리키시면서 나에게 한참 농사일에 대해서 설명을 해주셨던 모양이야. 쌀 한 톨 한 톨에 농부의 손길이 여든여덟 번은 닿아 있으니, 못자리에서부터 추수할 때까지 쌀 한 톨이 되려면 농사짓는 분들이 얼마나 고생을 하는지 모른다느니, 밥그릇에 묻어 있는 밥풀 하나라도 그냥 버리면 큰 죄를 짓는 것이라느니, 미주알고주알 이야기하는데, 글쎄 내가 하품을 늘어지게 하면서 "아빠, 농부 아저씨들 참 바보다." 그러더래. 아버지가 "왜?" 하고 물으니 윤나래 씨 하는 말씀, "쌀가게에서 사다 먹으면 되지 뭘 하러 그렇게 힘들게 일해?" 하더라나.

아무튼 아버지는 자신이 '촌놈'이라는 것을 대단히 자랑스럽게 생각하고 있어. 그래서 걸핏하면 애들은 시골에서 키우면서 어렸을 때부터 자연스럽게 일하는 버릇을 몸에 익히게 해야 한다고 우기다가 도시내기인 어머니하고 티격태격 다투고는 하거든. 그런데 난 시골이라면 딱 질색이야. 참, 넌 어렸을 때 시골에서 자랐다고 했지? 네 기분을 나쁘게 하려는 건 아니야. 우리 아버지에 대한 반발로 그러는 거니까 이해해주라. 어디까지 이야기하다가 이렇게 삼천포로 빠지고 있는 거지?

아 참, 그래! 시 이야기였지. 우리 아버지가 '촌놈'이라고 그랬더니 선생님 가라사대, "춘추가 어떻게 되시는고?" 윤나래 가로되, "쉰 가까운 줄로 아뢰오." 사실 난 아버지 나이 잘 몰라. 나 원 참, 국어 시간에 학부모 나이까지 나와야 하나? 오두방정 그만 떨고 본론부터 이야기하면, 지금도 우리 농촌 처지가 그 당시에 견주어 썩 좋아졌다고 볼 수 없지만, 일본 제국주의가 이 땅을 지배하고 있었을 때의 농촌 형편은 차마 눈을 뜨고 볼 수 없을 정도로 끔찍했다는 거야. 땅 주인이 아니면 풍년에도 보릿고개 때는 굶기를 밥 먹듯이 해야 하고, 흉년에는 나무껍질, 풀뿌리로 끼니를 이어야 했으니까. 그때 아이들은 요즈음 가끔 신문에 나오는 굶주린 아프리카 아이들처럼 '위하수증'에 걸려서 아랫배만 톡 튀어나와 어기적거리면서 돌아다녔대. 농사를 지어 놓으면 일본놈들이 땅 주인과 손을 잡고 반 넘게 빼앗아갔으니 그럴 수밖에 없었대. "그런데 뭐? '술 익는 마을마다 타는 저녁놀' 이라고? 이건 도대체 어느 시절 어느 나라 백성의 이야기야?" 요건 그 선생님이 하신 말씀을 그대로 따온 거야.

그러고 나서 국어 교과서에 대해서 이야기하기 시작하는데, 난 정말 그런 줄은 몰랐어. 너 기억하니? 우리가 1학년 때 배운 그 감명 깊은 수필 말이야. 왜, 있잖아, 이효석의 〈낙엽을 태우면서〉라고. 그래, 우리의 여릿한 감성을 사정없이 높여주던 그 글 말이야. 그런데 그 글이 우리 선생님 입에서 낙엽처럼 타들어가기 시작해서 한 줌의 재로 남아 가을바람에 흔적 없이 흩어지는데, 정말 참혹해서 못 보겠더라. 그 선생님이 지적하신 구절 우리 한번 들여다볼까? 혹시 아니, 이게 대학 입시에 나올지? 히히.

난로는 새빨갛게 타야 하고, 화로의 숯불은 이글이글 피어야 하고, 주전자의 물은 펄펄 끓어야 된다.

백화점 아래층에서 커피의 알을 찧어가지고는 그대로 가방 속에 넣어가지고 전차 속에서 진한 향기를 맡으면서 집으로 돌아온다. 그러는 내 모양을 어린애답다고 생각하면서, 그 생각을 또 즐기면서 이것이 생활이라고 느끼는 것이다.

싸늘한 넓은 방에서 차를 마시면서, 그제까지 생각하는 것이 생활의 생각이다. 벌써 쓸모 적어진 침대에는 더운 물통을 여러 개 넣을 궁리를 하고, 방구석에는 올 겨울에도 또 크리스마스트리를 세우고 색전등도 장식할 것을 생각하고, 눈이 오면 스키를 시작해볼까 하고 계획도 해 보곤 한다.

이효석이 1942년에 죽었으니까 이 글도 일제시대에 쓴 것이야. 그런데 식민 통치 아래서 백화점에서 알 커피를 갈아다 먹고 크리스마스트리를 세우고, 스키 탈 생각을 할 만큼 여유 있는 사람들은 제 나라 제 민족을 배반하고 일제에 봉사한 친일파밖에 있을 수 없겠지. 실제로 이효석은 친일 행위를 하기도 했고. 하기야 국민소득이 몇천 달러가 넘는다는 요즘에도 이렇게 호사스럽게 살 수 있는 사람이 얼마나 될까 하는 생각이 들기는 해. 아버지가 대학선생인 우리 집 같은 부르주아 가문에서도 스키는커녕 동네 스케이트장에 갈 엄두도 못 내고 있으니까.

문제는 이효석만으로 끝나지 않는다는 거야. 교과서에 글이 실린 사람 가운데 친일한 사람들을 이야기하는데 깜짝 놀랐어. 그렇게 많은 사람들이 친일을 했다니. 그리고 그런 사람들의 글이 교과서에 버젓이 실려 있다니 이럴 수가! 중학교 국어 교과서에 글이 실린 사람 가운데 김동인·김동환·김용호·노천명·모윤숙·백철·유치진 같은 이들이나, 고등학교 국어 교과서에 글이 실린 김소운·김진섭·서정주·이효석·정비석 같은 이들도 나서서 친일을 한 사람들이라는 거야.

마쓰이 히데오!

그대는 우리의 오장(伍長) 우리의 자랑.
우리는 조선 경기도 개성 사람
인씨(印氏)의 둘째아들 스물한 살 먹은 사내

마쓰이 히데오!
그대는 우리의 가미가제(神風) 특별 공격대원
(줄임)

수백 척의 비행기와
대포와 폭발탄과
머리털이 샛노란 벌레 같은 병정을 싣고
우리의 땅과 목숨을 뺏으러 온
원수 영미의 항공모함을
그대
몸뚱이로 내리쳐서 깨었는가?
깨뜨리며 깨뜨리며 자네도 깨졌는가—

2 꼭 같은 것보다 다 다른 것이 더 좋아

장하도다

우리의 육군 항공 오장 마쓰이 히데오여

(줄임)

너 믿을 수 있니? 이 시를 쓴 사람이 우리 교과서에 나오는 〈국화 옆에서〉를 쓴 시인과 같은 사람이라는 것을. 그리고 이 사람이 나중에 어느 잡지에다 "미국은 1945년 8월 15일에 우리를 일본의 손아귀로부터 해방시켜준 우리 겨레의 은인이었을 뿐 아니라 6·25 사변에 다 망하게 된 것을 다시 도와 일으켜 세워준 장본인이기도 했고, 지금도 여전히 그들이 아니면 존립마저 위태로운 불가분리의 대상"이라고 썼다면 믿어지니? 〈오장 마쓰이 송가〉를 써서 우리나라의 많은 젊은이들을 일본 제국주의 침략 전쟁의 총알받이로 내몰았던 사람과, 한때는 미국을 우리의 땅과 목숨을 빼앗으러 오는 원수라고 저주했다가 나중에는 겨레의 은인이라고 입에 침이 마르도록 칭찬하는 사람과, 〈국화 옆에서〉를 써서 우리를 감동시켜온 사람이 세 사람이 아니고 한 사람이라면, 너 믿을 수 있겠어?

난 믿을 수가 없었어. 그렇지만 그렇다고 해서 선생님 말씀을 거짓말이라고 생각할 수도 없잖아. 괜히 선생님이 미워지더라. '그래서 어쨌다는 거예요? 우리의 아름다운 꿈을 그토록 무참하게 깨버리는 법이 어디 있어요? 끔찍한 진실보다는 아름다운 거짓이 더 나을 수도 있어요.' 나는 마음속으로 마구 부르짖었어. 어느 틈에 내 눈에서는 눈물이 흘러내리겠지.

선생님이 그걸 보셨던 모양이야. 나를 부르시더니, "데이트 신청해도 되겠니?' 하고 물으시더라. 그래서 괴짜 국어 선생님과 조용한 빵집에서 데이트를 했는데 말씀이야.

사실 그날 선생님 말씀 듣고 나니까 학교에 다닐 생각이 싹 가시더라. 아마 네가 그걸 들었더라면 당장에 문제아가 되고도 남았을 거야. 우리에게 교과서가 뭐니? 교과서에 있는 것은 그것이 무엇이든 무조건 믿어야 하는 거잖아? 우리에게 국어 교과서는 학교에 다니는 사람이라면 누구나 보지 않으면 안 되는 책 아니냔 말이야. 그런데 그 교과서가 담고 있는 내용이 틀렸을 때는 어떻게 되는 거지?

이를테면 우리가 배운 《동명일기》 같은 것만 해도 그래. 동해안에 기왕 놀러갔으니 해돋이를 보려고 하는 건 당연하다고 치자. 그런데 지쳐 떨어진 기생과 종복들을 추운 겨울 꼭두새벽부터 두들겨 깨워, 떡국 끓여놓은 것도 먹지 못하게 하고(마님이 먹지 않고 서두르는데 감히 기생이나 종들이 떡국 먹고 있겠어?) 바닷바람을 쐬게 하니, "두드려 떤다."는 표현은 오히려 약과이고 사시나무 떨듯 했겠지. 우리나라 고전에 그만한 것이 없어서 하필이면 사대부 안방마님이 해돋이 본답시고 호들갑떠는 것을 교과서에 실어놓고 그것을 잘된 글이라고 입에 침이 마르도록 칭찬을 하고 있으니, 쯧쯧.

선생님이 그런 이야기해주시더냐고? 얘는, 나도 다 생각할 줄 안단 말이야. 선생님이 이야기해주신 것은 다른 이야기였어. 뭐랄까, 철학적이랄까, 아무튼 진지한 이야기였는데, 한마디로 아무리 그럴듯한 것이라도 거짓은 우리가 살아가는 데 도움이 되지 않는다는 말씀이셨어.

나치스에 있어서 정치의 기본은 국민을 살리려는 데 있다. 그 국민의 이념은 스스로 정치의 방향과 일치한다. 즉 국민의 이념을 그린 연극은 스스로 정치의 이념과 일치하는 것이다.

이것도 우리 교과서에 나오는 여러 개의 희곡을 쓴 유치진의 주장이란다. 이분은 또 다른 글에서 "일선의 황군(일본 제국주의 군대)이 굳게 전선을 지키고 있는 덕택으로 우리는 적의 위협을 직접 받지 않고, 일상생활에 다소의 부자유를 느끼면서도 너무나 안이한 생활을 하고 있다. …… 현재 우리의 문필 생활은 전쟁을 위해 있어야 하고, 전쟁을 위해서만 앞으로 나아가지 않으면 안 된다."고 쓰기도 했어.

믿기 힘들지? 그렇지만 사실이야. 요즘 들어 갑자기 어른들이 싫어지는 것 같아. 산다는 게 다 그런 걸까? 식민지에서 살아남으려면 그럴 수밖에 없었을까? 우리가 알고 있는 것만 해도 얼마나 많은 분들이 북만주 벌판에서 일본 제국주의와 맞서 싸우다가 죽어갔니? 그런데 겨레를 배반하면서 살았던 사람들이 다시 버젓이 활개를 치고, 교과서에는 그 사람들의 글이 한두 편도 아니고 여남은 편 넘게 실려 있고. 그러고 나서도 뭐라도 변명하는지 알아? "우리나라와 동양에 대한 일본의 제패가 장기화할 거라는 판단 착오를 일으킨 나머지 그들의 불가피한 지배 아래 처자와 장차 생겨날 자손들과 더불어 어떻게라도 살아나가야 할 것을 생각하지 않을 수 없었다."는 거야. 파렴치해도 분수가 있지.

내가 너무 흥분했나? 흥분도 전염이 되나 봐. 민주야, 너 언젠가 나한테 이런 말 한 적 있지? 우리나라 사람 거의가 공장이나 회사에서 일하면서 어렵게 사는 월급쟁이거나 농사짓는 사람일 텐데, 교과서에는 넉넉하게 사는 사람들 이야기만 나온다고 말이야.

그리고 또 이런 이야기도 했지? 초등학교에 들어가자마자 "하늘, 파란 하늘. 파란 하늘에 우리 태극기. 태극기를 답니다. 우리 태극기. 애국가를 부릅니다. 우리 애국가. 무궁화가 핍니다. 우리 무궁화." 하고 잘 쓰지도 않는 말을 앵무새처럼 달달 외우게 하지 말고 "어머니, 우리 어머니. 농사일에 힘쓰시는 우리 어머니." 나 "아버지, 우리 아버지. 공장에서 일하시는 우리 아버지."처럼 우리 삶에 닿아 있는 낱말부터 가르치면 오죽 좋겠느냐고.

나는 거기에다 하나 더 덧붙이고 싶다. 제발 교과서가 얇아져도 좋고 시가 덜 좋아도 좋으니, 겨레를 배반한 사람들의 글만은 교과서에서 뺐으면 좋겠다고 말이야.

참, 그리고 우리 이 달부터 보충수업 없애기로 했어. 얼마나 신나는 일이니? 어떻게 된 일이냐고? 어떻게 되기는, 보충수업이 자율학습이 아니라 타율학습이라는 것을 우리도, 선생님들도, 우리 부모님들도 받아들이게 된 것이지. 생각해봐. 비좁은 의자에 열 시간, 열두 시간 앉아서 공부하다가 허리 병신이 되어서 일생을 고생하면서 살아가는 아들딸의 모습을 머리에 떠올릴 때 부모님들 마음이 어땠을지를.

사실은 우리 반에서 학급회의를 하다가 보충수업 문제가 나왔는데 "그거 없애는 게 어때?" 하는 의견이 나왔거든. "누구 마음대로?" 누군가가 코웃음을 치데. 그래서 내가 그랬지. "우리 마음대로!" 그 말을 하고 나니깐 정말 이제까지 한 번도 우리 마음대로 해본 일이 없는데, 이 문제만은 가장 큰 피해자인 우리 마음대로 해보자는 생각이 들었어. 열심히 뛰었지 뭐. 맨 처음에는 공동 피해자인 선생님들이 이해해주시고, 그 다음에는 부모님 몇 분이 교장 선생님을 만나고, 다행히 우리 교장 선생님이 뜻을 같이해서 큰 말썽 없이 보충수업에서 해방된 거야. 내가 이렇게 긴 편지를 쓰게 된 것도 그 덕이지 뭐유. 잘 있어.

—나래가

괴짜 선생님의 이상한 체육 시간

—민주가 나래에게

나래야.

요즈음 며칠 동안은 굉장히 우울해. 체육 선생님이 학교를 그만두셨거든. 전에도 몇 차례나 너랑 같이 이야기한 일이 있는 그 괴짜 선생님 말이야.

그 선생님이 처음 교실에 들어오셨을 때 생각이 나. 우리 학교에서는 선생님이 들어오시면 반장이 벌떡 일어나서 "차렷! 선생님께 경례!" 하는 식으로 인사를 하거든. 그런데 그 선생님은 들어오자마자 반장이 일어서기도 전에 먼저 꾸벅 고개를 숙이면서 "안녕하세요?" 하고 인사를 하는 거야. 선생님의 그 어설픈 인사와 뒤미처 엉거주춤 일어서서 어쩔 줄 모르는 반장 때문에 우리 반은 온통 웃음바다가 되었지.

"체육이 뭐지요?"

선생님은 교실이 잠잠해지기를 기다리셨다가 이렇게 물었어. 참 새삼스러운 질문이어서 다들 멍하니 있었지. 우리가 가만히 있으니까 선생님도 가만히 있는 거야. 한참 서로 빤히 바라만 보다가 반장이 일어나서 대답했어.

"몸과 마음을 튼튼하게 하는 것입니다."

"다른 사람은?"

"저, 운동경기요."

"꼭 운동경기만 체육일까요?"

"아니에요. 맨손체조도 체육이에요."

아무튼 이렇게 해서 이제까지와는 좀 다른 체육 수업이 시작되었어. 선생님은 우리가 배우는 교과서는 '체육'이 아니라 '보건'이 되어야 한다는 말씀에서부터 올림픽에서 만날 꼴찌를 해도 좋으니까 체육 교육이 운동선수를 길러내는 것이 아니라 모든 사람이 건강한 몸을 지닐 수 있도록 해야 한다는 말씀까지 여러 가지 새로운 이야기를 해 주셨어. 그리고 시간이 끝나자마자 얼른 책을 챙겨 드시더니 고개를 꾸벅하고 반장이 일어서기도 전에 번개같이 교실 밖으로 나가시는 거야.

그 다음 주 체육 시간은 더 볼만했지. 반장이 운동장에 모인 학생들 줄을 맞추려 들었더니 선생님이 말리시면서 그냥 내버려두라는 거야. 학교는 군사 훈련을 시키는 군대가 아니라고. 체육 시간은 교련 시간이 아니라고 말이야. 선생님도 초등학교 다닐 때까지 "차렷! 경례!" 하고 인사하는 것이 자연스러운 줄로만 알았는데, 나중에야 이런 인사법이 일본 제국주의 시절 군사력을 최고로 치던 때나 하던 것임을 깨우쳤노라고 하셨어. 인사는 먼저 본 사람이 하는 것이 자연스럽다는 거지. 학생들이 자로 잰 듯이 줄을 맞추고 발을 맞춰서 걷는 것도 군국주의 교육이 남긴 것이래. 그런 것은 몸을 튼튼하게 하는 데 필요한 몸놀림과는 아무 상관이 없다는 거지.

"생각해봐요. 우리는 체육 시간에 운동장에서 많은 학생들이 선생이 부는 호루라기 소리나 구령에 맞춰서 하나, 둘, 셋, 넷, 하나, 둘, 셋, 넷 똑같은 보폭으로 줄 맞춰 걷는 것을 자연스러운 것으로 받아들이지요? 하지만 학생들 몸에 조금이라도 관심을 갖고 있다면 이런 훈련이 결국 여러분의 자연스러운 몸놀림을 억눌러서 건강에 나쁜 영향을 미친다는 것을 금방 깨달을 겁니다. 이 반에는 키가 작아서 보폭이 좁은 사람도 있고 다리가 길어서 보폭이 보통 학생보다 훨씬 넓은 사람도 있잖아요? 이 사람들이 똑같이 맞춰 걸으려면 키 작은 사람은 황새처럼 가랑이를 벌려야 하고, 키 큰 사람은 뱁새처럼 종종걸음을 쳐야 할 테니, 그런 부자연스러운 일이 어디 있겠어요?"

그러니 억지로 학생들의 몸놀림을 통제하려 들지 말고 제멋대로 몸을 놀리도록 내버려두어라. 하루 종일 억눌린 자세로 웅크리고 앉아 고생한 몸을 해방시켜주는 것이 체육 시간에 해야 할 일이다. 이제부터 체육 시간에는 호루라기도 불지 않고 구령도 않겠다. 경기 같은 것은 가르쳐달라기 전에는 가르치지도 않겠다. 씨름을 하고 싶은 사람은 씨름을 하고, 야구를 하고 싶은 사람은 야구를 해라. 여자라고 해서 그런 경기를 하지 말라는 법은 없다. 경기를 할 때도 규칙은 물어보면 그때 알려주마. 다만 여러 종류의 맨손체조만은 하나하나의 동작이 몸의 어떤 부분을 튼튼하게 해주고, 더 나아가 내장기관에 어떤 좋은 영향을 미치는지를 자세히 알려주고 모두가 익힐 수 있도록 가르쳐주마. 그렇지만 이것도 억지로 하라는 것은 아니니까 필요 없다고 생각하는 사람은 따라 하지 않아도 된다……. 대체로 이런 이야기였다.

우리는 선생님을 가운데 두고 빙 둘러앉아 이런 이야기를 들었는데, 그것은 선생님이 "누구든지 편한 자리에서 편한 자세로 들으세요. 귀가 어두운 사람은 바싹 다가와서 들어도 좋고 귀가 유난히 밝아서 저 멀리서도 들을 수 있는 사람은 멀찌감치 떨어져 앉아도 좋아요. 앞 학생 머리통에 가려서 잘 보이지 않는다고 억지로 황새 목을 하고 있을 필요는 없습니다." 하셨기 때문에 자연스럽게 만들어진 모양인 셈이야.

낭만이 있다고? 그렇지만 그 다음에 무슨 일들이 벌어졌는지 생각하면 지금도 아찔할 때가 있단다.

짠! 그 다음 체육 실기 시간. 30도가 넘는 무더운 날씨였어. 선생님이 운동장 한복판에 온갖 공을 다 끌어다놓고 우리를 기다리고 있었어. 몇몇 아이들은 어슬렁어슬렁하다가 "난 안 나갈래. 낮잠이나 자야지." 이러고 있고. 이러다 보니 모이는 시간이 10분이 지난데다가 빠진 사람도 댓 명 되었는데, 모인 학생들을 슬쩍 둘러본 선생님 말씀, "오늘은 결석이 많은 모양이군." 눈썰미도 좋으시지.

"교실에서 안 나온 학생들이 있어요. 나오라고 할까요?"

"아니, 괜찮아요. 처음이니까 잘 몰라서 그렇겠지. 다음부터는 쉬더라도 나와서 나무 그늘 아래서 쉬라고 일러주세요. 그리고 체육 시간 끝나도 다시 모여서 선생님에게 인사할 필요 없으니까 모두 자기 있던 자리에서 알아서 흩어지도록."

자, 이렇게 되고 보니, 송구공은 여기서 쪼르르, 배구공은 저기 뒹굴뒹굴, 농구공은 저만치 디굴디굴, 축구공은 이만치 데구루루. 운동 기구는 온 운동장에 널려 있었지. 아무렇게나 팽개치고 나 몰라라 모두 뿔뿔이 흩어지고 빈 운동장에서 흩어진 운동기구를 모으느라 체육 선생님 혼자 땀깨나 흘리시는구나, 쩝쩝.

'선생님, 자율도 좋고 민주도 좋지만요, 글쎄, 가만히 내버려두면요 모양 요 꼴이라니까요. 자기가 가지고 놀던 공 하나 치울 줄 모르는 애들한테 선생님의 그 높은 교육 이상이 통하겠어요? 쯧쯧, 괜한 헛수고지요.' 교무실에서 내다보던 다른 선생님들 마음은 아마도 이러했을 터.

'얼마나 참을성이 있는지 지켜볼까?' '골탕을 먹여서라도 위선자의 껍질을 벗겨내자.' '우리를 교육의 주인으로 인정하겠다는 선생님의 말을 있는 그대로 받아들여서는 안 돼. 거기에는 저만 잘났다는 불순한 마음이 섞여 있는 것이 틀림없어.' 이런저런 생각들이 오갔기 때문에 도리어 어떻게 하면 수업을 방해할까 골몰하는 애들도 많았어. 그래서 어떤 때는 맨손체조 하는 사람은 선생님 한 분뿐이고 나머지는 모두 한가하게 앉아서 지켜보는 일도 있었지. 그때 선생님을 다시 봤어. 마치 모든 학생이 다 따라서 하는 것처럼 혼자 열심히 끝까지 하시는 거야.

그러다 학기 중간쯤 되었을 때 선생님이 북을 가지고 오셨어. 그러고는 북 장단을 참 신나게 치시는 거야. 그러면서 누구 배울 사람 없냐 그러시더라. 어렸을 때 시골에서 본 가늠이 있어서 어디 한번 배워 보자고 달려들었지. 자, 그러고 나서 서툰 솜씨로 이채 가락, 삼채 가락 북 장단을 치기 시작하는데, 그 가락에 맞추어서 선생님이 춤을 너울너울 추시지 않아? 이런 변이 있니? 처음에는 난리가 났어. 모두들 까무러치는 줄 알았지. 그런데 우리는 어느 틈에 하나씩 그 춤사위에 빨려들기 시작했어.

"옛날 그리스 사람들이 하던 운동에서 오늘날 우리가 올림픽 경기에서 보는 여러 경기들이 싹텄습니다. 본디 그리스 사람들은 우리의 몸을, 건전한 정신을 담는 그릇으로 보았기 때문에 체육을 중요하게 여겼지요. 다시 말하면 신체의 움직임, 곧 몸놀림을 자연스럽게 하면 우리의 마음결도 바르게 만들 수 있다고 믿었던 것입니다. 그래서 그 사람들은 뜀박질에서부터 들어올리기, 던지기 같은 여러 몸짓을 연구했어요. 그러나 오늘날 우리가 체육 시간에 익히는 이런 모든 몸짓은 우리 조상들이 마당에서 추었던 춤사위에서 드러나는 몸놀림에 견주면 단순하기 짝이 없습니다. 우리 춤사위를 타고 흐르는 신명은 몸과 마음을 하나로 묶어줍니다. 덩 덕기 덕기 북 소리가 오감을 타고 흘러 우리의 가슴을 두드리면, 이렇게 우리는 활개를 펴고 발은 저절로 들리게 되지요. 맨손체조란 마지막에는 이렇게 하나하나 춤사위로 바뀌어야 해요."

선생님 어록이야. 너도 배워서 알겠지만 우리 춤은 정말 신나. 처음에는 한두 사람이 선생님을 흉내 내서 추기 시작했는데, 나중에는 탈춤 사위가 모두를 끌어당겨 한데 어우러져서 운동장이 춤판으로 바뀌었어.

차츰 선생님의 뜻을 이해하게 되니까 제시간에 저절로 모이게 되더라. 선생님보다 먼저 우리가 "안녕하세요." 하고 반갑게 인사도 하게 됐고. 체육 시간 끝나면 늘 선생님 혼자 운동기구 치우는 것을 딱하게 여긴 애들이 곁에 있는 운동기구들을 스스로 치우게 됐어. 이렇게 마음에서 우러나는 교육이 저절로 이루어지니까 처음에는 어찌할 바를 모르던 애들도 차츰 제 힘으로 시간을 규모 있게 채우게 되는 거야. 그 시간은 온통 신나는 순간들로 이어져서 공부와 놀이가 나누어지지 않고 모두가 흥겨웠어. 어쩌다 다른 학년 아이들이 깜박 잊고 운동기구를 운동장에 버리고 가는 일이라도 있으면, 어느 틈에 우리 가운데 누군가 그것을 자연스럽게 제자리에 갖다놓는 버릇이 붙게 됐지. 그렇게 되기까지는 그렇게 오래 걸리지 않았어.

그런데 문제는 여기서부터 생겨났어. 처음에는 별나게만 보이던 체육 선생님의 행동이, 상식에 어긋난다고만 생각했던 선생님 말씀이, 이제 전혀 이상하지 않다고 생각하게 된 거야. 시간이 지나면서 '이상한 분은 체육 선생님이 아니라 이제까지 자연스러워 보였던 다른 여러 선생님들이야.' 하는 생각으로 바뀌기 시작했거든.

먼저 우리는 이제까지 우리 인사가 형식에만 치우쳐서 자연스럽지 못했다는 데 의견을 같이했지. 그래서 반장이 일어나서 "차렷! 경례!" 하는 공식 절차를 없애고 선생님과 눈이 마주치면 자연스럽게 저마다 고개를 숙이면서 "안녕하세요!" 소리로 왁자지껄했어. 그랬더니 수학 선생님이 엄청 화가 나신 거야. 버릇없고 시건방지기 짝이 없는 애들이라는 거지. 반장을 불러서 된통 혼을 낸 뒤에 "다시 인사해봐." 하고 호통을 치셨어. 교실 안은 물 끼얹은 듯, 엉덩이를 걷어차인 강아지 꼴이었지. 그 순간 누군가 발딱 일어선 거야. 나는 믿을 수가 없었어. 글쎄 우리 반에서 얌전하기로 둘째가라면 서러울 남희라는 친구가 떨리는 목소리로 이렇게 따지지 않겠어?

"선생님, 운동장에서나 길 가다가 선생님을 만나면 '안녕하세요?' 하고 인사해도 늘 반갑게 받으시잖아요? 그런데 왜 교실에서는 그렇게 하면 안 되지요? 어느 선생님이 그러시던데요, '차렷! 경례!' 하고 인사하는 것은 일제 유산이래요."

그러자 선생님은 남희에게, "너, 이 시간 끝나면 교무실로 와!" 하고 불쾌한 듯이 말하고는 "반장, 뭐 하나?" 하고 다시 목청을 높이셨어. 할 수 없이 반장은 굳은 목소리로 "차렷! 경례!"를 외쳤고 우리는 인사하고 싶은 마음이 눈곱만큼도 없으면서도 머리를 숙이는 수밖에 없었지.

그렇지 않아도 체육 선생님을 두고 선생님들 사이에서 말이 많았던 모양이야. 보통 날은 그렇다 치고, 학교에서 행사가 있는 날에도 양복 차림에 넥타이가 아니라 늘 입던 점퍼 차림으로 오시는 것도 문제가 됐대. 교장 선생님에게 야단을 맞고도 바뀌는 것이 없다는 비난에서부터, 고등학교 때부터 대학 2학년 때까지 이름난 배구 선수였다는 점 때문에 학교에 모셨더니 가르쳐달라는 배구부 학생들은 내버려두고 체육 시간에도 그저 학생들과 놀기만 한다는 둥, 어떻게 가르쳤기에 선생님이 가르친 반 학생들은 응급처치나 보건 위생에 관한 것은 교과서에 나오지 않는 것까지 시시콜콜 알고 있으면서 흔한 구기 종목 경기 규칙 같은 것은 아무것도 아는 게 없느냐는 둥, 선생님이 가르친 반 아이들이 요즈음 부쩍 반항이 늘어 걸핏하면 버릇없이 대든다는 둥……. 우리에게 드러내고 표는 내지 않았지만, 체육 선생님은 거의 날마다 이런저런 일로 시달림을 받고 계셨던 거지.

체육 선생님이 우리 사이에서 '좋은 선생님'이 되면서 우리는 이제까지 그냥 그렇게 여기던 모든 학교 일을 약간 의심스러운 눈초리로 보기 시작한 거야. 그러니까 누구 입에서나 남희가 한 말 비슷한 이야기가 나오게 되었지. 그런 모든 이야기가 결국 선생님에게 화살이 되어 날아갈 줄 몰랐던 것이 우리 잘못이라고나 할까?

아무튼 이렇게 해서 선생님은 우리 곁을 떠나시게 되었지만(학교에서는 선생님 개인 사정 때문에 그만두는 것이라고 이야기하더라.) 선생님이 우리 가슴속에 싹 틔워주신 '스스로 주인 됨을 배운' 씨앗은 어지간한 비바람에도 꿋꿋이 견디면서 자랄 거야. 그 생각을 하면 그렇게 멀리 가시지는 않은 셈이야.

선생님이 마지막으로 나에게 "옛다, 너 가져라." 하고 꽹과리 하나 남겨주셨는데, 너 한번 들어볼래?

깨갱깨갱 깨갱깨깨, 갱깨갱깨 깨갱깨깨, 깨갱깨깨 깨갱깨깨, 갱갱깨깨 깨갱깨깨…….

나, 앞으로 말이야. 이 꽹과리로 풍물을 열심히 배울 거야. 풍물을 배우다 보면 손놀림도, 발놀림도, 그리고 몸놀림도 부드럽고 자유로워질 거야. 너 그 말 알지? 참, 그 말을 네가 나한테 해주었던가? 손발 열심히 놀리고, 몸 부지런히 놀린다는 것은 한마디로 일을 잘한다는 말도 된다고.

— 민주가 

꿈꾸듯 말해보는 학교
—아버지가 나래에게

나래야.

나는 정말 네가 걱정스럽다. 너뿐만 아니라 도시에서 학교에 다니고 있는 네 동무들도 걱정스러워. 시골에서 학교에 다니는 네 동무들과 달리 너희는 일을 모르고 자란다. 큰일이지. 일을 하지 않는 사람은 사람이 아니니까 말이야.

사람은 처음부터 오늘과 같은 모습이 아니었어. 두 뒷발로 몸의 균형을 잡고 두 앞발을 써서 일하는 동안에 네 발로 걷는 다른 포유동물과는 다르게 척추가 똑바로 펴지게 된 거지. 그러면서 머리가 무거워도 거뜬히 견뎌낼 수 있게 되자 머리통이 커지고, 두 앞발을 놀려서 열심히 일하니까 앞발을 움직이는 운동신경이 두드러지게 발달하게 되었지. 그리고 드디어는 엄지손가락과 다른 손가락의 쓰임이 나뉘게 될 정도로 발달하면서 섬세해진 운동신경은 두뇌의 대뇌피질에 영향을 미치게 됐어. 대뇌피질의 골이 깊게 파이면서 기억 용량이 늘어나고 언어 능력도 발달한 덕분에 오늘의 사람 꼴이 갖추어지게 된 것이지. 컴퓨터의 용량을 결정하는 내장 하드도 뇌의 구조와 비슷하다고 하더라.

이렇게 사람이 일을 통해서 제 모습을 바꾸어나가지 않았더라면, 우리도 다른 짐승과 크게 다르지 않은 모습으로 살고 있거나 벌써 씨가 말라 사라졌을지도 모른다. 사람은 일을 해서 자연의 모습을 바꾸어 사람이 살 수 있는 터전으로 만들 수 있었어. 문화를 싹트게 하고 오늘의 문명을 이룬 것도 다 일을 했기 때문이지.

또 일은 인류의 역사를 움직이게 하는 힘이기도 해. 인류의 역사가 원시공산제에서 고대 노예제사회와 중세 봉건사회를 거쳐 오늘에 이른 것도 따지고 보면 사람이 일을 해서 생산력을 높여왔기 때문이라고 보아야 하는 거지.

일이 이처럼 소중한 것이고, 부지런히 몸을 놀리고 손을 놀려서 일을 해야 우리가 사람답게 살아갈 수 있는데도 도시에서 학교에 다니는 너희는 일을 하지 않아. 그러니 겉모습만 사람 꼴이지 사람이라고 할 수가 없어. 무쇠라도 녹일 만큼 튼튼한 위와 가만히 있으면 좀이 쑤시고 팔다리가 근질근질할 만큼 건강한 몸을 지닌 너희가, 살아가는 데 필요한 일을 하지 못해서 도리어 몸은 병들고 제대로 피어보기도 전에 시들어가는 거야. 물론 너희가 일에서 멀어지게 된 것이 너희 탓이라고 할 수는 없어. 그럼, 너희 탓이 아니고말고. 그것은 모두 어른들 탓이지. 우리 어른들의 어리석음 탓이야. 말로는 근대 교육의 전통이 100년이 넘는다고 하면서도 실제로는 학교가 무엇인지도 모르고 있는 형편이니까.

학교가 뭐냐? 교실이 있고, 운동장이 있고, 교과서가 있고, 선생이 있으면 다 학교냐? 도서실이 있고, 양호실이 있고, 상담실이 있고, 실험실이 있으면 그만인 거냐? 책상과 걸상이 버젓하고, 비디오 시설이 갖추어져 있고, 점심때는 영양가 있는 음식을 만들어주는 데가 학교냐? 아니야. 그것만으로는 학교가 될 수 없어. 우리는 지금까지 학교에 대해서 잘못 생각해도 크게 잘못 생각하고 있었던 거야.

학교는 무엇보다 학생들의 삶터가 되어야 해. 그리고 그 삶터는 작게는 그 학교가 자리 잡고 있는 마을 공동체, 크게는 국가 공동체와 긴밀하게 이어져 있어야 하지. 그러자면 학교에는 작업실이 있어야 해. 간단한 목공일부터 정밀한 기계공작까지 기초 원리를 학생들이 몸으로 익힐 수 있는 시설이 마련되어 있어야 하지. 그것도 나이에 맞게 단계를 두어 일을 익힐 수 있도록. 욕심을 부리면 화학 실험실부터 생약 실험실 같은 실험실도 곁들여서. 말만 실험실이 아닌 진짜 실험실 말이야. 거기에다 학교 농장도 있어야 돼. 학생들은 학교 농장에서 일하는 즐거움과 괴로움을 어려서부터 뼈에 박히도록 느껴야 하는 거야. 우리 밥상에 오르는 푸성귀에서 알곡과 과일까지 모두 제 손으로 한 번쯤은 다 길러보아야 하지.

어디 그뿐이야? 우리나라는 산이 많은 곳이야. 국토의 3분의 2가 산이지. 앞으로 우리가 잘사느냐 못사느냐는 산림 정책이 제대로 성공하느냐 실패하느냐에 달려 있다고 봐도 틀리지 않을 거야. 그런데 현실은 어떠냐? 농과 대학(요즘에는 농과 대학도 많이 없어졌더라만)에 임학과라는 것이 있기는 하지만 거기에서 공부하는 사람들만으로 이 넓은 산을 어떻게 쓰는 것이 좋은지 다 알아낼 수도 없거니와, 알더라도 손이 모자라서 잘 해낼 수도 없는 형편이다. 그러니 학교마다 연습림이 있어야겠지? 휴일이나 방학 때는 농장에서 일도 하지만 등산이나 캠핑 삼아 연습림에서 나무와 풀의 생태도 연구하고 약초 재배도 하고 곤충들의 생태도 살펴야겠지? 산에 사는 동물들 습성도 공부하고.

그래, 우리나라는 또 삼면이 바다고 굽이굽이 산이 키워내는 강이 많단다. 바다나 강은 우리의 중요한 삶터 가운데 하나다. 따라서 학교마다 어장이 있어야겠지? 그래서 어느 학교에서는 보리새우 양식에 성공해서 화제가 되는가 하면, 어느 학교에서는 학생들의 힘으로 민물장어의 성장 과정과 번식 방법을 연구해서 수산업의 발전에 이바지해야 하겠지? 해수욕장에 따로 놀러갈 필요 없이 일과 놀이가 하나로 어우러지는 값진 나날이 될 거야.

이 아버지가 지금 꿈꾸고 있는 거냐? 그래, 꿈이라도 좋다. 그러나 이것은 절대로 헛된 꿈이 아냐. 이룰 수 있고, 도시의 학교들이 정말 학교답기 위해서는 꼭 이루어야 하는 꿈이기도 하지. 이 아버지는 그렇게 믿는다.

물론 학교가 학교답게 되는 것이 그렇게 쉬운 일은 아니지. 그동안 학교가 무엇인지, 학생들이 무엇을 어떻게 공부해야 하는지 모르는 어른들이, 모르면 잠자코 있거나 할 노릇이지 이른바 교육 시찰이라는 이름으로 이 나라 저 나라 돌아다니며 건성으로 이것저것 구경하고 와서는 "미국 학교가 이러니 우리 학교도 이래야겠다."는 둥, "일본 교과서가 저러니 우리 교과서도 저래야 한다."는 둥, "독일의 교육정책이 여차여차하니 우리 교육정책도 여차여차해야 한다."는 둥, 마치 자기들이 교육정책이나 교육제도를 잘 알고 있는 사람인 양 포 치고 차 치고 하는 바람에 해방 직후부터 학교교육은 엇나가기 시작했다.

더더구나 좌우 대립의 틈바구니 속에서 일제 식민지 교육에 이바지했던 친일 교육자들이 학교뿐만 아니라 교육행정까지도 좌지우지하는 통에 이 모양 이 꼴이 되고 만 것이다. 오죽하면 해방 뒤에 그 많은 대학들이 친일파들 손에 넘어갔겠니? 그 일이 아무리 고통스러운 결과를 가져오더라도 진실은 밝혀져야 한다. 참고 삼아 말하자면 고려대학교의 설립자로 알려진 김성수, 이화여자대학교 초대 총장이었던 김활란, 덕성여자대학교 설립자 이숙종, 상명여자대학교 설립자 배상명, 서울여자대학교 설립자 고황경, 중앙대학교 설립자 임영신 같은 사람은 기록에 따르면 모두 일제 식민지정책을 적극 지지한 사람들이다.

여기에 덧붙여 이승만 독재 권력에서부터 시작해 이제까지 독재 권력은 정권을 지키는 데만 급급했지 한 번도 교육 문제에 대해서 진지하게 생각해보지 않았다는 사실도 밝혀둬야겠다. 늘 말만은 '교육은 백년지대계'라고 번지르르하게 해왔지. 그러나 오늘에 이르기까지 모든 교육은 한결같이 대학 입학시험만을 위한 교육이었다. 모든 학생들이 우리 사회의 여러 가지 중요하고 절실한 문제를 자기 스스로 생각하고 풀어나갈 수 있도록 기르는 교육은 없었어.

나래야.

너는 걸핏하면 이 아버지를 촌놈이라고 깔보지? 그렇지만 말이다, 이 아버지는 너와 도시에 사는 네 동무들이 시골 사는 네 또래 동무들보다 대학에 들어가는 데는 더 앞설지 몰라도 참교육이라는 관점에서 보면 훨씬 뒤진다고 본다. 시골에 사는 네 동무들은 어렸을 때부터 일을 하면서 겪고 익혔던 많은 산지식을 인정받지 못하고 있지만, 사실은 삶의 문제를 풀어가는 데 너희 도시내기들보다 훨씬 뛰어나다.

시골에 사는 동무들은 도시에 사는 너희에 견주어 훨씬 많은 생물학 지식을 지니고 있어. 산과 들에 널려 있는 풀과 나무의 이름뿐만 아니라 그것이 어디에 쓸모가 있는지, 사람 몸에 독이 되는 것인지 약이 되는 것인지, 먹어도 되는 것인지 먹어서는 안 되는 것인지 알고 있지.

그리고 시골의 네 동무들은 어린 시절부터 부모를 따라 들로 산으로 다니면서 일을 한 덕분에 살아가는 데 필요한 먹을거리를 기르는 방법을 배운다. 너희는 어쩌다 녹두와 팥을, 강낭콩과 완두콩을 가려낼 수 있을지는 모르지만 언제 어떻게 심어서 언제 거두어들이는지는 모른다. 너희는 누에가 뽕잎을 먹고 자란다는 사실이나 몇 잠을 자야 번데기가 되는지는 알지 몰라도, 누에에게 어떤 병이 생기는지는 알지 못한다. 누에에게 때맞춰 알맞은 양의 뽕잎을 주는 방법도 모른다.

그래서 너희를 깊은 산이나 들에 며칠만 놓아두면, 비록 한여름이라 할지라도 거의 다 굶어죽고 말 거야. 그러나 시골 아이들은 그렇지 않지. 그 아이들은 너희 도시 아이들이 다 죽고 난 뒤까지도 오래오래 살아남을 거야. 너와 도시의 네 동무들은 삶의 기본이 되는 지식을 배워 익히지 못했지만, 시골 아이들은 자연에서 주어진 여러 가지 먹을 수 있는 식물과 동물을 가려내는 법과 그것을 얻는 방법뿐만 아니라 일을 해서 그것을 길러내는 방법까지 알고 있거든.

학교교육이 바르게 이루어진다면 시골에 사는 네 동무들이 너희를 앞서게 될 거야. 너희는 네 시골 동무들의 그늘에 가려지겠지. 지금의 대학 입시 위주 교육에서 네 시골 동무들이 너희에게 뒤지고 있듯이 말이야. 허투루 하는 말이 아니야. 이 아버지는 교육을 올바르게 되살리는 길을 오랫동안 생각해왔어. 아까 이야기한 작업장과 농장, 연습림, 어장을 시골 학교가 갖추는 것은 지금도 크게 어렵지 않아. 그곳에서 학생들을 가르치는 것도 어렵지 않고. 왜냐하면 그 모든 것이 가까이 있을 뿐 아니라 학생들도 어렸을 때부터 일하는 버릇이 몸에 배어 있어 큰 무리 없이 새로운 교육과정에 적응할 수 있을 것이기 때문이지.

내가 꿈꾸는 대로 학교가 새롭게 바뀐다면 처음 한동안은 도시 학생들은 악몽 같은 나날을 보낼 거야. 많은 아이들이 작업장이나 농장, 연습림이나 어장 가까이에서 살아보지 않았고, 도대체 지금껏 사는 동안 일이라고는 거의 해본 적도 없을 테니까. 너희는 멀리 떨어진 들판에 가서, 연습림이나 바닷가에 가서 밥 짓고 반찬 만들고 빨래하는 것부터 호미질·괭이질·삽질·써레질 같은 힘든 농사일에다 그물을 치고 거두거나 김을 걷어서 말리는 일, 온갖 어패류를 양식하거나 잡아서 손질하는 일, 나무를 심고 가꾸고 베어 넘기고, 약초를 심고 캐는 일 따위 힘든 일을 하나하나 배워야 하겠지. 그러는 동안 몹시 견디기 힘든 어려움을 맛볼 거야. 그렇지만 그 어려움은 너희의 병든 몸과 마음을 고치는 좋은 약이 될 거야. 너희는 그 어려움 속에서 일의 소중함을 배우고, 자연과 인간의 바람직한 관계에 대해서 깊이 생각할 수 있게 될 거야. 무엇보다도 정신노동과 육체노동이 갈라져야 한다는, 또 정신노동을 하는 사람은 육체노동을 하는 사람보다 더 우대를 받는 것이 당연하다는 잘못된 편견을 버리게 될 거야.

이 모든 일이 쉽지는 않겠지. 지금 도시에 사는 학부모들 가운데 이 이야기에 귀 기울이려는 사람이 얼마 없을 거야. 좋지 않은 버릇에 길이 들다 보면 고치기 어렵고, 또 고치기 싫어지는 법이지. 당장에 교육제도를 이렇게 바꾸겠다고 하면 다들 벌떼처럼 들고일어날지 모르겠다. 하지만 말이다. 지금은 꿈같이 여겨지는 이 아버지의 생각이 머지않아 이 땅에 참된 교육 이념으로 굳게 뿌리내리게 되리라고 나는 믿는다.

그날이 언제일까? 어쩌면 이 아버지가 죽고 난 뒤에나 가능할지도 모르지만, 그렇다고 해서 아무 일도 하지 않고 무작정 기다리고 있을 수만은 없지. 이 모든 계획은 우선 무엇보다도 민주적이고 자주적인 교육이 이루어지고 난 뒤에야 실천할 수 있을 테니까, 우선은 교육의 민주화와 자주화를 위해 애써야 하겠지. 그런데 생각해보면 사회의 민주화와 자주화 없이 교육의 민주화와 자주화만 따로 있을 수는 없는 법 아니겠니?

자, 이제 우리 사회가 참뜻에서 민주화, 자주화되고, 학교교육도 민주화, 자주화되었다고 치자. 그러면 우리 마을은 어떤 모습을 갖게 될까? 먼저 우리 마을에 자가용을 가진 사람들이 눈에 띄지 않을 것 같다. 그 대신 자전거의 숫자는 늘고. 왜냐고? 모든 학부형들의 직장이 걸어서 다닐 수 있는 거리 안에 있을 텐데 차가 왜 필요하겠니? 아주 특별한 일이 있을 때, 출장을 갈 때 차가 필요하면 마을에서 함께 쓰는 차를 가지고 가겠지. 간단한 물건을 만드는 데는 학교 작업장을 이용하면 되지만 특수한 연장이 필요한 경우에는 동네 아저씨가 일하는 근처 공장에 찾아가면 되고.

우리 마을에는 모두가 공짜로 다닐 수 있는 데다 시설도 잘 갖추어진 고등학교가 여럿 있어서 대학에 가고 싶은 사람은 수업료를 내지 않고 공부를 계속할 수 있겠지. 학생들이 일해서 생기는 소득으로 어쩌면 대학까지도 학생들 스스로 꾸려나갈 수 있을 거야. 학생 열다섯에 선생님이 한 분씩이고, 공부는 모두 문제 해결을 통한 발견 학습이어서 선생님은 도움말만 주면 되지. 거기다 모든 학사 운영도 학생들 스스로 꾸려갈 수 있을 거야. 학급 신문과 학교 신문을 펴내는 것은 물론이고 학생들이 만든 연극을 공연하고 민요와 민속무용에 바탕을 둔 우리 고유의 노래와 춤사위도 만들겠구나. 모든 운동경기는 겨루기보다는 서로 돕는 데 바탕을 둘 거니까 이기는 편도 지는 편도 모두 흥겨워지겠지. 공동체 안의 문화도 마찬가지 모습을 지닐 거다.

아마 우리 마을에서는 대학에 가고 싶어 하는 젊은이가 많지 않을 거야. 고등학교만 다녀도 배울 것은 다 배우고 버는 것도 대학을 나온 사람과 차이가 없거든. 대학을 나오면 책임만 무거워진다고 생각하는 사람이 많을 거야.

아, 이제 그만. 여기에서 그만두어야겠다. 일과 공부를 따로 생각하고, 육체노동으로부터 완전히 소외되고도 그것을 당연하게 여기는 너와 도시의 네 동무들이 안타까워서 이야기를 시작한 것이 이렇게 엉뚱하게 곁가지를 쳤구나.

—아비가

가장 훌륭한 교과서는 이 세상이란다
—아버지가 나래에게

나래야.

이오덕 선생님이 쓰신 《이오덕 교육 일기》에 이런 말이 나오더구나. 초등학교에 다니는 어린아이들에게 표준말로 글쓰기를 강요하는 것은 그 아이들이 쓰고 싶은 글을 제대로 못 쓰게 만드는 것이라고 말이야. 그러니까 아이들이 자유롭게 자기 생각과 느낌을 글로 나타내기 위해서는 자기가 늘 쓰던 말대로 써야 한다는 이야기지. 이 글을 읽으면서 네 아비는 서울내기인 네가 제주도 사투리로 네 생각과 느낌을 나타내려고 낑낑거리는 모습을 상상했단다. 끔찍한 일이지?

그렇다고 해서 표준말 교육이 필요 없다는 이야기는 아니야. 온 나라 사람이 서로 자유롭게 의사소통을 하려면 표준말을 정해서 쓸 필요가 있지. 그렇지만 표준말을 충분히 익혀서 쓸 수 있을 만큼 교육을 받지 못한 아이들은 사투리로라도 자기의 생각과 느낌을 정확하게 나타낼 수 있게 하는 것이 낫다. 표준말에 얽매여 생각과 느낌을 제대로 표현하지 못하는 것보다 훨씬 더 좋다는 것이지. 좋을 뿐만 아니라 사투리로 해야만 나올 수 있는 풍성한 이야기가 있기도 하다.

언젠가 이 아비가 들려준 이야기 기억하니? 에디슨은 학교에 다니지 않았기 때문에 발명왕이 된 것이라고 말이야. 어찌 들으면 제도교육 전체를 믿지 못하는 말처럼 들릴지 모르지만, 그런 뜻에서 한 말은 아니다. 잘못하면 학교가 학생들의 생각과 느낌을 죽여버리는 무시무시한 곳이 될 수도 있다는 것을 말하고 싶었던 거야.

우리 집 앞에 대추나무가 있지? 재작년부터 키만 크고 대추는 열리지 않기에 몹시 애를 태우다가 올해는 베어 넘기고 새 대추나무를 심어야겠다고 마음먹었어. 그런데 웬걸! 마치 그런 마음을 알아차리기라도 한 듯이 대추꽃이 올망졸망 피고 있지 않니? 큰일 날 뻔했어. 그렇단다. 하잘것없어 보이는 대추나무 한 그루도 올해 다르고 내년 다르단다. 몇 해 열매를 맺지 못했다고 '대추가 열리지 않는 나무'라고 딱지를 붙여서 베어버렸다면 어쩔 뻔했니? 하물며 사람이야! 자라는 아이들은 끝없는 잠재력을 지니고 있는 보물 덩어리란다. 이 아이들 안에는 온갖 가능성이 다 들어 있어.

나래야, 너 이 세상에 얼마나 많은 직업이 있는지 아니? 헤아릴 수 없이 많지. 사람은 온갖 직업을 가질 수 있고 역사가 발전함에 따라 지금까지는 듣도 보도 못한 새로운 직업을 만들어낼 수도 있단다. 사람들이 그렇게 많은 직업을 가질 수 있다는 것은 사람의 잠재력이 그렇게 다양하게 발휘될 수 있다는 것을 뜻하지.

사람이 지닌 가능성도 엄청나게 크지만 이 세상도 엄청나게 커. 이 세상이 얼마나 큰지 가장 잘 나타낸 분 가운데 한 분이 부처님이야. 부처님은 "티끌 하나 속에 온 우주가 담겨 있다."고 하셨어. 티끌 하나하나로 이루어진 지구와 티끌 한 알갱이가 다를 바 없다는 것을 비유하는 말이지. 티끌의 법칙이 우주의 법칙이라는 뜻도 되고, 또는 티

끝이나 우주나 자연의 법칙에서는 하나라는 뜻도 될 거야.

그렇지만 단지 비유하는 말이 아니기도 해. 그런 대답이 어디 있느냐고? 하기는, 너희는 이 세상에서 한 문제에 대한 정답은 하나밖에 없다고 배웠으니까 받아들이기 힘들 거야. 그러나, 그러나 말이다. 너희가 지금 학교에서 배우는 것처럼 문제 하나에 정답이 하나만 있는 것은 아니란다. 티끌은 우리가 맨눈으로 보면 거의 눈에 띄지도 않는 하잘것없는 것이지만, 전자 현미경으로 10만 배, 20만 배 키워서 보면 티끌 속에서 새로운 세계를 찾아낼 수 있어. 과학이 더 발달해서 몇백만 배, 몇천만 배까지 확대할 수 있다면 티끌 안에서 새로운 우주를 볼 수도 있겠지.

사람이 지닌 가능성도 끝이 없고 이 세계도 끝이 없다면, 교과서에 담긴 지식은 이 끝없는 가능성을 실현시키고 무한한 세계로 아이들을 안내하는 징검다리가 되어야 하지 않겠니? 교과서라고 해서 모두 절대 진리를 담고 있는 것은 아니야. 교과서에 담긴 진리는 아주 상대적인 것이고, 부분적인 것이라고 생각해도 틀림없어.

음악 교과서를 예로 들어볼까? 인류가 지구 위에서 살기 시작한 수십만 년 전부터 인류가 불러왔고, 인류가 지구에서 사라질 어느 날까지 사람들이 부를 노래를 셀 수도 없지. 그 노래들을 모두 담은 음악 교과서를 만들어서 그 교과서 위에 올라선다면, 아마 저 하늘의 달을 만질 수도 있을 거야. 하지만 우리는 그렇게 많은 노래를 담은 음악 교과서를 만들 수도 없고 또 만들 필요도 없어.

그럼 훌륭한 음악 교과서란 어떤 것일까? 너희가 신학기 때 받는, 오선지 위에 악보를 그려놓은 얇은 책이 훌륭한 음악 교과서일까? 아

2 꼭 같은 것보다 다 다른 것이 더 좋아 115

비가 고개를 젓는 모습이 보이니? 그럼 훌륭한 음악 교과서는 무엇이냐고? 자, 잘 들어보렴. 자, 자, 여기에서도 소리가 나고 여기에서도 소리가 나지? 이렇게 우리가 손으로 만질 수 있는 것은 모두 소리를 숨겨 지니고 있단다. 어디 그것뿐이냐? 빗소리, 바람 소리, 시냇물 흐르는 소리, 찌르레기 우는 소리, 개구리 소리, 뻐꾸기 울음소리, 개 짖는 소리……. 이렇게 우리의 둘레는 온통 소리로 가득 차 있지. 우리가 서로 주고받는 말소리를 빼놓고도 말이야. 우리 귀에는 들리지 않지만 티끌 속에도 소리가 담겨 있고 우주 안에도 소리가 가득할 거야. 앞으로 우리는 소리를 크게 키우거나 작게 줄여서 티끌의 소리, 우주의 소리를 들을 수도 있겠지.

그래, 이 세상에서 가장 훌륭한 음악 교과서는 바로 우리의 귀청을 울리는 이 모든 소리의 세계야. 네가 가지고 있는 음악 교과서는 그저 조그마한 참고 자료에 지나지 않지. 참된 음악교육은 학생들을 이 다양한 소리의 세계로 끌고 들어가 그 안에서 어떤 생명의 질서를 발견하도록 하는 것이지. 선생님은 이미 발견된 것을 미리 일러주려고 들어서는 안 돼. 그렇게 되면 이미 발견된 소리 질서에 얽매여서 그것만이 올바른 소리 질서인 것으로 잘못 생각하고 거기에서 그쳐버릴 수가 있으니까.

나무 도막을 두들겨보고, 풀잎을 불어보고, 고무줄을 퉁겨보는 동안에 나무 도막에서 나는 다양한 소리의 법칙에 귀가 열리고, 풀잎에서 들리는 소리의 어우름, 고무줄 길이에 따라 다르게 나는 소리의 변화에 귀가 뜨이고, 그 다음에는 두드리는 소리와 부는 소리와 퉁기거나 문지르는 소리 사이의 밀접한 관계를 귀담아듣게 되지. 하나하나의 소리에서 독특한 소리로, 독특한 소리에서 일반의 소리로, 소리 폭이 넓어지는 것을 깨우치는 것이 제대로 음악을 배우는 과정이라고 할 수 있어.

이제 음악교육에서 중요한 것은 책이 아니고 우리 귀에 들리는 소리의 세계라는 것을 알겠지? 그리고 훌륭한 음악 선생님은 교과서에 있는 노래를 잘 가르치는 선생님이 아니라 교과서에 실린 노래를 실마리 삼아 학생들을 노래의 넓은 바다, 소리의 넓은 바다로 이끄는 소리의 길라잡이라는 것을 알았을 거야.

그러나 음악교육에서 누구보다 중요한 사람은 교육을 받는 바로 너 자신이야. 선생님은 너를 다양한 소리의 세계로 이끌 수 있고, 이 소리들이 너에게 불러일으키는 느낌에 대해서 설명하고 이해시킬 수는 있지만 느낌 그 자체를 너에게 전달해줄 수는 없단다. 그것은 마치 선생님이 네 종아리를 회초리로 때릴 때와 비슷해. 때리는 선생님 마음이 아플지는 모르지만 네가 생생하게 느끼는 육체의 고통까지는 못 느낄 테니까. 아무리 선생님이 훌륭하게 가르치더라도 배우고 싶은 생각이 없으면 그야말로 "쇠귀에 경 읽기"라고 할 수밖에.

무엇이 참교육인지에 대해서 이야기하자고 했던 것인데, 이렇게 많은 곁가지를 쳤구나. 우리 에디슨에서 다시 이야기할까? 에디슨은 하나에 하나를 더하면 둘이 된다는 선생님 말씀에 왜 하나에 하나를 더하는 것이 꼭 둘이 되어야만 하느냐고 묻다가 학교에서 쫓겨났다지, 아마. 그런 질문을 한 에디슨이 바보라면, 아직까지도 그런 궁금증을 버리지 못하고 있는 네 아비는 아마 천치 중의 천치라고나 해야겠지.

설핏 생각하면 하나에 하나를 더하면 둘이라는 것을 모를 바보가 어디 있냐 싶지? 그렇지만 하나에 하나를 더하면 둘이라는 수학의 진리가 정말 의심할 나위 없는 절대 진리일까? 이때 하나는 무엇을 뜻할까? 더한다는 것은 또 무슨 뜻을 지니고 있을까? 더해진 것이 둘로 남아 있으려면 어떤 상태로 있어야 할까? 물 한 방울도 하나고, 풀 한 포기도 하나고, 모래 한 알도 하나고, 지구도 하나인데, 이 '하나'들 사이에는 어떤 공통점이 있어서 모두가 '하나'라고 할까?

우리 눈에 보이는 것은 모두 크기를 지니고 있지. 크기를 지니고 있는 것은 동시에 모습도 지니고 있어. 모습은 겉으로 드러나는 것이야. 겉으로 드러난 모습만 해도 그 모습을 어디에서 보느냐에 따라 다 달라. 이를테면 수평으로 보면 직선으로 나타나는 것이, 선의 끝에 가서 보면 점으로 나타나기도 하지. 위에서 보면 평면으로 보이는 것이 옆에서 보면 수평으로 보일 수도 있듯이, 이처럼 한 사물의 겉모습만 해도 수없이 많은 관점이 가능하지.

그런데 사물에는 겉모습만 있는 것이 아니라서 겉이 있는 것은 반드시 속도 있는 법이야. 우리가 속에 있는 것을 보려면 그 '속'을 쪼개서 '겉'으로 드러내야 하지. 이것은 마치 수박을 고를 때 겉만 봐서는 익었는지 안 익었는지 알 수 없고 쪼개봐야 알 수 있는 것과 같아. 그러나 아무리 이렇게 쪼개봐도 우리는 여전히 안을 못 보고 새로운 '겉'을 볼 뿐이야. 한 사물의 경우도 이런데, 온갖 것이 얽히고설킨 이 세상 일이야 어떻겠니? 보이는 것보다 안 보이는 것이 훨씬 더 많지. 이를테면 우리는 사물들의 관계나 그 관계를 드러내는 법칙을 눈으로 볼 수가 없단다. 우리가 이 법칙들을 알지 못하고는 세상에 대해 아무것도 알 수 없어. 그런데 이 관계나 법칙도 늘 한결같이 머물러 있지 않고 시간이 흐르면서 끊임없이 바뀌거든.

　자, 사정이 이런데 문제 하나에 해답이 하나밖에 없다고 가르치는 지금의 교육이 참교육이라고 할 수 있겠니? 나래야, 지금 우리나라의 많은 선생님들은 학교가 학생들의 자율성과 창의성은 물론이고 도덕성마저 잠들게 하고 시들게 만들고 있다는 점을 걱정하고 있단다. 아이들이 가진 그 많은 다양한 능력과 재능, 감성을 일깨우고 길러주지 못하는 것을 말이야. 어떤 학생은 동물을 기르고 품종을 개량하는 데 기막힌 재능을 지니고 있지만 수학에는 깜깜 오밤중일 수도 있고, 어떤 학생은 배추벌레라면 얼마든지 환영하지만 거미라면 끔찍해서 쳐다보기도 싫은 경우도 있을 수 있지 않니?

　나래야. 전에도 이와 비슷한 이야기를 한 기억이 있다만, 한 번 더 이야기할까? 살아 있는 것 가운데 똑같은 것은 하나도 없단다. 일란성 쌍둥이도 엄마의 눈에는 뚜렷이 달라 보일 만큼 다른 점이 있어. 하다못해 솔잎이나 잔디 같은 것도 언뜻 보면 서로 구별이 안 되지. 하지만 가만히 들여다보면 똑같은 것이 없지. 사람도 마찬가지란다. 이 지구 위에 몇십억 인구가 살고 있지만, 그 가운데 판에 박은 듯이 똑같은 사람은 아무도 없어. 왜 이렇게 얼굴 모습도 다르고, 체격도 다르고, 그 밖에 다른 신체 조건에서도 차이가 날까?

　너 중학교 다닐 때 투덜거리던 것 생각나니? 네 엄마와 이 아비가 수진이 엄마나 아빠처럼 잘생겼더라면 너도 예쁘게 생겼을 텐데, 엄마와 아비가 못생겨서, 특히 이 아비가 못생겨서 네가 수진이만큼 예쁘지 않다고 말이야. 너뿐만 아니라 네 큰이모도 엄마가 이 아비와 결혼한다는 이야기를 듣고 "아무리 서로 좋아서 같이 산다지만 자식들

걱정도 해야지. 자기들 닮은 자식 낳으면 그 꼴을 어찌 보려고, 쯧쯧." 하고 혀를 찼다고 한다.

하지만 내가 보기에 네 엄마는 절대 못나지 않았다. 물론 네 엄마도 이 아비를 너희가 보는 것처럼 그렇게 못나게만 보지는 않을 거야. 어쨌거나 만일에 이 세상에 있는 모든 남자가 수진이 아버지하고 똑같이 생겼고, 모든 여자가 수진이 어머니와 똑같다고 치자. 과연 그런 게 좋을까? 모든 사람이 똑같은 생각을 하고 똑같은 느낌을 갖고, 똑같은 취향과 능력과 재주를 지니고 있으면 좋을까?

조금 더 과장해서 생각해볼까? 이 세상 모든 여자가 클레오파트라의 코에다 퀴리 부인의 머리에다 황진이의 감수성을 타고나고, 이 세상 모든 남자가 아인슈타인의 머리에다 알랭 들롱의 얼굴에다 이만기의 몸집을 지니고 있다면 어떨까? 누가 누군지 가려낼 수 없을 것이라는 점은 빼고 이야기해보자.

너 아프리카 사람들 살갗이 우연히 검고, 우리나라 사람 살갗이 우연히 노란 줄 아니? 그렇지 않아. 아프리카에서는 검은 살갗이 살기에 가장 좋은 빛깔이라고 할 수 있어. 저마다 다른 환경 속에서 살아남기 위해서 최선을 다한 결과 흑인도 되고, 백인도 되고, 황인도 된 거야. 만일에 이 세상에 체격이나 용모나 체질이나 그 밖의 모든 신체의 모양과 성질이 똑같은 사람들만 있다고 생각해봐. 그리고 이 사람들은 대단히 튼튼해서 다른 병에는 잘 걸리지 않지만, 예를 들어 말라리아에 걸리면 살아남을 수가 없는 체질이라고 가정해봐. 그렇게 되면 인류가 한꺼번에 사라질 가능성이 아주 높게 되지.

이제 알아들었니? 미생물이든 식물이든 동물이든 사람이든 개체마다 형질이 다르고 그에 따라 구조나 형태가 달라지는 것은 종을 이어가는 데는 아주 중요한 거야. 그러니까 어떤 조건에서는 코가 납작한 사람이 오뚝한 사람보다 훨씬 더 살아남기가 쉽고, 수박같이 생긴 음식을 먹고 사는 곳에서라면 네 아비 같은 뻐드렁니를 가진 사람이 네 엄마처럼 옥니를 가진 사람보다 훨씬 잘 적응하는 거지. 듣고 보니까 수진이 아빠처럼 잘생긴 사람만 중요한 것이 아니라 네 아비처럼 우락부락하게 생긴 사람도 인류 보존을 위해서 중요하다는 것을 알겠지?

그러니까 이 세상에는 클레오파트라 코에 퀴리 부인의 머리에 황진이의 감수성을 타고난 여자만 있어서도 안 되고, 아인슈타인 머리에 알랭 들롱 얼굴에 이만기의 몸집을 가지고 있는 남자만 있어서도 안 되는 거야. 뛰어나지만 모두 똑같은 것보다 뛰어나지 못해도 다양한 것이 더 좋은 까닭도 여기에 있어. 뛰어난 사람들로만 이루어진 세상보다는 어떤 사람은 귀가 안 들리고, 어떤 사람은 지능 지수가 두 자리 숫자더라도, 저마다 다른 체질과 용모, 취향과 재능을 지니고 있는 다양한 사람들로 이루어진 사회가 종의 유지나 역사의 발전을 위해서 훨씬 더 바람직한 세상이라는 거지.

그런데 너는 학교에서 어떻게 수업을 받고 있니? 외딴 섬마을에 사는 아이나 탄광촌에 사는 아이, 농촌 아이, 도시 아이 가릴 것 없이 너와 같은 학년 아이들은 똑같은 교과서를 펼쳐놓고 공부하고 있지. 무척 이상하지 않니? 똑같은 교과서는 똑같은 사회를 드러내기도 하지만, 또 거꾸로 똑같은 사회를 만들어내기도 한다는 점에서 큰 문제가 아닐 수 없어. 똑같은 사회에서는 하나의 기준에 따라 모든 것이 평가되기 때문에 모든 문제에 해답은 하나밖에 없지. 오직 하나뿐인 해답을 잘 외우지 못하는 사람은 다른 점에서도 뒤떨어진다고 평가받지. "성적이 좋은 놈은 마음씨도 좋고 성적이 나쁜 놈은 마음씨도 나쁘다."는 식으로 말이야.

가장 훌륭한 교과서는 우리가 살고 있는 이 세상이야. 이 세상에 있는 모든 것은 서로 아주 가깝게 연결되고 있고 내부 모순 때문에 끊임없이 바뀌고 발전하고 있지. 어두운 면도 있고 밝은 면도 있어. 또 어두운 면이 밝은 면으로 바뀌기도 하고 밝은 면이 어두운 면으로 바뀌기도 해.

살아 있는 것은 하나도 같은 것이 없어. 살아 있는 사람들로 이루어진 이 사회도 마찬가지야. 섬에 사는 사람 다르고 산골에 사는 사람 달라. 그렇다고 해서 어느 누가 더 못하다거나 더 낫다고 할 수 없어. 섬에 사는 학생은 자기가 현실에서 보고 듣고 생각하고 느끼는 것을 바탕으로 엮은 교과서로 이 세상을 이해할 권리가 있어. 자동차도 기차도 없는 곳에서 사는 학생에게 자동차가 어떻고 기차가 어떻고 아무리 떠들어봐야 그야말로 "쇠귀에 경 읽기"지. 혹시 몰라. 어차피 살기 힘들어서 고향을 떠나야 하는 젊은이들에게 동경을 불러일으켜서 도시로 도시로 모이게 하는 꼬임수로 쓰인다면 쓸모가 있을지.

지금 너희가 배우는 교과서가 너희의 다양한 흥미와 재능과 욕구를 충족시켜주는 데 아주 못 미친다는 말은 곧 교과서가 현실을 제대로 담지 못한다는 말이지. 또 교과서가 훌륭한 지도책 구실을 할 수 없다는 말이기도 해. 그 부실한 지도책 때문에 너희가 머잖아 현실에서 길을 잃기 쉽다는 말이기도 하지. 그러면 어떻게 해야 하지? 선생님들은 교과서에 안 나오는 것을 가르쳐줄 필요가 있고, 너희는 너희대로 교과서가 아닌 다른 책을 많이 보고 스스로 현실에 대해서 알려고 애써야지.

 당장에 이런 물음이 튀어나오겠지? 교과서에 나오지 않는 이야기를 하는 선생님을 좋지 않게 보는 어른들이 있고, 또 교과서 말고 다른 책은 볼 시간도 없는데, 무슨 꿈같은 소리냐고 말이야. 그래, 물론 너희나 선생님들이 겪는 어려움은 나도 알아. 하지만 현실에서 길을 잃지 않으려면 제대로 된 지도책을 볼 수밖에 없다고 말하고 싶구나. 그리고 그 지도책은 너희 힘으로 찾을 수밖에 없다고 말이야.

—아비가

그래, 네 멋에 살아라

나는 우리 집 아이들이 꼭 대학에 가지 않아도 된다고 생각해왔다. 그래서 딸아이에게도 일찍부터 "대학교육이라는 걸 반드시 받지 않아도 된다. 네가 바란다면 고등학교만 나오고 공장에 가서 일할 수도 있고, 그 밖에 마음에 드는 일을 찾아서 할 수도 있다. 다만 무엇을 하든지 열심히 해라."라고 일렀다.

평소에 '입시교육'을 탐탁지 않게 여겨온 게 사실이었지만, 그 폐해를 꼼꼼히 따져본 적은 없었다. 그러나 딸아이가 대학에 가겠다고 마음을 정하고 나자 이제 '입시교육'은 내 문제가 되어버리고 말았다.

딸아이는 학교에서 받는 정규 수업 밖에 보충수업이니 자율학습이니 하는 것은 받지 않겠다고 선언했다. 평소에 교육 민주화를 코끝에 달고 다니던 터라 나는 흔쾌히 찬성하지 않을 수 없었다. 아내는 뭔가 찜찜하고 불안한 눈치였지만, 같은 성씨로 내리 닮은 지아비와 딸의 황소고집을 존중하기로 마음먹은 듯했다.

딸아이는 자기 책상 앞 벽에도 구호를 하나 크게 써 붙였다. '내 멋에 산다.' 제멋에 살겠다는데 구태여 딴죽을 걸 까닭은 없지 않은가. '그래, 네 멋에 살아라.' 그러나 이 땅에서 고등학교를 다녀야 하는 팔자를 타고난 아이들 치고 마음 놓고 제멋에 살 자유를 누릴 수 있는 아이가 몇이나 되랴.

아니나 다를까? 제멋에 살겠다는 딸의 의지는 발을 내딛는 곳에서마다 벽에 부딪치는 것 같았다. 이래 꺾이고 저래 튕기는 경험을 한참 하다 보니 '이런 인생 살아서 뭐 하나.' 하는 마음이 드는 모양이었다. 고등학교 3년 동안 '죽고 싶다.'는 말을 입에 달고 다녔다. "듣기 좋은 꽃노래도 석 자리 반"이라는데, 별로 듣고 싶지 않은 말을 입에 달고 다니니 부모의 귀에 거슬리지 않을 리가 없다.

게다가 통지표에 '가'도 실리고 '양'도 여러 마리 키운다. 중학 시절 한때는 전교 석차 몇 번째에 들던 애의 성적이 신나게 미끄럼질을 하더니 반에서 서른 번째가 훨씬 넘어서서 마흔 번째에 육박하자, 초등학교에 입학하면서부터 대학을 졸업할 때까지 전교 1등만 해온 모범생 출신 아내는 억장이 무너지는 모양이었다. 그러나 나는 내심으로 학과 성적은 좋지만 이기적인 데가 있던 딸이 학교 성적은 떨어지지만 친구들에게 헌신적인 애로 바뀌는 것이 그다지 싫지 않았다.

딸아이의 선물 포장 솜씨가 날로 늘어났다. 포장지를 고르는 눈도 세련되고 갖가지 크기에 맞추어 선물을 꾸리는 기법도 능숙해지면서 시간도 줄어들었다. 그럴 수밖에 더 있겠는가. 마지못해 밥벌이로 선물 포장을 하는 것이 아니라 선물을 받을 친구의 기쁨을 머리에 그리면서 제가 좋아서 그 일을 하고 있으니까 솜씨가 눈부시게 빨리 좋아지는 것일 게다.

딸아이가 들려주는 학교 이야기는 어쩌다 밝은 구석도 있었지만 대체로 어두웠다. 반 아이들 가운데 한 아이가 참지 못하고 소리를 지르면 모든 아이들이 따라서 소리를 지르게 된다는 이야기, 시험지만 받으면 손에 마비가 와서 결국은 한 자도 쓰지 못하고 백지를 내는 아이가 있는가 하면, 신경성 소화불량이나 두통 따위로 시험을 포기하는 아이가 한 반에 두세 명은 된다는 이야기, 학교를 때려치우고 가죽점퍼 차림에 물들인 머리로 거리를 배회하는 친구 이야기, 3학년에 올라오면서 수학이나 영어 시간이 오면 반 아이 가운데 세 명에 둘은 아예 책상에 엎드려 자거나 딴 책을 펼쳐든다는 이야기, 밤 10시가 훨씬 넘어서 끝나는 보충수업, 자율학습만으로도 안심이 안 되어 독서실에 가서 밤을 새우다가 건강을 해친 아이 이야기······.

고등학교 3학년에 올라와서 보충수업과 자율학습에 빠지는 아이는 거의 없는 모양이었다. 그 때문에 아내는 담임 선생님과 면담을 했다. 딸아이의 성적이 날이 갈수록 떨어지는데 그대로 내버려둘 셈이냐는 담임의 힐문에 애 아비가 너무 완강해서 어쩔 수 없노라고 대답하고 와서는 한숨을 쉬었다. 그러니까 지금 이 순간에도 온 나라에서 거의 모든 고등학생이 밤늦게까지 딱딱한 의자에 열여섯 시간도 넘게 앉아서 교과서와 참고서를 붙들고 있다고 보아야 한다.

고등학교에 올라가서 교양서적을 단 몇 권이라도 읽어보는 아이가 얼마나 될까? 참고서에 낭비되는 국민의 돈은 어느 정도일까? '입시교육'에 빼앗긴 청춘을 보상 받을 길은 어디에 있을까? 그렇게 열심히, 몸과 마음의 건강을 망쳐가면서 공부해도 네 아이 가운데 세 아이는 시험에서 떨어진다.

딸아이와 어릴 때부터 한동네에서 줄곧 같이 자라다가 얼마 전에 이사를 간 아이의 엄마는 자식이 대학 입학시험에 떨어졌다는 것을 확인한 순간 분한 생각이 들더라고 했다. 몹시도 분해서 몸이 덜덜 떨리더라고 했다.

　자식교육에 모든 걸 다 쏟아부었는데, 거의 3년 동안 자식과 함께 밤을 새우다시피 했는데, 빚을 얻어 과외까지 시켰는데, 입시 공부를 하느라고 그 건강하던 애가 체중이 10킬로그램이나 줄었는데, 3년 동안 새벽기도에 한 번도 빠진 적이 없는데, 그렇게 해서 공부시킨 자식을 떨어뜨려? 이런 망할 놈의 세상이, 벼락 맞아 고꾸라질 세상이 어디 있어? 차라리 놀게 내버려둘걸. 읽고 싶다던 책 실컷 읽게 하고, 마음에 맞는 친구와 영화관에도 가고, 배낭여행도 하게 할걸. 참고서 사고 보충수업비 내고 과외 받던 돈으로 불고기나 해 먹일걸. 이런 사기꾼 같은 놈들 같으니! 뭐? 네 시간만 자면 붙고 다섯 시간 이상 자면 떨어져? 모든 학생들이 일 년 365일을 하루같이 하얗게 밤을 밝히며 머리를 싸매고 공부하더라도 넷 중 하나밖에 못 붙게 되어 있는 것이 오늘의 입시제도라고 솔직히 말하면 어디가 덧나냐?

　학교에 들여보내기 전까지는 모든 부모들이 자기 자식을 천재라고 생각한다. 노는 모습이나 하는 말이나 저지르는 짓이 하나같이 비범하고 심상치 않다. 그런데 학교에만 보내놓으면 그 똑똑하던 자식이 갑자기 빛을 잃어버린다. 사랑에 눈이 멀어서 허황한 판단을 하고 있었나? 잠시 뭐에 씌었나? 그 뛰어난 재질은 다 어디로 가버리고 저렇게 처진 어깨로 허깨비처럼 어정거리고 있을까?

　정말 부모가 자식을 잘못 보고 있었을까? 나는 그렇게 생각하지 않는다. 하루 스물네 시간 자식을 사랑의 눈길로 여러 해 동안 지켜본 부모의 판단은 정확한 것이다. 학교 들어가기 전까지 아이들은 무한하게 열려 있는 가능성의 세계 속에 살고 있다. 일류 요리사, 알아주는 옹기장이, 뛰어난 금속 세공사, 많은 사람들의 배꼽을 빼는 희극배우……. 저마다 자기 적성과 취미가 맞는 분야에서 빼어난 일꾼이 될 가능성이 있다.

그러나 학교에 들어가자마자 아이들은 재미없는 공부를 해야 한다. 초등학교에 입학한 지 얼마 안 되는 아이에게 "너 국어 좋아하니?", "너 수학 좋지?", "너 과학 재미있어?" 하고 물어봐라. 죄다 고개를 흔들 것이다. "옛날이야기 좋아하니?", "사탕 세 개 줄까, 다섯 개 줄까?", "개구리 잡으러 가자." 하고 나서면 어떨까?

아이들이 초등학교에 입학하자마자 국어·수학·과학·사회 …… 식으로 편성된 교과 과정에 맞추어 재미없는 수업을 반복해서 받아야 하는 까닭은, 그리고 중학교에 가도, 고등학교에 가도, 이 틀을 벗어나지 못하는 까닭은 맨 위에 '입시'가 버티고 있기 때문이다. 같은 것을 획일적으로 가르치지 않으면 모든 학생을 일등에서부터 꼴등까지 줄을 세울 기준을 마련할 수 없다. 그 기준이 없으면 대학에서 공부할 학생을 선발할 수 없다.

잠깐! 왜 반드시 성적순으로 줄을 세워야만 하지? "행복은 성적순이 아니잖아요?" 그래, 반드시 줄을 세워야만 제대로 교육시키는 것은 아니다. 한 반 아이가 죄다 일등이 될 수 있는 교육도 할 수 있다. 그렇게 해서 온 나라 아이들이 죄다 일등이 되도록 줄을 옆으로 세울 수도 있다.

딸아이 이야기를 조금 더 하면, 이 아이는 연극과 영화에 관심이 있다. 조금 더 좁혀서 말하면, 이 아이는 배우들을 분장시키고 무대장치를 꾸미는 쪽에 관심이 있다. 그런데 우리나라 대학에서는 분장학과 무대장치학을 가르치지 않는다고 한다. 아마 서구에서도 처음에는 이런 것들을 대학에서 체계적으로 가르치지 않았을 것이다. 그렇다면 딸아이는 이 분야를 자기가 개척해야 할 것이다. 열심히 하면 이 분야에서는 딸아이가 일등이 될 것이다. 그러나 이제까지 초등학교 교과서에도 대학 교재에도 이런 공부가 중요하다는 이야기가 나온 적은 한 번도 없다. 물론 분장이나 무대장치에 관련된 문제가 대학 입시에 나올 리도 없다.

나는 정말 중요한 것은 교과서에는 나오지 않는다고 믿는 사람이다. 교과서가 있다는 사실 자체가 비교육적이라고 믿는 사람이기도 하다. 교과서가 있으면 하나로 정해진 해답이 있게 마련이고, 정답이 있으면 맞추느냐 못 맞추느냐에 따라 성적의 우열이 갈리게 된다.

우리에게 꼭 필요한 교과서가 있다면 그것은 '살아 있는 현실'이라는 교과서다. 그런데 이 교과서의 내용은 엄청나게 풍부하기 때문에 모든 학생이 이 교과서에서 자기의 재능과 취미를 살릴 길을 찾아낼 수 있고, 저마다 자기가 좋아하는 분야에서 첫째가 될 수 있다.

어릴 때 부모들이 자식한테서 발견했던 무한한 가능성을 학교에서 과밀 학급을 맡아야 하는 선생들이 제대로 발견하지 못할 수도 얼마든지 있다. 작년에 맡아 가르치던 애와 비슷한 또 하나의 어린애로만 비칠 수도 있다. 에디슨을 가르쳤던 선생님도 에디슨의 재능을 발견하지 못했다. 에디슨은 초등학교 1학년도 못 마치고 쫓겨났으면서도 위대한 발명가가 된 것이 아니라, 바로 초등학교에서 쫓겨난 덕분에 위대한 발명가가 된 것이다.

입시교육은 폐지해야 한다. 교과서는 없애야 한다. 그리고 입시교육을 궁극의 목적으로 하는 현행 교육제도는 하루빨리 바꾸어야 한다. 그래서 이 땅의 모든 아이들이 저마다 자기가 지닌 천재성을 발휘할 수 있도록 이끌어야 한다.

불쌍한 내 딸년

하나밖에 없는 딸자식이 걸핏하면 죽고 싶다는 말을 입에 달고 다녀서 한편으로는 걱정이 되고 한편으로는 울화통이 터지는 것을 내색 않고 산 지 여러 해가 된다. 떡잎 때부터 잘 길러야 하는 건데! 들판을 가리키면서 이른 봄철부터 늦가을까지 농부들이 잠시도 쉴 틈 없이 몸을 놀려야 할 만큼 벼농사가 힘들다는 둥, 쌀밥이 우리 입에 들어오기까지 농부의 손길이 여든여덟 번이나 닿는다는 둥, '촌놈' 출신 아비가 열심히 설명해줄 때 아직 입에서 젖비린내가 채 가시지 않은 일곱 살밖에 안 되는 어린 것이 당돌하게 "흥, 그 아저씨들 바보야. 그렇게 힘든 일은 왜 해? 우리처럼 쌀가게에서 사다 먹으면 되지." 하고 조동아리를 놀릴 때부터 알아차렸어야 하는 건데! 하다못해 내 일터가 있는 청주 가까이에 시골집이라도 하나 마련해서 이놈을 '촌년'으로 키웠으면 나았을 것을……. 이렇게 후회를 한 적도 한두 번이 아니니다.

나는 내 딸년이 몸도 마음도 건강하기를 바란다. 그리고 착하고 부지런하고 성실하기를 바란다. 하기야 우리 세대의 부모 치고 제 자식이 착하지 않기를, 게으르고 불성실하기를 바라는 사람이 몇이나 되

라. 다들 자식 잘되는 것이 부지런하고 성실한 사람이 되는 것이라고 믿었기에 박정희가 대통령이 되어 밀짚모자를 쓰고 "부지런하고 성실한 사람이 잘사는 세상"을 만들자고 막걸리 잔을 높이 쳐들자, "아무렴, 그렇지, 다른 건 몰라도 저 말만은 맞는 말이여!" 하고 고개를 주억거렸지.

그런데, 가만히 있자. 30년이 지나 이제 둘러보니, 내 이웃에 심성이 바르고 부지런하고 성실하던 사람 중에 그 보답으로 잘사는 놈 하나도 없구나. 지금 떵떵거리면서 살고 있는 놈들을 보니 죄다 영악하고 게으르고 불성실했던 놈들, 청소 시간에 잔머리 굴려서 약삭빠르게 빠지고, 부모가 뙤약볕 밑에서 땀을 뻘뻘 흘리면서 일할 적에 공부한답시고 나무 그늘에 누워 책이나 펼쳐 들고 있고, 공부에 방해된다고 해서 동무들이 반장으로 뽑아놓아도 막무가내로 맡지 않겠다고 뻗대던 나 같은 놈들뿐이구나!

이제 몇 해 뒤에 딸년이 머리는 나쁘지만 착하고 우직하며 부지런하고 성실한 촌놈 하나 끌고 와서 내 낭군 될 사람이라고 소개하면 내 마음이 기쁠까? 아니지, 아니야. 아마 제 어미는 펄쩍 뛰고, 나도 입맛을 쩝쩝 다실 거야. 그리고 '저년이 지금 제정신인가. 머리가 좋아서 일류 대학을 졸업하고 나서 대기업에 들어가 펜대를 굴리고 있어도 약삭빠르지 못해서 출셋길에 지장이 있지 않을까 걱정할 판에 시골에 가만히 처박혀 있으면 마흔이 다 되도록 떠꺼머리 총각귀신 신세 못 면할 저런 무지렁이를 달고 나타나다니, 지가 무슨 연변 처녀라고……. 쯧쯧.' 속으로 이렇게 웅얼거리겠지.

반세기도 지나지 않아서 왜 이렇게 좋은 신랑감 고르는 기준조차 바뀌어버렸을까? 농사꾼이었던 우리 할아버지더러 손녀딸에 알맞은 배필을 골라달라고 했다면 두말없이 몸 건강하고 우직하고 성실하고 부지런한 이 녀석을 골랐겠지. 그리고 동네 사람들은 정말 좋은 신랑감을 골랐다고 다들 부러워했을 거야. 동네 처녀들도 시샘을 했겠지. 만일에 손녀딸이 얼굴 하얗고, 머리통만 크고, 잠시도 가만히 있지 못하고 눈알을 이리저리 굴려대는 요즈음 일류대 출신 신랑감에 한눈을 판다면 아마 집안 망하게 할 화냥년이라고 노발대발하셨을걸. 하기야, 그 꼴을 해가지고 농사를 제대로 지을 수나 있었겠어. 장돌뱅이가 되어 이 장 저 장 떠돌면서 남의 곡식을 되어주고 부스러기 곡식을 챙기는 말감고나 되었겠지.

'촌놈'이 도시에서 자식을 낳아 도시 놈 도시 년으로 기르려다 보니, 속 뒤집히는 일도 한두 가지 아니요, 복장 터지는 일도 한둘이 아니다. 내 딸년으로 말할 것 같으면 옛날로 치면 '남부럽지 않은 환경'에서 태어나 이날 이때껏 먹을 것 걱정, 입을 것 걱정, 잠자리 걱정과는 담을 쌓고 살아왔다. 사지가 멀쩡해도 구슬땀 흘리면서 콩밭을 한 번 매어봤나, 해마다 보릿고개를 넘으면서 풋바심을 넘기느라고 딸꾹질을 한번 해봤나, 도무지 근심 걱정할 일 없이 금이야 옥이야 키워왔는데, 무엇이 부족해서 제가 죽고 싶다는 말을 입에 달고 다닌단 말이냐.

이렇듯 앙앙불락하다가 얼마 전에야 비로소 '아니로구나, 내가 잘못 생각해도 크게 잘못 생각하고 있구나. 이 아비는 경제적으로만 불우했지, 학교생활만 빼면 거의 모든 측면에서 행복했는데, 내 딸년은 경제적으로만 넉넉하지, 그 밖에는 거의 모든 측면에서 불우할 수밖

2 꼭 같은 것보다 다 다른 것이 더 좋아 133

에 없구나.' 하는 깨우침을 얻었다. 하기야, 그래. 사귈 만하면 이사를 가버리니, 어릴 적부터 사귄 '깨복쟁이' 동무가 하나 있나. (내가 15년이 넘게 같은 동네에서 살고 있으니, 내 딸년은 어릴 적부터 지금 살고 있는 곳에서 내처 살아왔다. 그래도 소용이 있나. 자기는 가만히 있어도 같은 또래 아이들이 철새 부모를 만났으니 어쩌랴!) 동네 앞에 맑은 개울이 있어서 먹을 감을 수 있나, 송사리를 쫓을 수 있나, 개구리와 뜀박질을 할 수 있나, 오리와 누구 궁둥이가 더 뒤로 나왔는지 내기를 할 수 있나, 산에 올라가 머루와 다래를 입술이 까매지도록 마냥 따서 입공양을 할 수 있나…….

　어렸을 적부터 길 조심, 차 조심, 계단 조심, 낯모르는 아저씨 조심……. 조심, 조심, 조심을 귀에 못 박히도록 들으면서, 매미 소리, 귀뚜라미 소리, 산새 소리 대신에 온갖 기계에서 나는 덜커덩덜커덩, 삐뽀삐뽀, 빵빵 소리를 귀가 따갑도록 들으면서, 흰 구름 떠가는 모습, 별똥별 떨어지는 모습, 미루나무가 바람에 흔들리는 모습 대신에 잠시만 보고 있어도 눈알이 쑤셔 고개를 돌려야 하는 날카로운 도시 건물의 윤곽선, 네온사인, 상품 진열장을 보면서, 제철에 나는 푸성귀나 과일 대신에 온갖 화학 첨가제로 뒤범벅이 된 인스턴트식품을 먹으면서, 그리하여 감각기관이란 기관은 마비될 대로 되어 죄다 망가지고, 멀쩡한 사지를 지니고 있으면서도 그 힘 쓸 데가 없어서 놀리는 동안에 근육은 탄력을 잃어 손 따로 발 따로 놀고.

　아비는 한 주일에 반 이상은 지방에 가서 생이별이요, 집에 돌아온다 해도 새벽에 나가 자정이 지나서야 술에 억병으로 취해서 갈지자를 포개 쌓으면서 돌아오니(내 딸년 어릴 적부터 '노가바'를 부르는데

"어젯밤에 우리 아빠가 술 취하신 모습으로, 한 손에는 소주 한 병을 흔들면서 오셨어요." 어쩌고 하던 노랫소리가 아직도 귀에 쟁쟁하다.) 어미는 어미대로 저 할 일 바빠 의논 상대가 되지 못하는 터에, 주말이면 텔레비전이나 비디오에 코 박고 있지 않으면 신문이나 잡지에서 눈을 떼지 못하니, 누구를 붙들고 하소연할 것이며, 학교라고 해서 정붙이고 다닐 만하면 모르겠으되, 삼당사락이니, 사당오락이니 하여 멀쩡한 년 어릴 적부터 선잠 깨워서 커피 중독자에 위장병 환자를 만들려고 하지 않나, 자율학습이니, 심야학습이니 잠시도 교과서에서 눈을 떼지 못하도록 들들 볶지를 않나, 몸도 마음도 죄다 병들었으니 죽고 싶다는 생각만 머리통에 가득할 것은 불문가지가 아니겠느뇨.

이렇듯이 나름으로는 딸년의 고뇌와 절망을 이해하고, 그래 좋다, 네 뜻대로 자율학습도 하지 말고 심야학습도 하지 마라, 학과 공부도 적당적당, 숙제도 적당적당, 시험도 적당적당……. (결과는 한때 반에서 성적이 43등으로 급전직하하더니, 나중에는 제가 가겠다는 대학에 간신히 턱걸이할 만큼 올랐다.) 해서 고등학교를 마치게 했는데, 대학에 한 학기를 다니더니, 어느 날 그만두어야겠다는 폭탄선언이다.

"왜 그만두는데?"

"나랑 안 맞아요."

"네가 선택한 것인데도?"

"그래도 그래요."

"그래, 앞으로 무얼 하고 싶은데?"

"재수를 해서 전문대 요리학과에 들어가고 싶어요."

"그래서?"

"일류 요리사가 되고 싶어요……."

이런 지루한 문답을 두 주일 동안 주고받다가 어미는 복장이 터져서 나가떨어지고, 이번에는 내가 선수로 나섰다.

"학교 그만두겠다고?"

"그래요."

"재수해서 요리를 배우겠다고?"

"예."

"대찬성이다."

"예?"

"네가 요리를 배우겠다는 건 대찬성인데, 재수하는 것보다 더 좋은 방법이 있으니 들어볼래?"

"어떤 방법인데요?"

"너도 알다시피 이 아비가 마당발이 아니냐? 그래서 한 다리만 건너면 우리나라에서 최고 요리 전문가들을 소개받을 수 있을 것 같다. 서양 요리냐, 한국 요리냐, 중국 요리냐, 일본 요리냐? 말만 해라."

"……?"

이렇게 나올 줄은 몰랐나 보다. 너무 짓궂었다는 생각이 들어 이렇게 말했다.

"이런 문제는 부모 자식 사이에 오순도순 합리적으로 해결할 수 있는 문제가 아닌 것 같다. 너 혹시 믿고 따르는 선배나 언니, 오빠가 있으면 그 사람들한테 의논해보고, 그 사람들 이야기를 참고 삼아 진로를 결정하는 게 어떻겠니?"

딸년은 고개를 끄떡였다.

이리하여 딸년은 2학기 때부터 요리를 배우게 되었는데, 그간의 경과는 이렇다. 아는 언니와 의논을 해보았더니 퇴학을 하지 않고도 요리를 배울 길이 있다더라는 것이었다. 학교에 가는 대신에 편의점 같은 데 나가 돈을 벌고, 그 돈으로 요리 학원에 다니면 되지 않겠느냐? 그렇게 되면 물론 학점은 안 나와서 자연히 유급을 하게 되는데, 반년이고 일 년이고 시험해보아서 요리사가 되는 길이 천직으로 확신이 서면 그때 학교를 때려치워도 늦지 않다. 듣고 보니 제법 슬기로운 조언 같아서 네 뜻대로 해라 하고 지켜보기로 했다.

 이 나이가 되도록 나는 그토록 성실하고 부지런하고 고분고분한 내 딸년의 모습을 본 적이 없다. 하루에 여섯 시간, 여덟 시간 편의점에 서서 상품을 나르느라고 다리가 퉁퉁 부어도 불평 한마디 없이 열심히 일하고, 꼭두새벽에 일어나 제 손으로 음식을 챙겨 먹고 요리 학원에 나가는데도 제 어미에게 군소리 하나 없었다. 게다가 공부는 또 어찌 그렇게 열심히 하는지. 고등학교에 다닐 때 그렇게 하라 하라 해도 뉘 집 개가 짖느냐 콧방귀만 뀌더니, 본격적으로 외국어에 매달리는데, 그것도 하나만 하는 것이 아니라 영어, 프랑스어, 일본어 공부에 코를 박는 게 아닌가! 어깨너머로 보았더니, 원서로 된 요리 서적들이었다. 이대로 나가면 결국 이탈리아어, 스페인어, 러시아어, 중국어까지 모두 무불통지하는 것이나 아닐까?

 딸년이 요리를 배우는 동안 어미는 불행했고, 우리 동네 사람들은 행복했고, 나는 덤덤했다. 그도 그럴 것이 보나마나 딸년 대학 한 학기 등록금은 기러기 등에 실려 갔는데, 그리고 마누라가 보기에 그놈의 짓이 그런 희생까지 치러가면서 매달릴 만한 가치가 있는 것도 아넌데 어미 속이 편할 리가 없겠지. 반대로 동네 사람들은 딸년이 요리 실습을 해서 하루 걸러 나누어주니, 처음에는 맛은 없어도 공짜라서 반가웠다가, 요리 솜씨가 일취월장하여 나중에는 모양 좋고 맛 좋은 요리를 앉아서 대접받으니 입이 찢어질밖에. 나야 쓰다 달다 내색을 할 수 없는 것이, 어미에게 미움을 받아도 안 되고 딸년에게 원망을 사도 안 되는 미묘한 처지에 있었기 때문이다.

 우스갯소리 비슷하게 객담을 늘어놓았지만, 요즈음 도시에서 자라는 아이 치고 불우하지 않은 아이가 없는 것 같다. 얼마 전에 어느 환경단체에서 '생명철학과 환경문제'라는 주제로 강연을 해달라고 해서 그러겠다고 대답은 해놓았지만 무슨 말을 해야 할지 막막했다. 그래서 도심에 있는 그 환경단체까지 할 이야기를 골똘히 궁리하면서 터벅터벅 걸었다. 그렇게 걷는 동안에 나는 기묘한 느낌에 사로잡혔다. 없다! 살아 있는 것이 없다! 핏기 잃은 사람들과 심은 지 얼마 안 되어 보이는데도 서서히 죽어가는 가로수를 빼고는 이 넓은 도시 공간에 살아 움직이는 것이 아무것도 보이지 않는다. 메마른 죽음의 땅이로구나. 이 땅에 죽음의 그림자가 짙게 드리워져 있어서 나 같은 사람도 생명철학이 어떻고 환경문제가 어떻고 지껄여야 하고, 이 죽음의 땅에서 아이들이 저마다 가슴에 죽고 싶다는 소망을 품고 있기 때문에 아이들을 살리는 교육에 대한 관심이 이처럼이나 커지고 있구나. 내 어린 시절 우리 아버지, 어머니가 특별히 우리 교육에 관심을 가지지 않았던 것은 무심해서가 아니라, 시골에서는 아이를 낳아놓으면 절반은 마을 어른들이 길러주고 절반은 자연이 품에 안아 키워준다는 것을 알고 있었기 때문이 아닐까?

불쌍한 내 아이, 우리 아이들을 행복하게 만들어주려면 근본적으로는 자연의 품 안에서 자라도록 해야겠지만, 그것이 어려우면 한 주일에 한 번, 아니면 한 달에 한 번이라도 산과 들에 데리고 나가고, 이웃집 어른이라도 극진히 모셔 아이들을 돌보도록 부탁드려야 하지 않을까? 그리고 무엇보다도 눈으로 하는 공부 대신에 입으로, 귀로 하는 공부로 나도 공부 방법을 바꾸고, 내 아이들도 바꾸어주어야 하지 않을까? 어리석구나, 나이 쉰이 넘어서야 이런 생각이 들다니.

3
콩나물 교실에 난쟁이 책걸상

몸을 통해서 가슴으로,
가슴을 거쳐서 머리로

1990년대 초 우리나라 남녘땅에 조기교육의 열풍이 불었다. 대도시 중산층 가정에서 일기 시작한 이 바람은 몇 년이 지나지 않아 남녘땅 전체를 휩쓸었다. 부모들은 이제 갓 말을 배우기 시작하는 아이들 코앞에 '지능 개발' 책을 디밀고, 다섯 살도 안 된 아이에게 읽기와 쓰기와 셈을 가르쳤다. 또 외국어는 일찍부터 가르쳐야 한다는 소문을 듣고 너도나도 유치원 다니는 아이들에게 영어를 가르쳤다.

참교육에 관심이 있는 교사와 학부모들은 '영재교육', '조기교육'으로 알려진 이 돌림병이 집단 히스테리이자 유아 학대라는 것을 눈치챘으나 미래 세대를 망치는 이 망국병을 어떻게 고쳐야 할지 몰랐다. 그렇다고 우두망찰 지켜보고 있을 일은 아니었다. 공동체 학교를 통해서 새로운 생산 공동체와 자주적인 문화 공동체를 세우자는 뜻을 가진 사람 몇이 모여 이 문제에 대해 집중 토론을 하기 시작한 것은 1994년 여름이었다.

그해 여름은 유난히 더웠다. 아흔이 넘은 할아버지, 할머니들까지 이제까지 살아오면서 이런 더위를 겪기는 처음이라고 했다. 그 무더위 속에서 우리는 플라톤이나 장 자크 루소의 고전에서부터 장 피아제, 루돌프 슈타이너, 로렌스 콜버그의 책들을 거쳐 그 당시에 새로 나온, 나이에 따르는 신체 발달, 감수성 형성, 두뇌 생리학의 최신 성과에 바탕을 둔 인지 발달 이론들까지 많은 책들을 검토하고 다음과 같은 결론을 얻었다.

아이들의 신체 발달

아이가 갓 태어나서부터 젖니가 빠지고 이갈이를 할 때까지, 그러니까 우리 나이로 아이들이 일고여덟 살이 될 때까지 아이들의 삶의 힘은 거의 모두 몸을 발달시키는 데 돌려진다. 이 나이의 아이들에게 가장 필요한 것은 자연 속에서 마음껏 뛰노는 일이다. 자연은 어떤 안전한 인공의 놀이터보다 더 안전하게 아이들을 지켜준다. 특별한 경우가 아니면 어른이 아이들의 놀이에 끼어드는 것은 바람직하지 않다. 아이들은 함께 놀면서 자기들끼리 놀이의 규칙을 스스로 배운다. 그리고 이 나이의 아이들에게 가장 훌륭한 교사는 한두 살 더 먹은 언니들이다. 다시 말해서 세 살배기 아이에게는 네 살배기나 다섯 살배기가, 다섯 살배기 아이에게는 여섯 살이나 일곱 살배기 아이가 가장 훌륭한 선생이다.

아이들을 지극히 사랑하는 어른들조차도 아이들의 놀이에 불쑥 끼어드는 것은 많은 경우에 아이들에게 좋은 영향을 미치기보다는 나쁜 영향을 미치기가 더 쉽다. 좀 심하게 말하면 가장 훌륭한 어른과 노는 것보다 가장 심술궂은 언니와 노는 것이 아이에게 덜 해롭다. 그 까닭은 다른 데 있지 않다. 어른이 아이들과 놀려고 할 때 어른은 자기의 키 높이로 아이를 안아 올리거나 아이의 키 높이로 주저앉게 되는데 그 어느 것도 자연스럽지 않다. 또 가장 슬기로운 어른조차도 아이들을 대할 때 어른 때를 벗기 힘들다. '어른 때' 라는 것은 어른이기 때문에 어쩔 수 없이 갖게 된 여러 가지 어른스러운 느낌과 판단과 행동들을 가리킨다.

아이들은 놀이를 통해서 자연과 접촉하면서 자신의 감각을 일깨운다. 유년 시절에 겪는 감각 경험은 머리에 저장되기보다는 몸에 저장된다고 보아야 한다. 실제로 어른들 가운데 일곱 살 이전의 어린 시절을 자세하게 기억하고 있는 사람이 드물다. 특별한 사람을 빼고는 일곱 살 이전의 기억을 여남은 가지 넘게 기억하고 있는 사람이 없는데, 이것은 아주 당연한 일이다. 이 나이까지 아이들의 두뇌는 정보를 축적할 목적으로 형성되지 않는다. 심지어 이 나이 때까지는 성인의 경우에 왼쪽 뇌에 자리 잡는 언어 중추까지 왼쪽 뇌에 있다고 보기 힘들다. 일곱 살 전까지 외국에 살면서 유창하게 그 나라 말을 할 줄 알던 아이가 그 나라 말을 안 쓰고 우리나라에 산 지 몇 해가 안 지나 감쪽같이 그 나라 말을 잊어버리는 현상을 보면 알 수 있다.

어린애들의 언어 습득 과정은 아직도 많은 부분이 제대로 밝혀져 있지 않지만 아이들의 두뇌 구조와 기능이 어른의 것과는 무척 다르다는 사실은 지금 조금씩 밝혀지고 있는 중이다. 가장 대표되는 예가 김웅용 군의 경우일 것이다. 김 군은 유년기에 세계에서 가장 지능이 높은 아이로 알려졌고 그 지능은 객관적인 검증 과정을 거쳐서 증명되었다. 그러나 나중에 김 군은 평범한 지능을 가진 어른으로 바뀌었다. 잘못된 교육 탓이 아니다. 성장함과 더불어 두뇌 구조와 기능의 전환이 일어난 것뿐이다.

유년기의 영재교육과 재능교육이 얼마나 부질없는 짓인지는 이로써 밝혀졌을 줄로 믿는다. 부질없다는 말로는 모자란다. 그 나이에 균형 잡힌 신체 발달과 그에 따르는 균형 있는 두뇌 발달에 돌려졌어야 할 삶의 힘이 (나중에는 다 머릿속에서 지워져버릴) 정보 습득에 돌려짐으로써 아이의 더할 나위 없이 소중한 생명 에너지가 낭비되고 탕진되어 아이는 신체 발달과 감수성 형성에 균형을 잃게 되고, 더 나아가서 균형 있는 두뇌 발달의 기회마저 놓쳐버리게 되는 것이다. 모차르트의 경우에 볼 수 있는 예술적 천품을 예로 들어 반박할 사람이 있을지 모른다. 그러나 감각 및 신체 활동에 결부된 예술적 자질을 일찍이 일깨워내는 것과 형성기에 있는 왼쪽 두뇌를 혹사해서 망가뜨리는 것은 전혀 경우가 다르다.

젖니가 빠지기 전의 아이들에게 어른들이 의식적으로 가르쳐도 좋은 것이 있다면 아마도 춤추고 노래하는 것 정도일 것이다. 어떤 부모들은 유치원 단계에서 아이들에게 무리하게 수학 공부를 시키려고 들기도 하는데, 이런 조기교육의 노력은 아무 의미도 없다. 굳이 피아제 같은 아동심리학자의 말을 빌리지 않더라도 세 살배기 아이는 3까지, 네 살배기 아이는 4까지, 다섯 살배기 아이는 5까지만 직관으로 이해하고 다룰 수 있을 뿐이다. 어떤 아이에게 "둘 더하기 셋은?" 하고 물을 때 그 아이가 "다섯"이라고 대답했다고 해서 그 아이가 셈을 이해했다고 보는 것은 착각이다. 그 아이는 다만 수에 연관된 말만 외운 것뿐이다.

아이들의 감수성 발달

젖니가 빠지고 새 이가 돋을 때부터 남녀의 성징이 뚜렷해질 때까지, 다시 말해서 여자 아이의 경우에 달거리가 시작되고 남자 아이의 경우에 정액이 생겨날 때까지 아이의 발달에는 크게 보아 두 가지 특징이 두드러진다. 하나는 사회성이 발달하는 것이고, 또 하나는 그동안 신체의 발달에 주로 돌려진 삶의 에너지가 이제는 감수성의 발달에 치중된다는 것이다. 지금까지 혼잣말 비슷했던 아이들의 말투는 이제부터 듣는 사람을 전제하는 말투로 바뀐다. 놀 때도 여럿이 함께 있어도 혼자 노는 놀이에 관심을 보이던 시기를 지나 더불어 노는 공동체 놀이에 더 큰 관심을 보인다. 개인의 편차가 있지만 나이로 따질 때 일고여덟 살에서 열두서너 살 사이가 이 시기다. 그러니까 초등학교(기초학교)와 중학교 저학년 때까지가 이 시기에 해당한다. 피아제가 '구체적 조작기'라고 부르는 시기가 바로 이 시기다. 이 시기의 아이들은 감각에 와 닿는 구체적인 사물에서 사고의 실마리를 이끌어낸다. 추상적 개념과 형식적 명제에 바탕을 둔 논리적 추론과 판단을 이 시기의 아이들은 거의 할 수 없다.

한때 남녘땅 '초등학교' 1학년 교과서 첫머리에 "태극기는 우리나라 국기입니다.", "무궁화는 우리나라 꽃입니다." 따위의 문장을 실어 놓고 그것을 달달 외도록 한 적이 있었는데, 이것은 아이들의 사고 발달 단계에 대해서 아무것도 모르는 사람들의 머리에서 나온 이념 폭력이자 지극히 비교육적인 처사였다. 또 있다. 1994년 현재에 초등학교 아이들에게 논리 학습을 시킨답시고 '형식적 조작기'(이것도 피아제의 말이다.)에 들어서야 할 수 있는 학습 내용을 우격다짐으로 주입시키는 풍조가 크게 유행하고 있는데, 이것은 마치 꽃도 피지 않은 나무에 열매가 익기를 기다리는 것과 같다. 아이들의 신체 발달과 감성 발달의 경우와 마찬가지로 지적 능력의 발달에도 일련의 성장 순서가 있다. 이 순서를 뒤바꾸어놓거나 어느 한 단계를 강제로 생략할 때 아이들은 신체적으로나 정서적으로, 그리고 정신적으로 심각한 장애를 경험하고, 때로는 불구가 되기까지 한다.

전통적으로 외국어 학습이 중등학교 시절부터 시작되는 데는 까닭이 있다. 모국어의 경우에는 의식적으로 그 언어의 쓰임을 안에서 규정하는 법칙인 문법을 따로 배우지 않아도 어느 정도까지 의사소통을 자유롭게 할 수 있으나 외국어의 경우에는 문법을 알지 못하고는 그 쓰임을 제대로 익힐 수 없다. 그런데 외국어는 다른 요소들은 제쳐놓고 명사를 나타내는 단어의 수준에서만 따진다 하더라도 그 단어에 해당하는 구체적인 감각 대응물이 얼마 되지 않고 거의 모두가 추상 개념이다. 이 추상 개념들을 일정한 법칙에 따라 연관시키는 일은 초등학생 나이에 불가능하다. 억지로 시킨다면 문장들을 앵무새처럼 외우기는 할 것이다. 이것이 무슨 외국어 교육인가? 외국어 교육은 어제 오늘부터 시작된 것이 아니고 우리가 아는 역사 문헌에 의지해 말하더라도 2000년이 넘는 역사를 가지고 있다. 그 긴 역사 속에서 일반적으로 이끌어낸 경험의 법칙은 '외국어 교육을 시킬 적당한 나이는 열다섯 살 앞뒤'라고 말한다. 다시 말해서 형식적 조작 능력이 생길 때까지 기다려서 외국어 교육을 시켜야 효과가 제대로 나타난다는 것이다.

태어나서 젖니가 빠질 때까지가 아이들이 놀이를 통해서 균형 잡힌 건강한 신체를 만들고 그에 따라 균형 있는 두뇌 구조를 형성하는 데 생명 에너지를 온통 바치는 시기라면, 새 이가 나서 남녀의 성징이 뚜렷이 나타나는 때까지는 균형 잡힌 두뇌 구조에 분화가 시작되는 시기라고 볼 수 있다. 이 시기에 오른쪽 뇌와 왼쪽 뇌가 조화 있게 협응하여 고루 잘 발달하면 감성과 이성이 균형 잡힌 온전한 사람으로 커 갈 터전이 마련된다. 그런데 앞서 이야기했듯이 이 시기에 이성은 감각의 대응물인 구체적 사물을 발판으로 딛고 커 나간다. 따라서 이 시기에 무엇보다 중요한 것은 총체적으로 파악할 수 있는 폭넓고 깊이 있는 감수성을 기르는 것이다. 이 감수성이 제대로 길러지면 아이들이 감각으로 받아들이는 모든 외부의 사물은 가슴을 거쳐서 머리에 저장된다.

'몸을 통해서 가슴으로, 가슴을 거쳐서 머리로.' 기초학교의 모든 교육은 이 지표에서 출발해야 한다. 살갗을 통해서, 손발과 몸놀림을 통해서, 입과 코와 귀와 눈을 통해서 받아들이는 자연과 사회의 모든 사물과 관계는 먼저 가슴에 닿아야 하고, 가슴에서 느끼는 여러 감각 경험과 더불어 머리에 이르러야 한다. 그래야 오른쪽 뇌와 왼쪽 뇌의 활발한 상호 작용이 일어나고 균형 있는 사고를 할 수 있다. 그러려면 기초학교 교육은 무엇보다 감성 해방 교육이 되어야 한다.

감성 해방과 표현교육

해방된 감성은 예술 표현으로 제 모습을 드러낸다. 1994년까지 남녘땅 초등학교 교육과정을 보면 체육도 가르치도록 되어 있고, 음악과 미술도 가르치도록 되어 있다. 국어 교과서에 연극 대본도 실려 있는 것으로 알고 있다. 게다가 자녀교육에 극성인 부모들은 학교에서 하는 이런저런 교육이 시원찮다고 여겨서 아이들을 피아노 학원에도 보내고, 미술 학원에도 보내고, 무용 학원이나 웅변 학원이나 글쓰기 학원에도 보낸다. 그러나 그 성과는 지극히 보잘것없다. 왜 이런가? 어떻게 해서 그동안 이루어놓은 모든 성과를 다 합해도 이호철 선생의 반 아이들이 집단으로 이루어낸 《살아 있는 글쓰기》, 《살아 있는 그림 그리기》, 《재미있는 숙제, 신나는 아이들》이라는 책들에 실린 성과만도 못하다는 인상을 갖게 하는가?

그 까닭은 다른 데 있지 않다. 그 모든 교육이 아이들의 구체적인 감각 체험에서 출발하고 있지 않기 때문이다. 피아노 학원에 보내기 전에 아이에게 여러 악기들의 소리를 직접 들어보게 하고 그 가운데서 아이가 좋아하는 악기를 골라 배우도록 배려하는 부모가 몇이나 되는가? 가야금이나 피리를 배우게 하고 싶지만 근처에 가르치는 사람이 없다고? 플루트나 하프 같은 것은 너무 비싸지 않느냐고? 왜 그런 생각밖에 못하는가? 음악을 훌륭하게 연주할 수 있는 값싼 악기는 얼마든지 있다. 그리고 그런 악기들을 다루는 법을 돈 안 받고 가르칠 사람도 적지 않다. 기타를 배울 때, 하모니카를 배울 때, 북이나 장구, 꽹과리 치는 법을 배울 때 피아노 학원에서처럼 비싼 돈을 내고 배운 사람이 몇이나 되는가? 미술 학원 10년을 다닌 아이가 공부하는 틈틈이 교실에서 일 년 동안 이호철 선생에게 그림 그리기를 배운 그 많은 아이들보다 더 그림을 못 그리는 까닭은 어떻게 설명할 것인가? 무용 학원에 몇 년씩 다닌 아이가 방학 동안에 여름 학교에서 탈춤 동작을 배운 아이보다 몸놀림이 더 유연하지 못한 탓은 어디에 있는가? 웅변 학원에서 가장 촉망 받는다는 아이가 대중을 상대로 손을 휘저으며 크게 외치는 소리가 수줍게 더듬거리는 소리로 자기 이야기를 하는 평범한 아이의 호소보다 더 감동을 주지 못하는 까닭은? 이유는 하나다. 그 모든 표현 활동 가운데 제 삶에서 우러나는 것이 하나도 없기 때문이다. 나와 상관없는 것을 기계적으로 외우고 그리고 쓰고 말하기 때문이다.

슬픔에 잠겨 있는 아이에게 밝고 명랑한 노래를 부르라고, 그래서 기분을 풀라고 이야기하는 교사는 우울증에 걸려 어둡고 갈앉은 색조의 방에서 어두운 청색 계열의 옷을 걸치고 있는 아이를 치료하기 위해서 방 안의 벽지도 밝은 것으로 바꾸고 옷도 화사한 것으로 입혀야 한다고 처방하는 엉터리 정신과 의사나 다름없다. 우울증에 걸린 사람이 어두운 색을 선호하는 것은 그 나름으로 까닭이 있다. 그것은 자기 치료의 한 방식이다. 어둡고 푸른 계열의 색을 바라보다 흰 벽면을 문득 바라볼 때 그 벽면에 그려지는 잔상은 조금 전까지 보던 푸른빛이 아니라 밝고 따뜻한 주황색 계열이다. 외부의 어둠을 응시하노라면 우리 내면에서 그 어둠을 이겨내려는 밝음이 생겨나는 것이다. 마찬가지로 슬픔에 겨운 사람은 슬픈 노래를 부름으로써 마음속에 밝음이 자라나는 것이지, 밝고 명랑한 노래를 억지로 부른다고 해서 슬픔이 가시는 것은 아니다.

  이야기를 한 김에 학교에서 하는 체육에 대해서도 한마디 하면, 지금 행해지고 있는 체육교육에는 문제가 많다. 아이들이 노는 모습 가운데 가장 나쁜 것은 손발을 꼼짝도 하지 않고 혼자 빈둥거리는 것인데 이것은 놀이가 아니라 게으름이다. 정상적인 아이라면 이런 게으름을 피우는 일이 없다. 다음으로 나쁜 것은 이미 놀이의 규칙이 다 정해져 있는 놀이다. 이것은 어른들의 운동경기를 흉내 내는 것으로서, 신체 활동과 연관된 아이들의 창조력이나 자율성이 커나가는 데 방해가 된다. 현재 학교 체육에 반영된 신체 활동의 테두리는 놀이보다는 경기에 치중되어 있는데, 이 경기들은 거개가 상품경제 사회의 불공정거래 관행을 닮고 있어서 신체의 고른 발달을 방해할 뿐만 아니라 신체 활동을 통한 공동체 정신의 육성이라는 교육 목적에 맞지 않는 것들이다. 체육이 아이들이 어린 시절부터 동무들이나 형들과 함께 놀면서 자연스럽게 몸에 익힌 공동체 놀이의 전통을 이어받은 교과 과정으로 바뀌어야, 아이들은 이 시간을 통해서 함께 놀이의 규칙을 세우고 상황에 따라 놀이의 방법을 바꿈으로써 신체 활동을 통해 창조의 능력을 기르고, 민주적이고 협동적인 공동체의 일꾼으로 올곧게 자랄 수 있다.

  이러한 우리의 논의 결과는 그 당시 참교육을 지향하는 교사들의 잡지인 〈우리교육〉에 실려서 몇몇 뜻있는 교사들의 학급 운영에 참고가 되고 〈우리교육〉을 애독하는 '참교육 학부모'들에게 경각심을 불러일으키기도 했지만, 타성에 젖어 있는 교육 관료들이나 교육정책

입안자들의 생각을 바꾸어놓기에는 역부족이었다. 우리는 '몸을 통해서 가슴으로, 가슴을 거쳐서 머리로'라는 기초학교 교육의 이념을 현실화할 길을 여러모로 찾기 시작했다. 그 뒤로 길고 험난한 과정을 거쳐서 공동체 학교가 지역 공동체 주민들의 협력을 얻어 여기저기 자리 잡고, 이것이 모범이 되어 많은 기초학교들이 신체교육과 감성교육과 표현교육을 단순한 지능교육보다 더 중요하게 여기게 되었다. 하지만 그동안 잘못된 교육으로 멍이 들 대로 들어버려 몸도 제대로 가누지 못하고 메마른 가슴에 머리통만 기형적으로 비대한 어른으로 자란 그 많은 1990년대 아이들의 모습을 지켜보고 있노라면, 참교육을 가로막음으로써 아이들을 망치고 끝내는 자기들도 역사의 죄인이라는 오명을 쓴 채 지금은 한줌의 흙으로 돌아간 크고 작은 독재자들의 추한 얼굴이 주마등처럼 눈앞을 스쳐간다.

아이들을 건강한 파괴자로 기르자

나는 우리 아이들이 학교에서 자동인형으로 길들어가는 것을 두고 볼 수 없다. 나쁜 사회에서 그 사회가 좋다고 여기는 것을(실제로 이것은 나쁜 것이다. 나쁜 사회가 좋다고 선전하는 것이 정말 좋은 것일 수는 없으니까.) 고스란히 받아들여 자기 것으로 삼은 아이들은 자라서 나쁜 사회의 가장 완강한 수호자가 될 것이고, 나쁜 사회를 좋은 사회로 바꾸려는 노력을 꺾는 데 혈안이 될 것이다.

오늘날 학교교육은 정도의 차이는 있으나 모두 나쁜 사회를 망가지지 않게 만드는 가장 효율적인 도구가 되어 있다. 나는 우리 아이들이 비판의식에 충만한 파괴자들로 자라야 한다고 믿는다. 이 말을 충격적으로 받아들이지 않고 스쳐 읽을 분이 있을까 하여 다시 한 번 강조하겠다. 기성세대와 생각이 다르고 하는 짓이 낯설다 해서 우리 아이들의 사고가 통제되어서는 안 되고 그 애들의 손발이 묶여서도 안 된다.

나쁜 사회와 좋은 사회를 가르는 기준은 명백하다. 모든 사람이 사람답게 사는 사회가 좋은 사회요, 그렇지 못한 사회가 나쁜 사회다. 다시 말해서 사람답게 살기 위해서 있어야 할 것이 있고 없어야 할 것이 없는 사회는 좋은 사회고, 있어야 할 것이 없거나 없어야 할 것이 있는 사회는 나쁜 사회다.

사람이 사람답게 살려면 자유·평등·평화·우애·협동·사랑 같은 것이 있어야 한다. 그런데 지금 우리 사회에 이런 것이 있는가? 없다면 왜 없는가? 처음부터 없었는가? 그렇지 않다면 누가 없앴는가? 무엇 때문에 없앴는가?

사람이 사람답게 살려면 억압·착취·전쟁·불화·공포·이기심·탐욕·증오 같은 것이 없어야 한다. 지금 우리 사회에 이런 것이 없는가? 있다면 왜 있는가? 처음부터 있었는가? 그렇지 않다면 왜 이런 것이 생겨났는가? 누가 무엇 때문에 만들어냈는가? 아이들은 이런 모든 문제를 비판적으로 검토하고, 그렇게 해서 있어야 할 것이 없으면 만들어내고, 없어야 할 것이 있으면 없애버리는 용기를 지닌 아이들로 자라야 한다.

살아 있는 아이들을 자동인형으로 바꾸는 학교교육의 이념은 국가가 교회를 대신해서 국민의 사상을 통제해야 할 필요가 생긴 자본주의사회의 발달과 더불어 태어나고 성장했다. 그 좋은 본보기를 우리는 지방 분권화한 봉건사회에서 통일된 자본주의사회로 옮아가는 데 뒤늦었던 독일의 교육제도에서 볼 수 있다. 독일 자본가들은 독일에서 자본주의를 빠른 시간에 발달시키려면 효율적인 공교육이 필요하다고 생각했다. 자본주의 대량생산 체제에 맞는 숙련된 노동자들을 짧은 시간에 대량으로 생산해내려면 장인이 도제를 길러내는 중세 도제 수업 방식을 근본부터 바꾸어야 했다. 그리고 주입식 수업에 방해가 되는 모든 요소를 없애야 했다. 아이들의 자율성과 창의성, 비판의식, 권위에 대한 저항 …… 이 모든 것을 아주 어린 시절부터 싹부터 잘라내지 않으면 안 되었다.

이렇게 해서 다른 어떤 나라보다 더 먼저 독일에서 유치원 교육이 시작되었다. 영어의 '킨더가튼(kindergarten)'은 독일어의 '킨더가르텐(Kinder Garten)'에서 나왔다. 우리말로 번역하면 '아이들의 정원'이다. 그런데 이 아이들의 정원은 아이들이 그 안에서 자유롭게 뛰놀도록 안전하게 울타리가 쳐진 숲과 꽃밭으로 이루어진 정원이 아니다. 이 정원에서 나무와 꽃 노릇을 하는 것은 바로 아이들이다. 그리고 그 꽃과 나무를 보기 좋게 다듬는 정원사는 교사다. 그러니까 프로이트도 이야기했다시피 아이들이 자라서 보이는 거의 모든 부적응증(?)은 부모와 가족에 원인이 있으므로 아이들을 되도록이면 빨리 국가가 통제하는 안전한(?) 학교에 데려다 두고 국가가 임명한 교사들이 이 아이들을 국가의 마음에 드는 방식으로 다듬어야 한다는 것이다.(탓이 꼭 프로이트에게 있다고만은 할 수 없지만, 아무튼 프로이트의 부적응증 이론은 독일 자본가들에게도, 미국 자본가들에게도 마음에 쏙 들었다.)

국민국가의 자궁에서 태어난 자본주의사회는 국민을 산업 발전에 필요한 자동기계로 바꾸기 위해서 어떤 교육이 필요한지를 잘 알고 있었다. 독일이 교사들을 훈련시키면서 머릿속에 새기도록 한 세 가지 지침이 있었는데, 첫째로 국가가 아이들의 유일한 참부모라는 것이고,(이 견해에는 생물학적 부모는 아이들에게 나쁜 버릇이나 생각을 옮길 수 있는 병원체라는 생각이 들어 있다.) 둘째로 학교교육의 목적은 감수성이 풍부하고 지적으로 성숙한 '인간'의 형성이 아니라 순종하고 의

존하는 로봇을 대량으로 생산해내는 일이라는 것이고,(이런 독일 교육에 깊은 감명을 받은 미국의 교육 철학자이자 미국의 학교들을 오늘의 형태로 규격화하는 데 앞장 선 것으로 알려진 탁월한 교육행정가 윌리엄 토레이 해리스는 1900년경에 《교육철학》이라는 책에서 "(학생) 100명 가운데 99명은 정해준 길을 벗어나지 않으려고 조심조심 걷고 규정된 관습을 따르는 자동인형들인데, 그렇게 타고난 것이 아니라 (이것은) 실질적인 교육의 결과로서, 교육은 과학적으로 정의하면 개인의 평준화다."라고 말하고 있다.) 셋째로 교실이나 작업장에서 가르치는 수업 내용이나 업무 지침은 조각조각 단순하게 나누어져 있어서 아무리 바보라도 되풀이해서 가르치면 쉽게 기억하고 작업할 수 있게 되어야 한다는 것이었다.

독일에서 이런 교육이 성공한 결과 어떤 일이 생겼던가? 100명에 한 명 꼴인 자율성과 창조성과 비판의식을 지닌 학생들은 '문제아', '불량 학생' 이라는 낙인이 찍혀 교문 밖으로 쫓겨났다.(이런 사태를 새삼스러운 것이라고 볼 필요는 없다. 우리나라에서도 중등 교육기관에서는 흔한 일이니까.) 독일 출신의 저명한 신학자 본회퍼가 증언한 대로 세계에서 학교교육이 가장 잘되어 있는 나라인 독일의 교육 현장에서 쫓겨나지 않고 자동인형으로 길든 그 나머지 99명은 국가가 하는 말은 다 옳은 말이라고 생각하여 나치가 집권해서 유대인들은 죽어 마땅한 인종이라고 떠들자 학교에서 배운 그대로 600만 명의 유대인을 학살하는 데 서슴지 않고 앞장 선 것이다.(이와 연관해서 독일 학교교육이 변형된 형태로 되풀이되고 있는 미국의 학교교육이 무엇을 노리는지에 대해 관심을 가진 사람은 〈녹색평론〉 1993년 1, 2월호에 나온 '학교교육의 횡포' (존 테일러 가토)를 꼭 한번 읽어볼 필요가 있다.)

이승만이 통치하던 시절에 우리는 독재자 이승만을 국부(온 나라의 아버지)로 떠받들도록 가르침을 받았다. 그런 가르침을 받고 자란 나와 우리 동료들은 학교 현장에 다시 투입되어 독재자 박정희와 그 후계자들을 위대한 지도자로 가르치면서도 크게 양심에 거리낌이 없었다. 삶의 진실과는 상관없이 교과서의 진리를 곧이곧대로 받아들이는 야바위 놀음의 재생산 구조가 완비된 것이다. 이 악순환의 고리를 끊어내려면 어떻게 해야 할까? 우리보다 훨씬 더 앞선 교육제도를 가지고 있다고 알려진 '사회주의권'의 여러 나라도 자본주의가 지배하는 세계 질서의 틀 속에서 꼼짝없이 얽혀들 수밖에 없었던 그 엄청난 윤회의 사슬을 단칼에 끊어낼 길은 어디에서 찾아야 할까?

어떻게 하면 우리 아이들에게 진실이 아닌 것은 온몸을 흔들어 거부하고 진실에 바탕을 두지 않은 모든 것은 가차 없이 허물어뜨리는 힘을 갖게 할 수 있을까? 더 나아가서 나쁜 사회에서 없어져야 마땅한 것들을 가려내고 그것들을 없애는 일에 앞장서는 데만 만족하지 않고, 좋은 사회가 되려면 꼭 있어야 할 것이 무엇인지를 찾아내고 그것을 땀 흘려 만들어내는 창조와 건설의 힘을 동시에 지닌 아이들로 길러내려면 무엇을 어떻게 해야 할까?

내가 실험학교(욕심 같아서는 이 학교가 '실험'에 그치지 않고 '공동체'로 자랄 수 있으면 좋겠다.)를 꾸려보려는 마음을 먹게 된 데는, 그리고 그전에 실험학교의 성격과 그 안에서 이루어질 교육에 대하여 '소설'과 같은 글들을 쓰게 된 바탕에는 막연하나마 이런 문제의식이 있었다.

나는 어떤 형태의 실험학교가 되었건 그 학교는 지역 공동체의 한 가운데 있어야 한다고 믿는다. 외딴 곳에 연수원 건물 같은 것만 하나 따로 서 있거나 학원처럼 학생들을 수용하는 기능만 가져서는 안 된다는 뜻에서 나는 섬머힐 같은 실험학교는 그야말로 '실험' 학교일 뿐이라고 여긴다. 실험학교는 실험 기간이 끝나면 여러 지역 공동체와 인류 공동체 전역에 널리 퍼져 보편화한 공동체 학교로 탈바꿈해야 하는데, 우리의 경우에 어디에 자리 잡으면 가장 좋을까 생각하다가 현재 상태에서 도시 공간은 알맞지 않다는 결론을 얻었다. 우리나라 도시들, 더구나 대도시는 아이들의 감각 훈련과 신체 단련, 실험과 관찰을 위한 자유로운 장소를 제공할 수 없다. 그 밖에도 도시 사회가 교육에 해로운 요소는 헤아릴 수 없이 많지만 '먹고' '싸는' 문제로 국한시켜서 살펴보더라도 문제가 한둘이 아니다.

마을 공동체의 구성원은 사람만이 아니다. 개, 돼지, 소, 닭, 고양이, 오리, 토끼 같은 짐승들도 가족의 일원이자 공동체의 구성원이다. 따라서 마을 공동체에서는 버리는 음식 찌꺼기가 생겨날 수 없다. 사람이 먹다 남은 것은 개나 돼지나 고양이가 먹는다. 귤 껍질은 말렸다가 달여 먹고, 감자 껍질이나 사과 껍질은 돼지를 주고, 달걀 껍질은 다시 잘게 부숴서 닭 주고……. 이렇게 자연에서 얻은 것은 모두 낭비 없이 이런저런 먹이의 통로나 사슬을 거쳐서 자연으로 되돌아간다. 공장에서 만들어낸 것 말고는 쓰레기로 남는 것이 없다. 똥오줌의 경우도 마찬가지다. 그런데 도시에서는 아이들에게 이러한 자원의 순환 과정을 실천을 통해서 제대로 가르칠 길이 없다.

실험학교의 입지 조건에 가장 좋은 땅은 가까이에 산과 바다가 있고 꽤 널찍한 들판을 끼고 있는 곳일 것이다. 그리고 마을 앞으로 상당히 큰 개울이 흐르면 더 좋을 것이다. 알다시피 우리나라는 삼면이 바다다. 또 국토의 70퍼센트 이상이 산이다. 식량을 자급자족할 수 있어야 함은 두말할 나위도 없다. 자라나는 아이들을 훌륭한 민주 시민으로 길러야 할 뿐만 아니라, 훌륭한 산마을 아이, 들마을 아이, 바다마을 아이로도 키워야 한다.(아이들을 훌륭한 일꾼으로 키운다는 말은 뛰어난 공장 노동자, 임업 노동자, 어업 노동자, 농업 노동자로 만든다는 말과 맥락이 다르다.)

아이들은 어려서부터 산에서, 들판에서, 바닷가에서 햇빛과 바람과 물과 흙에 감싸여 자라야 한다. 자연이 큰 선생님이 되고 사람이 작은 선생님이 되어, 아이들의 감각이 지닌 모든 가능성을 활짝 열어놓는 교육이 이루어져야 한다. 살갗으로 느끼기에서부터 맛보기, 냄새 맡기, 듣기, 보기에 이르기까지 감각 훈련은 끊임없이 되풀이해서 넓어지고 깊어져야 한다. 도시 아이들은 대체로 감각이 죽어 있다. 살갗도 무디고, 맛도 냄새도 제대로 분간하지 못한다. 뭉개진 기계 소리만 듣다 보니 음치가 대량으로 발생한다. 자극성 있는 인공 색깔과 형태에 시달려 눈빛은 어릴 때부터 생기를 잃고 흐리멍덩해진다. 실험학교에서는 아이들에게 잃어버린 감각을 되찾아주고, 그 감각을 일과 놀이와 학습에 효과 있게 통합하는 방법을 집중해서 연구하고 개발하여야 할 것이다.

우리는 아이들을 도시 밖으로 자꾸 끌어내야 한다. 도시는 죽음의 원리에 바탕을 두고 있다. 역사상 모든 도시가 멸망한 데는 이유가 있다. 도시에서는 감성과 이성, 신체와 정신을 균형 있게 발전시킬 수 없다. 도시에 들어서면 자연은 순환을 멈춘다. 자연의 일부인 사람도 마찬가지다. 이를테면 마을 공동체에 사는 노인들은 잘 익은 과일이나 늙은 호박처럼 연륜이 빚어준 성숙한 아름다움을 보여준다. 마을 공동체에서 노인들은 지혜의 원천이자 권위의 중심이다. 그러나 도시에서 노인은 폐기 처분된 낡은 기계 취급을 받는다.

도시 사회에는 자신을 재생산하는 구조가 빠져 있다. 도시에는 농사지을 땅이 없다. 고기 잡을 바다도 없고, 나무를 심을 산도 없다. 도시에 사람이 살아남으려면 도시 주변에 있는 생산 공동체를 볼모로 삼아야 한다. 곡식도 땔감도 생선도 이웃 생산 공동체에서 가져와야 한다. 강제로 빼앗아오지 않으면 야바위놀음이라도 해서 훔쳐와야 한다. 이웃에 있는 생산 공동체를 억압하고 착취하는 것만으로는 모자란다. 이웃에 있는 생산 공동체에서 생산의 교란이 일어나면 다른 데서라도 끌어와야 한다. 그러다 보니 단위 생산 공동체들을 흡수하려는 도시의 생산 전략은 제국주의 팽창 정책으로 나타난다. 이 점에서는 자본주의사회나 사회주의사회나 마찬가지다.

도시 사회에서 거리나 건물의 모습처럼 삶의 내용이 비슷해지고, 사람들의 감각기관이 마비되고, 생각의 폭이 좁아지고 생각의 깊이가 얕아짐에 따라 가치관도 욕망도 모두 닮은꼴이 된다. 그리고 세상을 보는 눈도 한편에 치우치거나 비뚤어지기 쉽다. 이러한 삶의 양식, 이러한 감수성, 이러한 신체의 적응력, 억압과 착취를 내면화한 이러한 가치관과 도구화한 이성으로는 새로운 변화를 맞을 수 없다.

아이들의 감각을 온전히 건강하게 일깨우는 교육과 더불어 온몸을 자유롭게 놀리도록 이끄는 신체교육이 이루어져야 한다. 우리는 열심히 발을 '놀려서' 걷고, 손을 '놀려서' 일한다. 몸을 자유롭게 '놀릴'

수 있어야 그만큼 일을 잘할 수 있다. 어려서부터 몸을 잘 '놀려서' 아이들의 감각 능력과 신체 능력이 고양되면, 이 능력들은 공동체 건설에 유용하게 쓰일 수 있을 것이다. 이집트의 건축가 하산 파티(Hassan Fathy)는 가난한 사람들이 힘을 모아 튼튼하고 아름다운 공동체 마을을 어떻게 건설할 수 있는지를《가난한 사람들을 위한 건축》(이 책은 열화당 출판사에서 '이집트 구르나 마을 이야기'라는 제목으로 번역되어 나왔다.)이라는 책에서 잘 보여주고 있다.

 감각 능력과 신체 능력의 온전한 개발과 함께 현실의 문제를 파악하고 해결할 수 있는, 비판하고 창조하는 능력, 파괴하고 건설하는 능력도 길러주어야 한다. 비판과 창조, 파괴와 건설은 서로 맞서는 힘이 아니다. 사람이 사람답게 사는 세상을 만들기 위해서는 하나로 뭉쳐야 하는 힘이다. 억압을 억압으로, 착취를 착취로 파악하고, 그에 대해서 비판하고, 그런 질서를 파괴하도록 이끄는 것은 비교적 쉬운 일일 것이다. 그러나 자유롭고 평등한 사회를 건설하기 위해서는 무엇이 필요한지를 알고 필요한 것을 만들어내는 창조의 힘을 지니고 그 능력을 발휘해서 폐허 위에 벽돌을 한 장 한 장 쌓아올려야만 한다. 우리 아이들을 그렇게 기르는 데는 무척 힘이 들겠지만 결코 이룰 수 없는 일은 아닐 것이다.

민주 시민을 길러내는 교육

'소크라테스' 하면 거의 대부분의 사람은 "너 자신을 알라." 나 "악법도 법이다." 같은 명언을 남기고 아테네의 악법 때문에 죽은 사람으로 알고 있다. 그리고 '소피스트' 하면 소크라테스와는 달리 궤변으로 사람들을 현혹시켜 나쁜 것을 좋은 것으로 믿게 한 사람들로만 알고 있기 쉽다. 그러나 햇빛 아래 드러나는 것은 모두 빛과 그늘이 있게 마련이다.

소피스트들 중에는 민중의 판단을 흐리게 한 선동가들도 있었지만 아테네의 민주주의를 옹호하고, 남녀평등을 부르짖고, 약한 자들을 위한 법률의 제정과 노예해방까지 주장한 사람들도 있었다. 또 소크라테스로 말하자면 일흔 살의 노인으로 사형 선고를 받았는데, 동양에서나 서양에서나 여간한 중죄를 짓지 않으면 칠십 노인을 사형시키는 관례가 드문 것으로 보아 단순히 아테네의 법률이 악법이었기 때문에 죽었다고만 볼 수 없다. 하물며 그 당시 아테네의 법률은 오늘날까지도 유례를 찾을 수 없는 가장 민주적인 법률로 알려진 바에야 더 말해 무엇 하랴.

소크라테스가 재판을 받을 때 이 노인에게 죄가 있는지 없는지, 있다면 어떤 형벌에 처해야 하는지를 투표를 통해서 결정하는 배심원들이 무려 501명이었다. 그리고 소크라테스를 고발한 사람 가운데 하나인 아니토스 같은 사람은 아테네의 시민들을 3년 전에 서른 명의 독재자들 손에서 해방시킨 열렬한 민주 투사로서 아테네 시민들의 영웅이었다. 어찌 그뿐이랴. 서른 명의 독재자들 가운데 악독하기로 가장 유명했던 크리티아스라는 자는 어렸을 때부터 소크라테스의 총애를 받은 제자로 널리 알려진 사람이었다. 아테네를 스파르타에 팔아넘기려고 했던 민족 반역자 알키비아데스도 마찬가지였다.

굳이 이런 이야기를 하는 까닭은 새삼스럽게 소크라테스를 깎아내리려는 데 있지 않다. 아무리 소크라테스가 교육자로서 온갖 장점을 지녔더라도, 그분의 신념 가운데 되새겨보아야 할 점이 있음을 알고 넘어가자는 뜻이다. 소크라테스도 곧잘 이런 질문을 던지곤 했다.

"당신의 자식들이 송아지나 망아지라면 당신은 자식의 교육을 말 조련사나 농부에게 맡겼을 것이다. 그렇지 않은가?"

"그야, 그렇지요."

"당신이 안전한 항해를 하려 한다면 뱃길을 잘 아는 사람에게 배의 키를 맡길 것이다. 안 그런가?"

"그야, 그렇지요."

"당신이 사는 도시국가의 번영과 안정을 위해서 누구에게 통치를 맡길 것인가? 어중이떠중이인가? 그렇지 않으면 뛰어난 통치술을 지니고 있는 사람인가?"

그 다음 대답은 빤하다. 말하자면 소크라테스는 뛰어난 한 사람의 지혜가 그렇지 못한 사람들이 머리를 맞대고 의논해서 이끌어내는 문제 해결 방안보다 훨씬 더 낫다는 것을 누누이 강조한 셈인데, 바로 이런 소크라테스의 신념이 정치적 야심에 불타는 부도덕한 제자들에게 독재를 할 빌미를 주었다고 할 수 있다.

설핏 생각하면 뛰어난 통치 능력을 지닌 탁월한 지도자가 있어서 나라를 다스리는 것이 보통 이하의 통찰력이나 감수성을 지닌 100사람의 뜻을 모아 나라를 통치하는 것보다 더 효율적이고 이상적일 것 같다. 그러나 인류가 이제까지 시험해온 여러 정치제도 가운데 민주주의 제도가 가장 뛰어난 제도라는 것을 인류 역사는 오랜 시행착오와 그에 따르는 온갖 비극을 경험한 끝에 우리에게 증명하고 있다. 오늘날에는 누구에게 물어도 민주주의가 가장 이상적인 정치제도요 통치원리라고 대답할 것이다. 그러기에 자본주의 국가들이나 사회주의 국가들이나 나라 이름에 민주주의라는 수식어는 꼭 집어넣는 것이 아니겠는가? 그러나 민주주의는 구호를 내세웠다고 해서 저절로 이루어지는 것이 아니다. 사회 구성원에 대한 끊임없는 교육이 뒤따르지 않으면 민주주의는 소크라테스가 마음속 깊이 염려하고 있었던 것처럼 중우주의(衆愚主義)로 전락하기 쉽다.

민주주의의 기본 이념은 사회를 이루는 구성원 한 사람 한 사람이 자율적이고 주체적인 인간으로 성장할 때, 다시 말해서 국민 개개인이 모두 정치의 주체, 경제의 주체로서 바로 설 뿐만 아니라 문화의 주체, 예술의 주체, 사회의 주체로 자랄 수 있을 때 비로소 현실화할 수 있는 것이다. 바로 이 때문에 우리는 정치인 따로 있고, 경제인 따로 있고, 문화 예술인, 체육인, 언론인들이 따로 있어서 사회의 특권을 독점하는 사회를 참다운 뜻에서 민주주의사회라고 부를 수 없는 것이다.

　민주교육은 학교에서만 이루어지는 것이 아니다. 현재 우리 학교제도는 민주 시민을 길러내지 못하게 하는 측면이 오히려 더 많이 있다. 각급 학교마다 이론으로 배운 것을 곧 실천으로 옮길 수 있는 실험 실습실이나 작업장이 갖추어지지 않은 것은 두말할 나위도 없고, 학교와 그 학교를 둘러싸고 있는 공동체의 유대관계가 완전히 단절되어 있고, 한술 더 떠서 학생들을 밤늦게까지 교실에 붙잡아두기 때문에 학생들은 공동체와 교류하면서 형성되는 민주 시민의 자질을 익힐 기회가 없다.

　어디 그뿐이랴. 어떤 문제에 대해서 공동의 의사를 모으려면 대화를 통한 교육이 이루어져야 하는데, 한 학급의 학생들이 50명이 넘는 학교가 대부분이니, 학생들의 숨은 능력을 이끌어내는 것보다는 교사가 자기의 지식과 가치관을 강제로 주입하는 교육밖에 할 수 없다. 그야말로 독재 체제에 알맞은 순응적 인간을 양산하고 있는 셈이다. 게다가 이런 교육이 하도 오래 계속되다 보니, 농촌 지역에서는 학생 수가 적어 넉넉히 민주 시민교육을 할 수 있는 여건이 갖추어지더라도 선생들은 여전히 주입식 교육에서 벗어날 줄 모른다. 그러니 사회 전체가 민주 시민을 길러내는 교육 현장이 되기를 바라는 것은 아예 꿈도 꿀 수 없는 지경에 이르렀다.

　이런 우리 교육의 현실을 보고 소크라테스가 살아 있다면 오늘의 민주교육에 어떤 생각을 갖게 될까?

종살이를 가르치는 독서교육

 말은 곧잘 하지만 글을 깨우치지 못하는 아이들이 더러 있다. 우리는 이런 아이들을 문맹이라고 부른다. 그리고 문맹률이 얼마나 높으냐에 따라 한 나라의 문화가 선진이냐 후진이냐를 가르기도 한다.
 따지고 보면 글자를 아느냐 모르느냐에 따라 문맹이냐 아니냐를 가리고 그 사람이 유식하냐 무식하냐를 판가름하는 것은 큰 뜻이 없다. 인류 진화의 긴 역사에서 글자가 만들어진 시기는 몇천 년이 안 된다. 글을 익히지 않고도 사람들이 문화생활을 한 흔적은 어디에서나 찾아볼 수 있다. 우리 민족의 민중 문화는 세계 어느 곳에 내놓아도 손색이 없을 정도로 뛰어나지만 그 문화가 글을 아는 사람 손에서 빚어지지는 않았다. 100년 전까지만 거슬러 올라가더라도 우리 조상들 가운데 까막눈이 아니었던 사람은 별로 없을 것이다.
 실제로 작은 마을 공동체에서 태어나 그 안에서 자라고 그 마을 뒷산에 묻히던 좁은 생활공간 속에서는 글이 따로 필요 없었다. 모든 정보 교환과 의사소통과 감정의 교류는 말과 표정, 손짓, 발짓, 억양으로 이루어질 수 있었고 그것으로 충분했다. 말하자면 모두가 문맹이었고, 따라서 역설적으로 아무도 문맹이 아니었던 시기가 인류 역사의 대부분을 차지했다는 뜻이다.

문자의 발생에는 여러 가지 의미가 새겨져 있다. 사회가 국가 단위로 통합되고 지역 공동체 사이에 교역이 이루어지면서 글자를 만들 필요가 생겨났는데, 글자는 때로는 전제군주의 통치 편의를 돕기 위해서 만들어지기도 하고, 장사꾼들이 서로의 기억을 못 미더워해서 만들어내기도 했다.

경제가 자연경제의 울타리를 벗어나지 못하고, 통치자들이 백성의 노동 성과를 폭력으로 제 몫으로 삼거나, 장사꾼들이 다른 지역의 정보에 어두운 순박한 사람들을 속여 중간 이문을 크게 먹을 필요가 있었을 때까지는 글은 통치자나 장사꾼들 사이에서만 서로 의미가 통하는 암호문 같은 것이어서 일반 사람들이 모르면 모를수록 더 좋았다. 세종 임금이 누구나 쉽게 깨칠 수 있고 그것으로 누구하고나 어렵지 않게 정보를 교환하고 의사를 소통할 수 있는 한글을 만들었을 때, 그 글자가 통용되는 것을 기를 쓰고 막았던 조선시대 사대부들의 반응을 보면 정보의 독점이 지배계급의 특권 유지에 얼마나 큰 도움이 되었는지, 따라서 자기들끼리만 이해하는 어려운 글자로 정보 교류와 의사소통을 하는 것이 얼마나 절실한 것이었는지를 잘 알 수 있다.

시대가 바뀌어서 한 나라 국민이 모두 일정한 정도의 정보를 공유할 필요가 있다는 요구가 절실해지면서 모두가 쉽게 배우고 익힐 글자를 선택하고 따로 학교를 만들어 글을 가르치기 시작했는데, 그 일을 가장 먼저 시작한 나라는 영국이었다. 영국이 국민에게 열심히 글을 가르치고 책 읽기를 권장한 이유는 뻔하다. 글을 몰라도 농사는 지을 수 있지만 장사는 하기 힘들다. 또 글 모르는 사람을 채찍질하여 쟁기를 끌게 할 수는 있지만 기계를 만들거나 그 기계로 필요한 물건들을 만들게 하기는 쉽지 않다.

나라 안을 식민화하고 내친 김에 해외에도 식민지를 만들려면 막강한 군대나 경찰도 필요했겠지만, 이런 물리력만으로 윽박지르려면 통치 비용이 너무 높아진다. 그래서 문화 통치가 필요한데, 문화 통치를 빠르게, 손쉽게 하는 데는 글자를 가르쳐서 통치 집단의 뜻에 맞는 행동을 이끌어내는 것보다 더 좋은 방안이 따로 없다.

이런 기초 상식에 바탕을 두고 독서교육을 해야만 제대로 된 책 읽기를 가르칠 수 있다고 본다. 무엇 때문에 글을 배우고 책을 읽어야 하는지에 대해서 교사가 명확하게 알지 못하면 독서교육은 자칫 종살이 훈련에나 도움을 주는 꼴이 되기 쉽다.

장 피아제의 말을 빌리면, 초등학교 시기는 이른바 '구체적 조작기'에 든다. 비판하는 안목을 갖추고 책 읽기를 하기에는 너무 어린 시절이라고 할 수 있다. 이 시기 아이들에게 책 읽기는 거의 다 강요에 따른 고통스러운 훈련 과정에 지나지 않는다. 그럴 수밖에 없다. 왼쪽 뇌와 오른쪽 뇌가 균형 있게 발달해야 하는 시기이고, 그렇게 하자면 손발을 부지런히 놀리고 온몸을 자유롭게 움직여서 뒹굴고, 뛰놀고, 춤추고, 노래하고, 깎고, 두들기고, 빚어내고, 만들고…… 이렇게 온 감각기관과 운동기관을 다 써서 바깥 사물과 접촉해야 하는데, 책상머리에 붙어 앉아 정신, 그것도 주로 아직 덜 여문 왼쪽 뇌를 혹사해야 하니 죽을 맛일 수밖에.

더구나 우리나라에서는 정보를 독점하려는 특권층의 못된 버릇이 천 년이 넘게 이어져 내려온 데다 식민지와 반식민지 상태에서 이른바 지식층이 외국 말 질서에 오염될 대로 오염되어 우리말 질서를 존중하지 않는 글쓰기를 도리어 자랑 삼고, 그것을 무슨 유식한 것처럼 들이대고 있다. 이 바람에 말의 질서와 글의 질서가 하늘과 땅 사이로 멀어져버려 글 읽기가 곱절로 어려울 수밖에 없다. 그러지 않아도 지식층의 지식을 통한 특권 유지의 욕망 때문에 말과 글 사이가 성글어지는 게 세계의 추세인데, 학교에서 이 잘못된 글 버릇을 마치 바른 것으로 여겨, 말하듯이 쓴 글을 교사가 소중히 여기지 않고 글맛이 없다고 타박하기 일쑤니 이런 풍토에서 올바른 독서교육이 이루어지기를 어떻게 기대할 수 있겠는가.

감각교육과 표현교육이 중심이 되어야 할 초등교육에서 아이들 인지 발달 단계에 맞지 않는 관념교육이 더 큰 비중을 차지하고 있으니 자연스러운 독서교육의 길은 좁을 수밖에 없다. 자연스러운 독서교육이란 아이들이 감각을 통해서 구체적으로 외부의 감각 영상들을 받아들이고, 그것을 기초로 자기표현을 할 때 그 개별 체험에 보편 형식을 주어 일반화하는 준비 작업이기도 하고, 다른 개별 체험을 보편 형식을 통해 간접 방식으로 자기 것으로 만들게 하는 과정이기도 하다. 이 과정에서 아이들 삶의 체험과 너무나 동떨어진 책을 억지로 읽힐 때에 생기는 문제도 있고, 아이들이 쓰는 말의 질서(사실 아이들이 쓰는 말의 질서는 때 묻지 않은 우리말 질서에 가장 가깝다.)와 동떨어진 글의 질서에서 생기는 문제도 있다.

독서교육의 첫 단계로 어른이 쓴 글보다는 같은 또래나 언니들이 쓴 글을 읽어 버릇하도록 이끄는 것이 자연스럽다. 서너 살짜리의 가장 좋은 선생은 대여섯 살 난 언니들이라는 말을 떠올리면 왜 그런지 잘 알 수 있을 것이다. 이런 뜻에서 《새롬이와 함께 일기 쓰기》나 《엄마의 런닝구》 같은 책도 좋고, 《윤복이의 일기》('저 하늘에도 슬픔'이라는 제목으로 나와 있다.)나 《현복이의 일기》, 그리고 이호철 선생이 지도한 학생들이 쓴 글 같은 것도 좋겠다. 우리나라 작가들이 일반으로 아이들의 말이 갖는 형식 틀을 모르고, 쓰는 말의 빈도수에도 주의를 기울이지 않아 어른들의 말버릇을 말끝만 바꾸어 그대로 옮기는 일이 많은데, 이런 책들은 아이들의 감성과 사고의 발달에 도움이 되지 않는다.

이에 곁들여 아이들에게 이야기, 특히 옛이야기들을 많이 들려주는 것이 좋다. 청각 체험이 어떠냐에 따라 시각 체험의 결이 달라지는 경우가 많은데, 재미있게 주의를 기울여 듣는 체험이 쌓이다 보면 스스로 그 즐거움과 귀에 솔깃한 이야기의 근원을 확인하고 싶은 마음이 들게 마련이다. 이런 점에서 서정오 선생이 스무 해 남짓 아이들을 가르치면서 겪은 체험을 바탕으로 쓴 《옛이야기 들려주기》는 모든 교사들이 반드시 정독을 해야 할 책이고, 아이들을 위해서 쓴 《옛이야기 보따리》 시리즈(보리출판사) 같은 책도 꼭 읽혀야 할 책들이다.

서정오 선생이 쓴 옛이야기 책들을 읽히고 들려주는 것이 소중한 까닭은 이런 책들을 통해서 아이들이 가장 자연스러운 우리말 질서를 익힐 수 있고, 이야기 속에 담긴 우리 고유의 생각과 느낌, 문화 전통을 아무 부담 없이 자연스럽게 흡수할 수 있기 때문이다. 옛이야기는 오랜 세월에 걸친 민중의 집단 지혜를 반영하고 있을 뿐만 아니라 형식과 내용이 아이들에게 맞도록 끊임없이 다듬어진 것이어서 듣기나 읽기에 가장 좋은 교육 자료라 할 수 있다. 다만 그동안 요즈음 아이들의 감각에 맞게 쓴답시고 글재주를 부려 군더더기를 꾸며서 끼워 넣은 것들이 많아 재미도 교육 효과도 반감이 된 것들이 대부분이었는데 서정오 선생은 이 약점들을 모두 극복해내서 이 분야에서 가장 뛰어난 업적을 쌓았다 할 만하다.

어떻게 하면 아이들에게 많은 책을 읽힐 수 있을까에 관심이 많은 교사들에게는 쓸데없는 관심을 버리라고 일러주고 싶다. '양보다 질'이라는 뜻에서만이 아니라 많은 독서 시간은 그에 비례하여 감각 체험 시간을 그만큼 많이 빼앗아가기 때문이기도 하다. 단 한 권의 책을 읽고도 삶의 방향을 바꾼 사람들이 얼마나 많은가. 몇 해 전에 아이들의 '논리적 사고' 능력을 높인다는 구실로 아직 '형식적 조작' 능력도 생기기 전인 초등학생들을 대상으로 '논리야' 같은 책들이 마구잡이로 권장될 때 나는 그 해독을 지적하고 논리에 연관된 책 100권을 강제로 아이들에게 읽히는 것보다 《몽실 언니》 같은 책 한 권을 읽히는 것이 아이들의 사고를 깊고 폭넓게 만드는 데 훨씬 더 큰 도움이 된다고 이야기한 적이 있다.

독서교육에는 교사들의 세심한 배려가 필요하다. 간접 체험으로 직접 체험을 대신하려는 '그림자 삶'의 태도를 아이들에게 심어주지 않기 위해서도 중요하고, 주인으로 커야 할 아이들을 누군가, 무엇인가의 종으로 길들이지 않아야 한다는 뜻에서도 중요하다. 그래서 글의 유용성과 해독을 먼저 안 나라들에서는 독서교육에 관심을 갖는 교사들이 꾸리는 단체나 공식 단체들도 많고, 독서교육에 대한 자료 교환도 활발하다.

우리나라는 읽은 책의 권수로, 또 비치된 장서의 양으로 독서 수준을 가늠하려는 무분별한 경향이 없지 않은데, 다시 한 번 되풀이하거니와 한 권의 책을 읽혀도 좋으니 제대로 된 책을 읽혀야 한다. 제대로 된 책이라는 말이 잘 잡히지 않을 수도 있는데, 다시 말하면 한 권의 책을 읽히더라도 주인이 쓴 글을 읽혀야 하고 손님이나 종이 쓴 글은 읽히지 말아야 한다.

꾸며 쓴 글은 대체로 죽은 글이고 고작해야 손님이나 종의 처지에서 쓴 글이라고 보아도 틀림없다. 글을 꾸미는 것은 남에게, 주인에게 잘 보이려고 그런다. 한때는 글 쓰는 사람들이 권력자들 밑에서 종살이를 하고, 요즈음에는 돈에 팔려 읽는 사람의 비위에 맞추려 본심을 숨기고 그럴듯하게 꾸미는 일이 비일비재한데, 하도 교묘하게 꾸며서 꾸몄는지도 모르게 꾸미는 재주를 가진 사람도 한둘이 아니다.

아이들 가운데도 백일장 같은 데서 꾸민 글을 써서 상 받는 맛을 들인 아이들이 있는데, 그래도 아이들 글은 꾸며낸 죽은 글인지 본심이 드러난 살아 있는 글인지 쓴 말투를 보고 쉽게 구별할 수 있다. 아이들에게 또래 아이들이 쓴 글을 먼저 많이 읽혀야 한다는 말에는 주인이 쓴 글을 읽어야 스스로도 주인의식이 생긴다는 뜻도 담겨 있다.

사회 변혁과 문체 혁명의 관계

한동안 '삼국지'가 대유행이었다. 옛날에는 나관중이 쓰고 박태원이 번역한 《삼국지연의》가 정음사에서 나와 사람들한테 사랑을 많이 받았다. 나도 그걸 읽고 자란 세대다. 그런데 지금 출판계는 삼국지 전쟁이라고 할 만큼 여기저기서 삼국지가 무더기로 나오고 있다. 이문열 삼국지, 황석영 삼국지, 장정일 삼국지, 김구용 삼국지 …… 만화로 된 삼국지까지 합하면 삼국지만 수십 종이 넘는다. 심지어 《창천항로》라는 만화로도 나와 있다. 그런데 이 삼국지에 나오는 조조라는 인물을 잘못 알고 있는 경우가 많다. 왕조시대의 기득권자들이 왕권을 강화하기 위해 유비를 내세우고 조조를 깎아내린 경향이 있다. 내가 본 자료 가운데 루쉰이 조조를 두고 "재능이 뛰어난 영웅"이라고 한 구절이 나온다. 마오쩌둥이나 다른 중국 혁명가들이 조조를 어떻게 보고 있는지 찾아볼 필요가 있다.

루쉰은 중국 지식인들이 민중의 관점에서 글을 쓰고 그림을 그리도록 한 사람이다. 독일의 판화가 케테 콜비츠를 중국에 소개한 사람도 루쉰이다. 케테 콜비츠는 채색하지 않은 흑백 그림을 그리고, 판화 작업을 주로 했던 화가이다. 그이가 그리 한 것은 당시 일반 민중이 그림 그릴 수 있는 도구는 연필이나 붓 같은 것밖에 없었기 때문이다. 그이의 건강한 예술은 중국에 가장 먼저 소개되었다.

루쉰은 처음엔 일본에 의학을 공부하러 갔다가 서양의 선진 문화를 만나고 혁명 사상에 눈을 떴다. 당시 지식인들의 어려운 관념에 맞서 민중이 알아들을 수 있는 쉬운 글로 사회 개혁의 청사진을 제시한 사람이기도 하다. 루쉰이 중국에 끼친 영향은 엄청나다고 한다. 우리나라에서 청년들의 의식을 일깨우는 데 가장 앞장섰던 리영희 선생님도 루쉰의 글쓰기를 본받으려고 무척 애쓰신 분이고, 그 사실을 여러 차례 밝히셨다.

사회 변화가 일어나기 전에 반드시 문체 혁명이 일어난다. 어느 시대 어느 사회에서나 기득권층은 늘 정보를 자기들끼리만 독점하고 나눌 마음이 없다. 학문 사투리(전문 용어, 학술 용어)를 쓰는 것도 그 때문이다. 그 점에서는 우리 사회도 중병에 걸려 있는 상태다. 이를테면 요즘 배웠다는 사람들이 걸핏하면 '담론'이라는 말을 쓰는 걸 본다. 그 말이 이 땅에 들어온 것은 10년밖에 안 되었는데, 대학물깨나 먹었다는 사람들이 자기네들끼리만 알아듣는 어려운 말을 주고받으면서 울타리를 쌓고 있다. 못 알아듣는 사람들은 아예 무식쟁이 취급을 하면서.

사회 변혁은 기득권, 특권층을 배제하고 새로 판을 짜자는 것이다. 그러려면 많은 이들에게 자기 생각과 느낌을 전달할 수 있어야 한다. 그런데 건강한 세상을 만드는 판을 키우려면 말보다는 글이 효과적일 때가 많다. 지금껏 소외 받고 짓눌린 이들이 늘 서로 주고받는 쉬운 말로 자기 뜻을 전달할 수 있도록 만들어야 한다.

조조를 보면서 나는 흥미로운 점을 발견했다. 중국에 '건안문학' 이라는 문학 조류가 있었다고 한다. 자기네들끼리만 서로 칭찬하고 정직하지 않은 거짓 글을 써오던 기성 문단의 풍토를 깨고 일곱 사람이 위진남북조시대에 건안문학으로 문체 혁명을 시도했다는데, 그 가운데 조조 집안의 사람이 셋이나 끼어 있었다고 한다. 조조와 그이의 아들 조비, 조식이 그 사람들이다. 조조는 그 당시 위나라 국권을 좌우하는 집권자 자리에 있으면서 도로와 주택 문제를 해결했고, 군대가 군량미를 스스로 확보하도록 농사를 짓게 둔전제도를 마련했으며, 변방을 수시로 위협하는 이민족들과 탁월한 외교를 통해 나라 안정을 꾀했다고 한다. 조선시대의 실학파들이 꿈꾼 일 가운데 조조가 이룬 것이 아주 많다는 느낌이 든다.

유럽에는 "이탈리아에는 단테, 영국에는 셰익스피어와 밀턴, 독일에는 괴테가 있는데, 프랑스에는 이런 1급 문학가는 없고, 다만 2급으로 평가 받는 빅토르 위고만 있다."고 평가하는 이들이 있다고 한다. 2급이라 말하는 빅토르 위고의 작품 《파리의 노트르담》과 《레미제라블》 같은 책이 프랑스 민중 사이에서 널리 읽혀서 나중에 프랑스 사회 변혁의 원동력으로 이어졌다는 사실을 지적하는 이들이 드물다고 한다. 그러나 이런 작가는 민중의 시각에서 다시 평가해야 한다. 기득권층에서 우러러보는 단테나 괴테 말고 민중의 시각에서 빅토르 위고를 보면 평가가 아주 달라진다.

프랑스 혁명 전야에는 빅토르 위고가, 러시아 혁명 전야에는 도스토예프스키와 톨스토이, 푸슈킨이 있었다. 그 가운데 혁명의 성공에 가장 큰 영향을 끼친 사람이 톨스토이다. 레닌 등 러시아 혁명의 선봉에 선 이들이 전부 그이에게 신세를 졌다고 말하고 있다.

혁명 당시 러시아는 초기 자본주의사회였고, 유럽에 대해 끊임없이 열등감을 느끼고 있었다고 한다. 사회 변혁이 한창 시작될 무렵까지도 기득권층은 프랑스 숭배 열풍에 사로잡혀 있었다. 이때 톨스토이는 이미 《전쟁과 평화》와 《안나 카레니나》, 《부활》 같은 작품으로 온 국민에게 인기 작가로 떠올라 있던 상태였다. 이 무렵 톨스토이는 크게 깨우침을 얻는데, 자기 작품을 그 당시 지식층 일부가 읽을 뿐이고 민중은 아예 읽을 엄두조차 내지 못한다는 사실을 알게 된 것이다. 자기가 데리고 있던 농노를 해방하고 그 아이들을 가르치면서 톨스토이는 아이들이 자기의 작품은 말할 것도 없거니와 쉬운 모파상의 단편들조차 이해하지 못한다는 것을 알게 되었다.

그래서 뒤늦게야 러시아 민중 자신들의 옛이야기, 곧 민담으로 눈길을 돌린다. 농민의 아이들을 제대로 교육하려고 외국어를 뒤늦게 공부하고, 다른 나라의 옛이야기 자료를 찾기 시작한다. 민중과 소통할 수 있는 가장 쉬운 통로는 옛이야기라는 것을 확신했기 때문이다. 그러고는 자기 문체를 완전히 바꾼다. 이 땅에서는 《바보 이반》 같은 작품도 문체는 조금도 살아나지 않고 내용만 겨우 전달하고 있지만, 톨스토이는 늘그막에 완전히 새로운 문체로 작품을 써내기 시작한다.

《톨스토이 인생 독본》이나 《사람은 무엇으로 사는가》 같은 책들이 의식을 일깨워 사람들의 삶을 바꾸기도 했지만, 이런 글들은 도덕 교과서에 가까운 가르침을 담고 있었는데, 민담을 소재로 한 이야기는 달랐다. 소비에트 병사와 농민들이 러시아 혁명의 주축인데, 그들에게 줄 제대로 된 쉬운 글을 진보적인 지식인이 쓸 수 있게 된 것도 톨스토이의 공이 크다. 그리고 그것이 혁명의 원동력이 된다.

나중에 하나하나 다시 살펴봐야겠지만, '세종 임금의 한글 창제' 과정을 다시 눈여겨볼 필요가 있다. 나는 날이 갈수록 감동적인 글을 들라면 훈민정음 서문을 들 것이다. 사실 이 훈민정음 서문에 문체 혁명이 사회 변혁에 어떤 영향을 미치는지가 다 드러나 있다.

이성계가 고려 왕조를 무너뜨리고 새 왕조를 세웠지만, 옛 기득권자들은 구질서의 변화에 필사적으로 저항한다. 나라를 무너뜨리기는 했지만, 새로운 세력을 모아 구왕조의 제도까지 뒤집을 틈이 없었기 때문에 문체 혁명과 사회 변혁의 임무는 세종에게 넘어갔고, 세종이 왕이 되면서 무엇보다 힘을 기울인 일은 훈민정음 창제였다고 할 수 있다.

한글 창제에 왕이 앞장을 섰는데도 기득권층의 반발은 대단했다. 한글로 공문서와 판결문을 쓰고 과거 시험을 보게 되면 사대부, 양반 계급의 특권은 하루아침에 무너질 게 뻔했기 때문이다. 그 당시 일반 백성은 생업에 바빠 한문을 배우는 데 긴 시간과 돈을 들일 겨를이 없었다. 10년, 20년, 30년 공부해서 자기들끼리만 의사소통하는 것이 당시 지배 세력의 세태였다. 한문이 얼마나 어려운지 왕조실록에도 조선식 한자가 등장할 지경이었다. 일생을 배워도 자유로운 의사소통이 불가능한 것이 남의 나라 글자인 한자였다.

이런 식의 폐쇄된 정보 소통의 통로를 세종이 하루아침에 뒤집어엎자고 나선 것이다. 최무선이나 장영실 따위 온갖 상놈 떨거지를 뽑아 올려 여기저기 박아놓는가 하면, 한문도 쓰지 말자는 이 임금을 그냥 두면 큰일 날 상황이었다. 이래서는 안 되겠다는 위기의식 때문에 기득권층은 목숨 걸고 저항한다. 세종의 한글 창제와 관련한 이야기는 여러분이 더 잘 알 것이다.

　문체 혁명과 관련하여 함께 살펴보아야 할 사람들로는 《홍길동전》을 쓴 허균, 《구운몽》을 쓴 김만중, 《열하일기》를 쓴 연암 박지원, 《국어문법》을 쓴 주시경, 《임꺽정》을 쓴 홍명희 같은 분들이 있다. 현대에 와서는 함석헌·문익환·이오덕·권정생 선생님을 들 수 있고, 〈뿌리깊은나무〉를 만든 한창기 사장, '마주이야기'의 박문희 선생, 《살아있는 글쓰기》를 쓴 이호철 선생, 《옛이야기 들려주기》를 쓴 서정오 선생, 이런 분들의 글도 틈틈이 읽으면서 지금 이 시점에서 문체 혁명이 왜 필요한 것인지, 천천히 여유를 가지고 되짚어볼 필요가 있다.

어디로 가서 무엇을 배워야 할까
―나래가 민주에게

민주야.

앞으로도 요즘처럼 모든 것이 절망스럽다면 하루도 더 살 수 없을 것 같다. 내 앞에 열려 있던 그 많은 가능성의 문들이 내가 그리로 발길을 돌리자마자 하나하나 코앞에서 쾅쾅 매정하게 닫혀버리고, 지금 나는 깊은 수렁에 빠진 기분이야.

도시락 두 개와 온갖 참고서로 가득한 책가방이 천근만근 어깨를 짓누르고, 아무리 이래봐야 대학 가기는 틀렸는데 내가 지금 뭘 하나 싶은 마음뿐이야. 아버지와 어머니는 이제 내 성적에 대해서는 아무 말도 하지 않아. 고등학교도 겨우겨우 턱걸이로 들어갔으니까 지레 포기를 하신 것 같아.

중학교 때는 그래도 행복했는데 말이야. 너 그때 날마다 나 놀렸지? 미술 선생님 짝사랑하는 거 아니냐고 말이야. 지금도 미술 선생님 생각만 하면 눈물이 나려고 해. 너도 알다시피 중학교 1학년 때부터 내가 만화 솜씨 하나는 끝내줬지 않니? 그래서 그때 미술 선생님에게 어지간히 퇴박을 맞기도 했지. 그림을 그리라면 사람이고 집이고 풍경이고 정물이고 죄다 꼬물꼬물 만화로 그려놓기 일쑤였으니까.

사실 난 어릴 때부터 만화가가 되고 싶었어. 그래서 만화 주인공을 얼마나 열심히 그렸다고. 어떤 때는 그것을 잡지사로 보내 독자 만화란에 실리기도 했지. 그때마다 얼마나 자랑스럽고 우쭐했는지 몰라. 친구들도 다 부러워했지. 그런데도 초등학교 때부터 내 만화 솜씨는 미술 시간만 되면 퇴박맞기 일쑤였어. 선생님들은 만화는 그림이 아니라고 했어. 그림을 그릴 때는 대상을 잘 관찰하고 있는 그대로 그리는 것이 중요하다고 말이야. 내 그림은 낙서나 다름없고 성의가 없는 데다가 산만하고 너저분하기 짝이 없다는 거야. 아무리 정성 들여서 열심히 그려도 소용이 없었어. 그래서 미술 점수는 늘 꼴찌일 수밖에 없었지.

"제 버릇 개 못 준다."고 중학교에 가서도 마찬가지였어. 늘 선생님들에게 야단을 맞기는 했지만 사실 그래도 미술 시간은 나에게 가장 즐거운 시간이었어. 기억나? 선생님은 야단치셨지만 너희는 내 그림을 보고 늘 재미있다고 했잖아? 그런데 2학년 때 우리 학교에 미술 선생님이 새로 오셨잖아. 빼빼 마르고 휘청휘청 걷는 그 '왕눈이' 선생님이. 그 선생님의 커다란 퉁방울눈을 보고 네가 맨 먼저 소리쳤지 아마? "와, 개구리 왕눈이다." 하고 말이야. 나는 그 선생님이 미술 수업에 들어오셨을 때, '나 때문에 골치 아파할 선생님이 한 분 더 늘었군.' 정도로만 생각했어.

그래서 그 선생님이 아무것이나 그리고 싶은 것을 마음대로 그려보라고 했을 때도, 아이들 그림을 보고 다니다가 내 책상 앞에 오랫동안 서 있을 때도 기분이 무척 언짢았어. 계속 내려다보고 있기에 당장에 걷어치우고 싶었지만 꾹 참았어. 뭐 새삼스럽게 잘 보일 필요도 없고,

잘 보이려고 애써 봤자 신통한 결과가 있을 턱도 없어서 늘 하던 대로, 내 기분대로 그렸지. 꼼질꼼질 만화 같은 그림을 그야말로 괴발개발 내내 그렸어. 그런데, 그런데 말이야. 그 다음 시간에 선생님은 우리의 그림 뒤에 하나하나 평가를 써주셨는데, 내 그림 뒤에 뭐라고 적어주셨는지 아니? 아주 재미있고 독창성이 살아 있는 그림이라는 거야. 나중에 훌륭한 일러스트레이터가 될 가능성이 엿보인다고도 하셨어.

자, 이제까지 학교에서 누구에게도 학과 공부 잘한다고 칭찬을 들어본 적이 없던 이 윤나래가 선생님에게, 그것도 꿈에도 기대하지 못했던 미술 선생님한테 칭찬을 들었으니 그 기분이 어땠겠어? 짐작할 만하지? 그때부터 왕눈이 선생님은 내 나이 많은 친구가 된 거야. 선생님이 나를 보고 씩 웃으면서 "수업 끝나면 늘 밤늦게까지 미술실에 있으니까 그림 그리고 싶으면 언제든지 와." 하셨을 때는 구름 위를 걷는 것 같았어.

이렇게 해서 우리는 하나둘 미술실 근처를 얼쩡대기 시작했어. 나중에 알고 보니 거기 모인 애 치고 미술 실기 점수가 바닥이 아닌 아이가 없었어. 그리고 하나하나 완성된 우리의 그림들은 곧 미술실 벽을 채우기 시작했는데, 그 그림들을 보고 서로 낄낄대며 웃지 않을 수 없었지. 세상에, 어쩌면 그렇게 하나같이 제멋대로 그렸는지, 비슷한 그림이 하나도 없지 뭐야. 선생님은 "너희도 어지간하다. 유치원에서부터 따지면 10년 넘게 그림을 그려왔을 텐데, 아직도 그 고집들을 버리지 못했으니 말이야." 하고 중얼거리셨어. 그러고 보니 선생님은 미술 대회에 나가서 늘 상을 받아오는 아이들을 제쳐놓고 일부러 우리를 고른 것 같았어. 우리 나름으로는 우리가 그 선생님을 골랐다고 믿었지만.

그런데 이상한 것은 그 선생님이 한 번도 우리에게 그림을 이렇게 그려라 저렇게 그려라 간섭하지 않았다는 거야. 그리고 싶을 때 와서 그리고 싶은 것을 그리라는 게 간섭이라면 간섭일까. 어쩌다 우리가 선생님 그림을 흉내 낼 때도 있었는데, 그때마다 선생님은 내놓고 아주 싫어하셨어. 흉내 그림은 진짜 그림이 아니라고 하시면서.

선생님은 사람마다 사물을 보는 눈이 다르다고 했어. 저마다 다른 방향으로 느낌과 생각을 표현한 작품은 그 안에 다른 사람은 흉내 낼 수 없는 독창성을 담고 있다는 거야. 그런 독창성을 담고 있는 작품은 사물의 새로운 질서와 법칙을 드러내고 인류의 사고와 정서를 풍요롭게 해주기 때문에 무척이나 중요하다고 말이야. 우리의 특수한 생각과 느낌은 인류가 이제까지 발견한 보편적인 인식과 정서를 넓혀준다는 거지. 또 아프리카의 미술 전통도 유럽 미술이나 중국 미술의 전통 못지않게 인류의 귀중한 문화유산이라고 하셨어. 피카소 같은 뛰어난 화가조차 아프리카 원주민들의 조각을 보고 찬탄을 멈추지 못했다잖아. 그것도 조각들에 담겨 있는 세계에 대한 새로운 인식 체계와 정서 구조 때문이었다고 말이야.

언젠가 선생님은 우리에게 "너희 그림을 보면서 배우는 것이 하도 많아서 너희를 선생님으로 모시고 싶은 생각이 드는 때가 한두 번이 아니다." 하고 말씀하셨어. 그것도 우리가 가진 독창성 때문이었던 것 같아.

그해 여름방학과 겨울방학은 선생님과 미술실에서 살다시피 했지. 그때 완성한 이야기 그림은 아직도 내 책상 서랍에 간직하고 있어. 꼬

박 한 해 동안 그린, 나에게는 가장 소중한 그림이야. 언덕에 서 있는 조그마한 한 그루 나무 이야기인데, 들어볼래?

언덕에 나무 한 그루가 서 있었어. 봄이 오고 여름이 왔어. 그런데 같은 나무에서 자란 가지와 잎인데도 위쪽에 있는 잎사귀와 아래쪽에 있는 잎사귀들은 사이가 좋지 않았어. 아래쪽에 있는 잎사귀는 위쪽에 있는 잎사귀 때문에 하늘에 있는 해와 달과 별과 구름을 제대로 볼 수 없다고 투덜대고, 위쪽 잎사귀는 아래쪽 잎사귀가 가리고 있어서 개미나 강아지나 어린애나 그 밖에 땅에 사는 여러 가지 것들을 볼 수 없다고 볼이 부어 있었어.

그러던 어느 날 나비 애벌레들이 나무 위에 올라왔어. 잎사귀들은 애벌레들에게 서로 상대편을 가리키면서 저쪽이 더 맛있다고 일러바쳤어. 애벌레들은 아래쪽 위쪽 가리지 않고 잎사귀들을 닥치는 대로 갉아먹기 시작했어. 그래서 그해에 나무는 거의 죽을 뻔했지.

이듬해가 되었어. 새들이 집을 지으려고 나무를 찾아왔어. 여름이 되자 다시 애벌레들이 나무 위로 기어 올라오기 시작했지. 잎사귀들은 이번에는 서로 싸우지 않고 새들에게 애벌레들을 남김없이 잡아먹어 달라고 부탁했어. 어쩌다 잎사귀 뒤에 몸을 숨긴 애벌레마저 일러바쳤어. 그해는 나뭇잎이 아주 무성하게 우거졌어.

그런데 다음 해 봄, 큰 문제가 생겼어. 꽃이 피었는데 나비가 날아오지 않는 거야. 지난해에 애벌레가 한 마리도 살아남지 못한 탓이었어. 나비가 없으니 나무는 그해 열매를 하나도 맺지 못했대.

다시 이듬해 봄이 왔어. 이제 잎사귀들은 서로 싸우지도 않고, 우듬지에 앉아 있는 새에게 애벌레가 그늘에 숨어 있다고 일러바치지도 않았어.

그 다음 해 봄, 화사한 꽃을 피운 나무에는 호랑나비들이 참 많이 날아들었단다.

어때? 내 딴에는 무척 고민해서 이야기를 만들고 그림을 그렸던 거야. 언젠가 너한테도 보여줄게.

중학교에 다닐 때까지는 그 미술 선생님 덕분에 그래도 참을 만했어. 그런데 지금은 견딜 수가 없어. 자율학습이다, 보충수업이다 해서 꼭두새벽부터 밤늦게까지 책상머리에 붙어 있어야 하고, 내가 평소에 좋아하던 미술 시간이나 음악 시간, 그리고 체육 시간이나 특별 활동 시간, 학급 활동 시간은 어느 틈에 슬그머니 없어져버린 거야.

우리 학교 얼마나 지독한 줄 아니? 작년에는 한 해를 통틀어서 딱 두 번 음악실에 갔어. 나머지 시간은 행사 때문에 빠진 영어와 수학 같은 대학 입시 과목으로 돌리거나 자습으로 바꾸어서 입시 공부를 하게 했어. 미술 시간도 체육 시간도 마찬가지였어. 특별 활동이나 학급 활동 시간 같은 것은 아예 없애버렸으니까 말할 것도 없고. 전인교육? 대학 입시가 코앞에 닥쳤는데 전인교육이 문제겠어? 그런 잠꼬대는 하지도 말라는 거지.

어디 그뿐이야? 지난번에 우리 학교 보충수업과 자율학습 시간 없앤다고 했잖아? 그것도 없던 일로 하기로 했어. 교장 선생님과 교감 선생님이 부모님들을 불렀거든. 그러지 않아도 우리 학교는 대학 입학률이 강남에 있는 학교의 절반에도 못 미치는데 보충수업, 자율학습까지 안 하면 일류 대학에는 한 명도 못 갈 거라고, 도대체 대학에 들어갈 애가 몇이나 될지 걱정스럽다고 위협도 하고 달래기도 했다나

봐. 그렇지 않아도 자율학습, 보충수업 없어진 뒤로 일찍 집에 돌아와 빈둥빈둥 놀거나 책가방 던져놓고 밖으로만 나도는 자식들이 은근히 걱정되고 불안했던 부모님들도 잘됐다고 생각한 거지. 사실 학교에 와서 자율학습 시간, 보충수업 시간이 어떻게 흘러가는지 한 번이라도 본다면 차라리 집에서 노는 편이 정신 건강에든 육체 건강에든 훨씬 낫다는 것을 아실 텐데 말이야.

그렇게 해서 결국은 부모가 허락하는 학생은 자율학습 시간에 빠져도 된다고 결정이 났어. 하지만 말이 쉽지 그게 그렇게 되니? 나부터 집에서 눈치가 보여. 그렇지 않아도 공부 못하는 딸, 그나마 공부하는 척이라도 해서 부모님 안심이나 시켜드리자 하는 생각에 밤늦게까지 학교에 남아 책을 펼쳐놓고 허구한 날 꾸벅꾸벅 졸고 있는 거지.

너, 얼마 전에 우리 반 세계사 수업 시간에 무슨 일이 있었는지 아니? 우리 세계사 선생님 무척 좋은 분이셔. 수업도 재미있고. 영어나 수학, 국어 같은 수업 시간에는 줄곧 졸기만 하는 나 같은 애들도, 세계사 시간에는 눈이 초롱초롱해지거든. 우리는 이 선생님에게 세계 역사를 움직여온 사람들은 위대한 정치가나 군인들, 지식인이 아니라 이름 없는 많은 사람들이라는 것을 배웠어. 그 사람들이 피땀으로 마련한 물질의 바탕 위에서 역사가 움직였다는 것을 말이야.

그런데 세계사는 어차피 점수가 높은 과목이 아니잖아? 그래서 어떤 학교는 이 세계사 시간을 아예 자습으로 돌리기도 했다 그리고, 또 어떤 학교는 수학 문제를 풀거나 영어 단어를 외우거나 다른 과목 참고서를 보거나 하면서 딴전을 피우는 아이들을 눈감아준대. 우리 반 애들 가운데도 시험에 잘 안 나오는 이런 과목에 시간 낭비하지 말고 시간을 쓸모 있게 쓰자는 생각을 가진 애들이 있지.

문제는 무엇이 시간 낭비고 어떤 것이 시간을 쓸모 있게 쓰는 것인지, 선생님과 그 애들의 기준이 다르다는 데 있었지. 야, 세계사 선생님 무서우시더라. 평소에는 그렇게 좋기만 하더니 글쎄 딴전을 피우는 애들을 모두 교실에서 몰아내셨잖아? "너희의 초조한 마음은 이해한다. 이 시간을 낭비라고 생각한다는 것도 잘 알고 있고. 잘못된 입시교육 때문에 너희가 가장 소중한 것으로 여겨야 할 학과 시간이 하잘것없는 것으로 외면당하는 것도 알아. 그러나 나는 세계사가 영어나 수학 못지않게 중요하다고 생각해. 시간이 아까운 사람은 내 수업에 들어오지 않아도 좋다. 단 한 사람만 남고 다 나가도 수업은 할 테니까. 다만 다른 책을 펴놓거나 잡담을 하거나 해서 수업을 방해하는 것은 받아들일 수 없다."고 하시면서 말이야.

그런데 그렇게 교실에서 쫓겨난 애들이 대개는 공부를 잘하는 축에 끼는 애들이었어. 이 애들은 전에도 선생님이 베트남이나 알제리, 남아프리카연방공화국이나, 쿠바, 니카라과 같은 제3세계 나라의 역사를 이야기할 때는 늘 "그건 교과서에 없는 이야기인데요. 우리 진도 나가요." 하고 선생님 말씀을 가로막고는 했지. 그때마다 선생님은 아주 절망하시는 것 같았어. 결국 선생님은 수업을 그만두든가 학생들을 내버려두든가 둘 중에 하나를 고르라는 강요를 받으셨어. 둘 중 어느 것도 받아들일 수 없다고 우기시던 선생님은 결국 우리 반 수업에 못 들어오시게 되었지.

한때는 그림책을 그리는 화가가 되면 좋겠다고 생각했더니 미술 시간이 없어지고, 세계사 공부를 좀 열심히 해서 나중에 제3세계 민족

해방 운동에 대해서 연구하는 학자가 될까 생각했더니 좋아하던 세계사 선생님이 수업을 그만두시고…….

　우리 아빠 말씀이 '있을 게 있고, 없을 게 없는 세상'이 좋은 세상이라던데, 이건 어떻게 된 셈인지 집에서도 학교에서도 세상에서도 있어야 할 것은 자꾸 없어지고 거꾸로 없어야 할 것은 하루가 다르게 늘어나는 것만 같아. 우리가 어른이 될 때 이 세상이 어떻게 바뀌게 될까 생각하면 마음이 저절로 울적해져.

　우리가 배우고 싶은 것을, 배우고 싶은 선생님한테 배울 수 있는 날이 언제쯤 올까? 공부 못하는 우리끼리라도 똘똘 뭉쳐서 세계사 선생님을 지켜드리지 못한 것이 뒤늦게야 후회되고 지금은 온통 앞길이 깜깜하기만 하다. 난 이제 어디로 가야 하지?

―나래가

공부 잘하는 사람보다
일 잘하는 사람이 더 훌륭하다

—나래 아버지가 민주에게

민주야.

나래에게 들었다. 학교를 그만두고 공장에 나가고 있다고? 어머니 때문에 어쩔 수 없었다는 이야기도 들었다. 잘했다. 나도 대학선생이지만 마음속으로 대학에서 책으로 얻는 지식보다 일터에서 땀 흘려 일하면서 깨우치는 지혜가 훨씬 더 가치 있다고 생각한다. 그러니까 멋모르고 대학에 들어갔다가 뒤늦게 대학 공부를 때려치우고 공장에 들어가는 젊은이들이 있는 것 아니겠니?

나는 이 세상에서 가장 존경하는 사람을 들라면 두말없이 네 아버지 같은 분을 든다. "금강산도 식후경"이라는 속담 알지? 이 말은 인간의 경제 활동, 특히 의식주에 필요한 것을 만들고 가꾸는 일이 학문이나 예술 같은 문화 활동보다 중요하다는 뜻일 게다. 더 생각하면 생산하는 일을 격려하고 신명나게 하기 위한 것이라는 뜻이 담겨 있어.

그러니까 올바른 사회라면 육체노동으로 우리를 배불리 먹이고, 따뜻하게 입히고, 편안한 잠자리를 마련해주는 노동자와 농민이 누구보다 더 존경 받고 대접 받게 되어 있다는 말이다. 우리는 대통령이나 국회의원이 없어도 살 수 있고, 대학교수나 신문기자가 없어도 살 수 있고, 소설가나 화가나 음악가가 따로 없어도 살 수 있고, 가수나 농구 선수가 없어도 살 수 있고, 장군이나 재벌이 없어도 살 수 있다. 그러나 노동자나 농민이 없으면 하루도 살 수 없지. 물방울 다이아몬드나 밍크코트보다 공기와 물이 훨씬 더 귀하고, 금은보화보다 쌀이 훨씬 귀한데도 가치관이 뒤집힌 세상에서는 그 가치가 거꾸로이듯이, 육체노동을 하는 사람의 처지도 마찬가지다.

해마다 이맘때면 구두닦이나 일용직 근로자 같은 가난한 노동자 출신의 젊은이가 대학 시험에 합격한 이야기가 신문에 크게 나고는 하지. 예전에 가장 많이 등장하는 것이 버스 안내원이었어. 그 당시에 가장 긴 시간 동안 가장 높은 노동을 한 사람들이 바로 '버스 여차장'들이었기 때문이지. 이 사람들은 꼭두새벽에 일어나 밤늦게까지 잠시도 쉴 틈 없이 일했어. 하루에 열여섯 시간 일하는 것이 보통이었지. 대부분의 안내원들은 몹시 피곤한 나머지 손발도 제대로 씻지 못하고 눕자마자 곯아떨어지기 일쑤였어. 이런 열악한 환경 속에서 그나마 몇 시간 되지도 않는 잠자는 시간을 아껴서 열심히 공부해 대학에 들어가는 사람이 나타난 거야.

왜 신문마다 이 사람들 이야기를 그렇게 감동하면서 크게 다루었을까? 물론 나도 그렇게 대학에 들어가는 사람들은 존경 받을 만하다고 생각해. 그러나 이런 미담 기사의 뒷면에는 무서운 함정이 숨어 있다는 것을 알아야 해. 이제부터 이런 기사에 어떤 문제가 있는지 같이 생각해볼까?

먼저 이런 기사에는 노동자보다 대학생이 훨씬 더 훌륭하다는 생각이 깔려 있어. 그런 훌륭한 대학생이 되려면 힘든 노동을 끝내고 따로 입시 준비를 해야 하는 것이 당연하다는 것이지. 힘든 육체노동보다 대학 입시 공부가 훨씬 더 가치 있는 일이라는 편견이 스며 있는 거야.

다음으로는 노동자들은 대학에 들어갈 수 없고, 학력에 따르는 임금 차이를 달갑게 받아들여야 한다는 뜻이 담겨 있어. "자, 봐라. 너희는 걸핏하면 집이 가난해서 집안 살림을 도와야 하기 때문에 공부를 할 시간이 없다고 이야기하지? 하지만 그건 게으름뱅이들이 자기 게으름을 변명하려는 입 발린 소리에 지나지 않는다. 다 자기하기 나름이다. 보다시피 이렇게나 어려운 환경 속에서도 대학에 들어가는 사람이 있지 않느냐?" 하고 말이지.

다른 누구보다 네가 겪어봐서 뼛속 깊이 느끼고 있겠지만, 같이 생각해볼까? 지금 이른바 8학군에 있는 학교에서 공부하는 아이들과 농촌에서 공부하는 아이들의 대학 합격률이 엄청나게 차이가 난다는 사실은 어떻게 설명하지? 노동자나 농민의 자식들보다 중산층이나 부유층 자식들이 대학에 합격할 확률이 훨씬 더 높다는 것은 무엇을 뜻하지? 8학군에는 머리 좋은 학생들만 모여 있고, 노동자나 농민의 자식들은 죄다 머리가 나빠서일까? 또는 8학군 학생들은 죄다 부지런하고 성실한데, 그 밖의 학생들, 특히 농민이나 노동자나 도시 빈민의 자식들은 게으르고 성실하지 않아서일까? 처지를 바꾸어서 8학군 학생들에게 육체노동을 시키고 노동자와 농민의 자식들이 공부만 할 수 있도록 뒷받침해주어도 결과는 마찬가지일까?

옛날 우리나라에는 양반 계급이 있었어. 어떤 사람이 양반이었느냐 하면 놀고먹는 사람이 바로 양반이었지. 이 사람들은 육체노동을 하지 않았기 때문에 노는 동안 어려운 학문을 익힐 수 있었어. 일반 백성은? 이른 아침부터 저녁까지 고된 육체노동에 시달리는데, 한문 공부를 할 겨를이 어디 있겠으며, 시간이 있다 한들 학비가 어디 있었겠니? 양반들은 이렇게 해서 익힌 한문으로 과거 시험도 보고, 공문서도 만들고, 판결문도 쓰고, 시도 읊조리면서 '상것'들의 '무지몽매'를 한껏 비웃었단다. 그 결과는 어떻게 되었지? 정보를 몇몇 지배계급이 독차지하고 말았지. 뿐만 아니라 살아가는 데 아무 도움도 안 되는 그 보잘것없는 정보조차 토박이말의 질서와는 동떨어진 외국어로 전달되었기 때문에 뜻을 주고받는 데 큰 어려움이 생겼어. 결국은 문화도 기술도 발전하지 못하고 제자리에 머무르고 말았지. 그러다 보니 계몽기 이후로 원활하게 정보를 주고받으면서 빠른 속도로 산업이 발전한 서구 제국주의 나라들과 그 나라들의 영향을 받은 군국주의 일본의 손아귀에 나라를 잃고 말았지.

우리는 나라를 잃고, 남의 힘으로 겨우 되찾은 나라도 어쩌다 허리가 두 동강으로 끊어져 형제끼리 가슴에 총칼을 겨누고 있는 기막힌 처지에 놓여 있다. 그런데도 옛날부터 의식을 지배해온 더러운 관념을 버리지 못하고 아직도 손에 흙이나 기름이 묻어 있는 사람은 업신여기고, 대학물을 먹어야 사람대접을 하고 있으니 참으로 한심한 일이다.

너도 나래에게 들었겠지만 나는 아주 어렸을 때부터 일로 잔뼈가 굵은 사람이다. 그래서인지 몰라도 나는 지금 학생들이 초등학교에서부터 고등학교까지 10년 넘게, 또 어떤 사람들은 스무 해 가까이 손 하나 까딱 않고 머리만 굴리도록 짜놓은 교육과정을 이해할 수가 없단다. 이게 어디 사람을 사람답게 만드는 교육이냐? 반병신으로 만드는 짓이지.

　만일에 사람이 일을 몸에 익히지 않았더라면 사람은 오늘의 모습을 지니고 있지 않을 거야. 원숭이는 이 세상에 나타나서 오늘에 이르기까지 원숭이로 남아 있지. 그 점에서는 코끼리나 돌고래, 사자나 호랑이 모두 마찬가지야. 그러나 사람은 일을 하면서 자신의 모습을 바꾸어 왔어.

　맨 처음에 지구 위에 나타난 인류는 다른 영장류 원숭이들과 크게 차이가 없었을 거야. 빙하기에는 다른 짐승들처럼 적도를 중심으로 오글오글 모여 살면서 나무 열매를 따먹거나 풀뿌리를 캐거나 바닷가에서 조개를 잡아 끼니를 때웠겠지. 그러다 간빙기가 와서 점차 대기의 온도가 높아지고 얼음이 녹자 조개를 잡던 갯벌은 물속 깊이 잠기고 말았지. 이제까지 풀밭과 나무숲으로 이루어져 있던 적도는 덩굴식물과 그 밖의 여러 가지 열대식물이 뒤엉켜 자라는 정글로 바뀌어 점차 살기 힘든 곳이 되어버렸다.

　한편 이제까지 얼음으로 덮여 있던 온대 지방은 여러 가지 식물이 자라는 산과 들로 바뀌었을 것이고, 그 식물을 먹이로 삼는 동물들이 옮겨 오거나 새로 나타났을 거야. 사람들 가운데 어떤 무리는 적도의 바뀐 자연환경에 적응해서 그대로 눌러살기로 했는가 하면, 어떤 무리는 순록 떼를 쫓아 북극 지방까지 나아갔을 거야.

　적도 지방에서 살다가 온대 지방으로 옮겨온 생물들은 이제까지 적도 지방에서 겪지 못했던 새로운 삶의 문제와 맞닥뜨리게 되었을 거야. 적도 지방은 늘 거의 같은 기온이기 때문에 따로 겨울을 날 음식을 갈무리해둘 필요가 없었지. 그러나 온대 지방에서는 먹을 것이 대체로 가을 한 철에 집중되어서 생겨. 따라서 다람쥐가 되었건, 개미나 벌이 되었건, 이 사람이 되었건, 온대 지방에 사는 동물들은 삶에 필요한 온갖 먹이들이 눈과 얼음 속에 묻히게 되는 겨울을 위해 음식을 따로 갈무리하지 않으면 안 되지. 다시 말하면 이제까지 적도 지방에서 그날그날 살아가는 것에 익숙했던 동물들이 온대 지방으로 삶터를 옮기면서 한 해를 두고 살아갈 방법을 찾지 않을 수 없게 된 거지.

사람들이 네 발로 어슬렁거리면서 돌아다니던 동안은 오늘날 고릴라나 침팬지처럼 몸뚱이의 크기에 견주어 머리통이 작을 수밖에 없었을 거야. 지나치게 무거운 머리통은 네 발로 걷는 데 커다란 방해가 되었을 테니까. 그러나 두 뒷발로 몸의 균형을 잡을 수 있게 되면서 사람의 몸은 바뀌게 되었을 거야. 척추가 꼿꼿해지면서 어지간히 큰 머리통의 무게도 버틸 수 있게 되고, 두 앞발을 놀려서 일하는 동안 엄지손가락과 나머지 손가락들의 기능이 각각 다르게 발달해 운동신경이 부쩍 발달하게 되었을 거야. 손의 운동신경은 두뇌 중추 신경계에 영향을 미쳐, 커진 머리통 안에 담겨 있는 대뇌피질의 골은 더 깊이 파이지. 그리고 큰골, 작은골 같은 골들의 크기가 늘어나서 기억의 용량을 엄청나게 늘렸을 거야.

또 여럿이 한데 모여 힘을 모아 일하는 동안에 의사소통이 필요해졌고, 굳어 있던 얼굴의 힘살이 풀리면서 한없이 풍부한 표정을 지니게 되었겠지. 음식을 익혀서 부드럽게 만들어 먹는 방법을 알게 되면서 송곳니와 어금니의 생김도 바뀌고, 세 치 혀를 놀려 이야기를 주고받는 동안에 입 생김새도 차츰 바뀌었을 거야. 그러니까 인간은 일을 하면서 오늘의 모습으로 스스로를 바꾸어 온 것이지, 다른 동물처럼

이 땅에 나타나면서부터 오늘의 모습을 지니고 있었던 것은 아니라는 말이지.

사람이 사람답게 산다는 것은 곧 일하면서 산다는 거야. 우리 선조들이 일을 해서 집을 짓고 땅을 일구고 다리를 놓고 수레나 배를 만들고 강둑을 쌓아 자연의 모습을 바꾸어놓는 대신 다른 짐승들처럼 자연에 적응해서 살기에만 급급했다면 오늘날 우리가 누리는 문화나 문명은 찾아볼 수 없었을 거야. 이렇게 노동이야말로 인간의 역사를 움직여온 원동력인데 노동을 싫어하고 노동하는 사람을 업신여긴다면 앞으로 인간의 역사는 어떤 길로 접어들겠니?

노동은 다만 사람을 오늘의 모습으로 바꾸어놓은 힘일 뿐만 아니라 참과 거짓을 가리는 기본이 되기도 한단다. 잘못된 교육제도 탓으로 우리는 '참'이라고 하면 대학 입학시험의 '정답'만 생각하게 되고 '거짓'이라고 하면 시험 문제의 틀린 답으로만 생각하도록 길들여졌어. 하지만 우리가 정말 가려내야 할 '참'과 '거짓'은 유능한 학원 선생이나 대학 입시 문제를 내는 교수들이 결정할 수 있는 것이 아니야.

여기에 처음 보는 나무 두 그루가 있다고 하자. 이 가운데 어떤 나무가 더 여러 해 동안 살았는지 맞춰보라고 한다면 어떻게 하겠니? 이 문제를 풀려면 그 나무들을 베어서 나이테를 헤아려봐야 해. 나무를 베어 넘기는 일은 머리만 가지고는 안 돼. 손에 톱을 쥐고 노동을 해야지. 이처럼 우리가 살아가면서 부딪히는 문제들 가운데 우리의 의식주를 비롯한 실제 삶과 아주 가깝게 맞닿아 있는 것일수록 노동을 하면서 참과 거짓이 밝혀져야 하는 것이지. 어떤 이론이 옳고 그른지 알아내는 기준이 되어야 할 것이 바로 실천이라는 거야. 그런데도 아까 이야기한 대로 우리 교육 현장에는 노동이 빠져 있거나, 들어 있더라도 자랑스럽게 생각할 즐거운 일로 그려놓지 않았어.

"어렸을 때부터 부모의 일을 거들거나 육체노동을 몸에 익히면 못 살게 된다. 잘살 수 있는 유일한 길은 부모가 밖에서 일하다 지쳐서 골병이 들거나 죽는 일이 생기더라도 오로지 방 안에 앉아 교과서에 나오는 것 하나라도 더 외우는 것이다."

세상에! 어떻게 이렇게 부도덕하고 파렴치한 생각을 다 할 수 있지? 그러나 이것이 현실이다. 자라나는 세대에게 노동의 중요함을 일깨워주려고 교육과정 안에 육체노동 시간을 넣었다가는 결국 학부모와 학생들로부터 따돌림을 받고 이상주의자 낙인이 찍히고 말지. '이상주의자'라고? 그래, 지금 우리가 사는 세상에서는 사람이 사람답게 사는 세상을 만들려면 어떻게 해야 하는지를 누구보다 더 잘 아는 사람, 현실에 가장 닿아 있는 사람이 현실을 모르는 이상주의자로 욕을 먹고, 사람을 짐승으로 만들려는 사이비 현실주의자들이 가장 권위 있는 교육자로 둔갑해 있는 형편이니까!

민주야.

난 네가 자랑스럽다. 가끔 나래에게도 대학 갈 생각 버리고 고등학교 졸업하고 나면 할 만한 일거리를 찾아서 몸으로 부딪히며 살아가는 게 어떻겠냐고 조심스레 얘기를 하고 있다만, 나래는 아직 마음의 준비가 되어 있지 않은 것 같다. 아마도 대학에 가지 않으면 사람대접을 받지 못하는 현실이 그 애의 머리를 무겁게 짓누르고 있기 때문이겠지.

일하는 사람이 주인이 되는 세상만이 인류 진화의 긴 역사 과정을 이어받고 발전시켜서 모두가 자유롭고 평등하고 평화롭고 우애 있게 사는 세상이라는 믿음이 없으면 이 세상살이에 무슨 뜻이 있겠니?

 광부로서 삶을 마친 네 아버지가 우리의 추운 겨울 살림을 지켜주셨듯이, 이제 옷감 공장에 들어간 네가 우리의 겨울을 지켜주는구나. 잊지 않으마. 네가 만든 옷감이 옷으로 바뀌어 내 몸을 감싸고 있는 한, 우리의 밥상에 밥과 국과 푸성귀가 올라오는 한, 너와 네 아버지와 마찬가지로 땀 흘려 일해서 우리의 삶을 지켜주는 분들의 수고를 잊지 않으마. 그리고 그분들이 없으면 내가 살길이 없으므로 내 목숨을 지키기 위해서라도 그이들과 더불어 살길을 찾아, 너와 함께 살길을 찾아, 산이라면 넘어주고 강이라면 건너주겠다.

 네 옆에 나래와 내가 있다는 것을 잊지 마라.

 나도 내 옆에 네가 있다는 것을 잊지 않으마.

 우리도 네가 걸어간 길, 네 아버지가 걸어간 길을 뒤따라 걸어가마.

―나래 아버지가

그분들이 받았던 벌을 달게 받으렴
―아버지가 나래에게

나래야.

윤영규 선생님이 감옥에 갇히신 뒤로 계절이 세 번이나 바뀌었구나. 윤 선생이 무슨 죄를 지은 거냐고? 글쎄다. 우리 속담에 "법 없이도 살 사람"이라는 말이 있는데, 윤 선생이 바로 그런 분이야. 지은 죄의 크기로 따져 감옥에 들어가기로 친다면 맨 마지막으로 들어갈 분 같았는데, 어느 날 갑자기 쇠고랑을 차게 되셨으니 무슨 영문인지 모르겠구나. 구태여 곡절을 찾자면 이분이 학생들을 유난히 사랑했고, 사랑하는 학생들에게 바른 교육을 베풀 터전을 마련하려고 전국교직원노동조합*을 만드는 데 앞장섰던 탓이라고나 할까? 이분이 전국교직원노동조합 위원장을 맡지 않으셨다면 감옥에 갇힐 일도 없었을 테니 말이다.

어쩌면 너는 법을 어긴 사람은 어긴 만큼 죄를 지은 것이니까 그 죗값을 치러야 하고, 죗값을 치르자면 감옥에서 고생하는 것을 달게 받아들여야 한다고 생각할지 모르겠다. 네 머릿속에는 교과서에서 배운 "악법도 법이다."라는 소크라테스의 말이 떠오를 수도 있겠지. 그럼 지금부터 죄와 벌에 관한 이야기를 좀 해볼까?

나는 어느 인류학자의 책에서 아프리카의 한 원시 부족이 공동체 안에서 일어난 범죄를 어떻게 처리하는지 읽은 적이 있단다. 먼저 죄를 지은 사람을 마을 큰 마당 한가운데 앉혀놓고 추장을 가운데 두고 양 옆에 재판을 맡을 마을 사람들이 나이 순서로 둘러앉는단다. 추장 오른쪽에 앉은 사람은 '변호사'를, 왼쪽에 앉은 사람은 '검사' 역할을 맡는 거지. 재판이 시작되면 마당 한가운데 앉은 사람이 무슨 죄를 지었는지를 알려주고 나서, 나이가 어린 차례로 한편에서는 고발을 하고 다른 한편에서는 변호를 하도록 해 맨 마지막에 추장이 그 의견을 종합하여 판결을 내려. 가장 무거운 벌이 공동체에서 쫓아내는 거라나. 그러나 이런 큰 벌을 내리는 경우는 거의 없다는 거야.

옛날 우리 농촌 공동체의 재판 절차도 비슷했어. 마을에서 누군가 잘못을 저지르면 마을 어른들이 사랑방에 모여 어떤 벌을 줄까 의논했지. 그 벌이라는 것이 주로 허드렛일이나 힘든 일을 정해진 기간 동안 불평 없이 하도록 하는 것이었지. 마을에서 쫓아내는 것 다음으로 큰 벌은 '멍석말이'였는데, 사람을 멍석에 말아놓고 동네 사람 아무나 마구 패도록 하는 것이었어. 왜 멍석에 마느냐고? 다른 까닭도 있겠지만 첫째, 맞는 사람을 보호하려고 그랬을 거야. 짚으로 엮은 멍석은 두껍기 때문에 그것으로 몸을 둘둘 말아놓으면 어지간히 세게 때려도 큰 상처를 입지 않게 되거든. 둘째로는 맞는 사람이 누가 자기를 때리는지 보지 못하게 해서 그 사람들에게 앙심을 품는 일이 없게 하기 위해서였을 거야.

옛날 사람들이 요새 사람들보다 더 잘살아서 경제 범죄가 없었던 것은 아니야. 살기야 옛날이 훨씬 더 어려웠지. 요즘과 달리 옛날에는 특별한 신분이 아니면 너나없이 굶기를 밥 먹듯 하는 때가 한 해에도 몇 번씩 있었으니까. 이렇게 가난하게 살았어도 남의 것을 넘보지 않았던 까닭은 잘사는 사람 따로 있고 못사는 사람 따로 있지 않은 평등한 삶의 조건 때문이었어. 또 끊임없이 새로운 욕망을 길러내는 상품 광고도, 진열장도 없었기 때문이라고도 할 수 있지.

지금 우리나라 감옥에 있는 사람들 가운데 아마 열의 아홉은 가난한 사람들일 거다. 오죽하면 "유전무죄 무전유죄"라는 말까지 생겨났겠니? 돈만 있으면 있는 죄도 없앨 수 있고, 돈이 없으면 없던 죄도 뒤집어쓰게 된다는 것이 바로 이 말이란다. 그러니까 경제 불평등이 범죄를 키우는 근본 원인이라고 할 수 있지. 이를테면 어떤 마나님은 1,000만 원짜리 모피를 사 입고 다니는데, 한 달에 20만 원으로 다섯 식구가 살아가는 어려운 이웃 50가구, 250명이 굶주리고 있다 치자. 그리고 그이들이 "사흘 굶어 남의 집 담 넘지 않는 사람 없다."는 속담대로 도둑질을 했다고 치자. 법에 따르면 그 마나님에게는 아무 죄가 없고 남의 것을 훔친 어려운 사람들은 벌을 받게 되지만, 네 생각은 어떠니? 마나님이나 그 마나님의 가난한 이웃들이 죄에서 벗어나려면 평등한 사회가 만들어져야 한다는 생각 안 드니?

윤영규 선생님 말고도 전국교직원노동조합에 가입했던 선생님 1,500여 명이 법을 어겼다 하여 교단에서 쫓겨난 것을 너도 알 거야. 그럼 이분들이 지은 죄는 무엇일까? 정부에서 이야기하는 대로 그 가운데 몇 분은 살기 좋은 나라를 뒤엎으려는 불순한 생각을 가지고 있고, 나머지 사람들은 어리석어서 멋모르고 죄의 구렁텅이에 빠졌다고 해야 할까? 네 아비는 그렇게 믿지 않는다. 이분들이 제 잇속을 앞세우지 않는 분들이라는 것은 한결같이 돈 봉투를 마다한 분들이라는 사실에서 또렷하게 드러나거든. 지난여름에 네 아비가 명동성당에서 눈으로 보고, 또 신문에서 보니, 너희가 대표로 뽑은 학생들까지 학교에서 쫓겨날 각오를 하고 그분들의 뜻을 따르고자 하더구나. 학생들이 어리석은 선생님들을 특별히 더 좋아하기 때문에 그러는 것도 아닐 테고, 그 선생님들이 어리석어서 죄를 지은 것도 아닌 것 같고…….

내가 알기로 이분들에게 공통점이 있다면 그것은 모두 학생들을 끔찍하게 사랑한다는 건데, 그래, 맞구나, 이분들은 사랑이 없는 세상에서 아이들을 사랑하는 죄를 저질렀구나. 참으로 큰 죄를 저질렀구나. 자살을 꿈꾸는 아이들을 무심히 보아 넘기지 못한 심약죄, 점수 경쟁을 견디지 못하고 절망에 빠져 빗나가는 아이들을 포기하지도 방관하지도 못한 애정 과잉죄, 민주적이지 못한 교육행정이나 교육제도에 순응하지 않고 맞서는 민주 지향죄, 잘못된 교과서를 교리 문답서처럼 신성하게 떠받들지 않고 비판의 눈으로 보는 무비판 거부죄, 학부형이 주는 돈 봉투를 챙기지 않고 되돌려주는 뇌물 경시죄……. 따지고 보니 한두 가지 죄가 아니구나.

하기야 이 죄 많은 세상에서 죄 없는 세상의 주인이 될 사람을 길러내겠다는 죄보다 더 큰 죄가 어디 있겠니? 그러고 보면 모두가 사람답게 사는 세상, 모두가 자유롭고 평등하고 우애롭게 사는 세상이 오기 전까지는 아무리 애써도 죄의 덫에 걸리지 않기란 어려운 일이겠지. 어쩔 수 없이 저지를 수밖에 없는 죄라면 너도 네가 사랑하는 선생님들이 지었던 죄를 즐겨 짓고, 그분들이 받았던 벌을 달게 받으렴.

나는 네가 이 선생님들이나 노동운동으로, 학생운동으로, 민주화운동과 통일운동으로 직장이나 학교에서 쫓겨나고 졸지에 감옥에 들어갔던 분들을 본떠서 "악법은 그 법을 어겨서 깬다."는 당당한 태도로 살아가기를 바란다.

―아비가

* 1989년 5월, 교원의 노동권을 보장하고, 학생의 자치 활동을 지원하여 학교를 민주화하겠다는 목적으로 선생님들이 모여서 전국교직원노동조합을 만들었다. 윤영규 선생님이 초대 위원장으로 뽑혔다. 교사가 노동조합을 만들었다는 데 대한 뿌리 깊은 거부감과 정부의 탄압으로 같은 해 6월, 결국 윤영규 선생님이 구속되었고, 7월에는 전국교직원노동조합의 조합원 전부의 파면과 해임이 결정되었다. 1,527명의 선생님이 학교를 떠나야 했다.
1994년에 1,294명의 선생님이 복직했고, 1999년 7월에는 전국교직원노동조합이 합법화되었다.

콩나물 교실에 난쟁이 책걸상

돌이 어머니.

요즈음 학교가 어수선해서 걱정이 되시지요?

자기는 못 살고 고생하더라도 자식들만은 걱정 없이 잘 살기를 바라는 것이 부모의 마음입니다. 어떻게 해서든지 대학에 들어가고 보아야 대접도 받고 제 구실도 한다고 믿기 때문에 시골에서건 도시에서건 부모님들이 소 팔고, 논 팔고, 집까지 팔아 아이들에게 자율학습이다, 보충수업이다, 과외다 해서 중학교 때부터 벌써 대학 입시 준비를 시키는 게 아니겠습니까?

그렇지만 돌이 어머니. 대학 입학시험에 합격하는 것이 교육의 목표가 되어서야 되겠습니까? 언젠가 텔레비전 프로그램에서 교육 문제에 대한 토론이 있었는데, 토론자 가운데 어느 교육청의 책임 있는 자리에 있는 분이, 자식들에게 세상에 대해서 살아 있는 공부를 시키려고 자식들과 함께 텔레비전 뉴스를 본다는 학부형에게 "댁의 자녀는 대학에 안 보내실 겁니까?" 하고 면박을 주듯이 반문하는 것을 보고 큰 충격을 받은 사람이 저만은 아닐 것입니다. 그분은 아마 우리 아이들 가운데 정작 대학 문턱을 밟는 아이들이 3분의 1에 훨씬 못 미친다는 사실을 잊고 있었던 것 같습니다.

저는 강남에 있는 어느 명문 학교에서 고등학교 3학년 학생을 가르치는 국어 교사의 이야기를 들은 적이 있습니다. 그 선생님은, 고등학교 3학년 2학기쯤 되면 반 아이들 가운데 절반 가까이가 수업이 진행되는데도 아랑곳없이 책상 위에 엎드려서 잔다고 했습니다. "왜 그러느냐, 그럴 경우에 선생님들은 야단치지 않고 무얼 하느냐?"고 따지듯 물어봤더니, 그 선생님은 웃으면서 이렇게 말했습니다.

"그 아이들은 어차피 대학 진학을 포기한 학생들입니다. 대학 입시에 합격할 성적이 안 돼요. 선생님이 가르치는 수업 내용이라는 것은 전부 입시와 관련된 것인데, 그 내용 가운데 절반이나마 알아들을 수 있는 학생은 한 반에서 3분의 1도 안 됩니다. 영어나 수학 같은 과목은 들어도 모르는 아이가 훨씬 더 많고요. 그러니 어쩌겠습니까? 책가방 들고 일어서자니 학교 처벌도 무섭고, 애써서 학비를 대는 부모님을 실망시켜드릴 것 같고. 그래서 엎드려 자는 것인데요."

저는 이 이야기를 듣고 망연자실해졌습니다. 겉으로 보기에는 태평하게 잠든 것 같지만, 그렇게 엎드려 있는 아이들의 가슴에 가득한 절망감을 누가 해소해줄 수 있겠습니까? 그런데 그런 학생이 한둘이 아니라 해마다 한 반 아이 셋 가운데 둘은 그렇게 되도록 운명 지어져 있는 것이 현재 우리가 당면하고 있는 교육 현실입니다.

교육 현실에 조금이라도 관심이 있는 학부모님들은 다 알고 계시겠지만, 우리의 교육 환경은 세계에서 유례가 없을 정도로 열악합니다. 국민 소득이 1,000달러가 채 안 되는 가난한 나라에서도 우리처럼 한 반 학생이 예순 명이 넘어서 일흔 명이 되고, 그래도 안 되어서 '2부수업'까지 하지는 않습니다. 책걸상이 학생들의 몸에 맞지 않게 터무니없이 작아서 10여 년 가까이 비좁은 책걸상에 앉아서 공부하다 보면 신체 발육에 이상이 생기는데도 그대로 방치해놓고 있는 것이 우리의 실정입니다.

또 학교 시설은 어떤가요? 원칙대로 하면 초등학교 시설이 가장 좋아야 합니다. 그 다음에는 중학교 시설이 좋아야 하고, 대학교나 대학원 시설은 특수한 학과를 빼고는 허름해도 상관없습니다. 왜냐하면 가장 많은 학생들이 초등학교 시설을 이용하고 가장 적은 학생이 대학이나 대학원 시설을 이용하기 때문입니다. 사립학교는 재단의 형편에 따라 시설의 차이가 있으니까 예외로 칩시다. 서울이나 각 지방의 국립 대학교 시설과 공립 초등학교 시설을 비교해보면 완전히 거꾸로입니다. 국민의 세금으로 시설을 갖추면서 가장 많은 국민의 자제들이 이용하는 초등학교 시설은 가장 형편없게 만들어놓고, 가장 적은 국민의 자제들이 이용하는 대학교 시설은 상대적으로 호화롭기 그지없게 만들어놓았습니다.

그러면 교육 내용은 어떤가요? 우리나라 교과서처럼 개인차나 지역적 특성이나 인지 발달의 단계를 무시하고 획일적으로 만들어진 교과서는 없습니다. 그래서 농촌에 사는 학생들도 들놀이 가는 이야기가 담긴 교과서 내용을 배우게 됩니다. 들놀이라니요? 농촌 학생들에게 들은 놀이터가 아닙니다. 부모님이 날마다 땀 흘려 일하고, 자기도 부모님들의 일손을 거들어 일하는 일터이자 삶터입니다.

또한 우리 교과서는 세계에서 가장 권위적인 책입니다. 《성서》 같은 종교 서적도 이렇게 권위적이지는 않을 것입니다. 우리 교과서에는 다른 해석의 여지가 없습니다. 한 문제에 오직 정답이 하나밖에 없도록 엮어진 것이 우리 교과서입니다. 우리가 이 세상을 살아가면서 부딪히는 문제 가운데 해결책이 하나밖에 없는 문제가 어디 있습니까? 같은 문제라 하더라도 상황이 달라지면 해결책도 달라져야 하는 것이 우리 삶의 문제들입니다. 그런데 우리 교과서는 하나의 문제에 수많은 해답이 있을 수 있다고 가르치는 대신에 하나의 문제에 하나의 해답밖에 없으며, 이 해답을 스스로 깨우치기보다는 달달 외는 것이 상책이라고 가르칩니다.

콩나물 교실에 난쟁이 책걸상, 한겨울에도 영하 3도 이상 내려가지 않으면 불을 피울 수 없어 오들오들 떨면서 공부해야 하는 열악한 교육 시설에서 배우는 단편적인 지식. 인간성까지도 성적으로 평가되고, 성적이 나쁜 학생은 사람대접을 받지 못하기 때문에 어떻게 해서든지 동료를 거꾸러뜨려야만 내가 살 수 있다는 이기적 경쟁심을 갖지 않으려야 않을 수 없는 수업 풍토, 이 비인간적인 생존 경쟁에서 내 자식만은 도태되지 않아야 한다는 생각에서 조금이라도 칠판이 잘 보이는 자리에 내 자식을 앉히려고, 1점이라도 더 좋은 점수를 받으려고 돈 봉투를 책갈피 속에 숨겨 선생님에게 내미는 학부모.

돌이 어머니!

이런 일을 방치해서야 되겠습니까?

옛날 서당 교육은 그 혜택을 많은 사람들이 받지 못해서 문제가 있었지만, 그래도 교육 방법만은 오늘날보다 훨씬 더 나았습니다. 서당에서도 시험이라는 것이 있었지만, 그것은 석차를 매기고 서열을 가려서 성적이 좋은 학생은 선발하고 성적이 나쁜 사람은 탈락시키기 위해서 있었던 것은 아닙니다. 학생 하나하나의 수업 능력을 평가하고 그 결과에 따라 가르치는 내용과 속도와 방법을 조절하기 위해서 있었습니다.

돌이 어머니.

저는 여기에서 참교육이 무엇인가를 곰곰이 생각해봅니다. 우리가 온갖 희생을 감수하면서까지 자식들을 교육시키려고 하는 것은 우리보다 우리 자식들이 더 잘 살기를 바라서가 아니겠습니까? 그러면 정말로 잘 사는 것은 어떻게 사는 것일까요? 공부를 뛰어나게 잘해서 다른 학생들을 제치고 일류 대학에 들어가 남 안 하는 공부를 하고, 졸업하자마자 일류 기업체에 들어가 돈 많이 버는 것이 잘 사는 것일까요? 그렇게 사는 것도 잘 사는 것이겠지요. 그러나 혼자서 잘 사는 것은 정말 잘 사는 것이라고 할 수 없습니다. 잘 사는 한 사람 둘레에 못 사는 열 사람이 있어서 늘 시샘을 하면 불안해서 어떻게 잘 살 수 있겠습니까? 따라서 혼자 잘 사는 것보다는 모두 잘 사는 것이 훨씬 더 잘 사는 것입니다.

참교육은 우리의 자식들인 자라나는 세대가 사람답게 잘 살 길을 찾도록 도와주는 교육이라고 할 수 있습니다. 그런데 사람답게 산다는 것은 배불리 먹고 등 따습게 자고 철 가려 옷을 잘 입는 것만 뜻하지는 않습니다. 물론 사람이 사람답게 살려면 먼저 먹고, 입고, 자는 문제는 해결되어야 합니다. 동물도 먹고, 입고, 자는 문제가 해결되지 않으면 살 수가 없으니까요. 그러나 잘 먹고, 잘 입고, 잘 자는 것만으로는 사람답게 산다고 할 수 없습니다.

그러면 사람답게 사는 것은 무엇일까요? 인류의 역사는 사람답게 살 길을 찾아 끊임없이 자연을 변모시키고 사회를 바꾸어나간 진보의 역사였습니다. 그러는 동안에 많은 희생이 뒤따랐지만, 그 덕분에 우리는 노예가 대다수인 사회나, 양반과 상놈의 구별이 분명해서 아무리 머리가 좋아도 상놈으로 태어나면 평생을 숨도 제대로 쉬지 못하고 사는 사회를 거쳐서 사회를 구성하는 한 사람 한 사람이 모두 주인이 되는 민주사회의 문턱에 이르렀습니다. 그래서 지금은 "사람이 사람답게 산다는 것은 모든 사람이 사람으로 태어났다는 한 가지 이유만으로 다 자유롭고, 평등하고, 평화롭고, 우애롭게 산다는 것을 뜻한다."고 누구나 말할 수 있게 되었습니다.

여기에서 어떤 사람은, 머리가 좋고 재주가 뛰어난 사람은 그만큼 능률적으로 일하기 때문에 그렇지 못한 사람보다 더 많은 물질적 혜택을 받아야 하는 것이 아니냐고 반문할지 모릅니다. 그리고 사실 경쟁 위주의 우리 교육제도는 이런 가치관 위에 세워진 것입니다. 그러나 부모님에게서 타고나는 것은 자기 힘으로 얻는 것이 아니라는 점에서 우연한 것입니다. 우연한 것에 바탕을 두고 가치관을 세우면 많은 문제가 생깁니다. 우연한 것을 절대화하면 자유고, 평등이고, 평화고, 우애고 다 쓸데없는 빈말에 지나지 않게 됩니다. 어떤 사람은 우연히 왕의 아들로 태어나고, 어떤 사람은 우연히 거지의 아들로 태어나 왕의 아들은 왕이 되고, 거지의 아들은 거지가 되는 세상을 우리는 아무도 민주사회라고 부르지 않지 않습니까? 또 그런 사회에서는 선천적으로나 후천적으로 정신이나 신체에 크게 손상을 입은 사람은 그저 주위의 동정에 의해서 살아갈 수밖에 없습니다. 그리고 동정을 받는 그 사람들은 어떤 인격적인 존엄성도 지니지 못하게 되고 말지요.

현재 우리나라에는 장애자의 수가 무척 많은데, 일정하게 통계가 잡히지 않는 까닭은 바로 이 사람들을 골방에 가두어두고 있기 때문입니다.

지금 우리나라의 교육제도 밑에서는 아무리 기를 쓰고 공부해도 한 반에서 세 명 가운데 두 명은 대학 시험에서 탈락하고, 대학 시험에서 탈락한 사람은 스스로 낙오자라고 느끼도록 되어 있습니다. 미래 세대의 3분의 2를 낙오자로 만드는 이런 교육제도를 고치지 않고 지속시켜서는 안 됩니다. 사람의 자식으로 태어났다는 한 가지 이유만으로 모두가 사람대접 받는 가운데 교육을 받는 그런 사회가 와야 합니다.

지금 우리는 큰 전환점에 서 있습니다. 참교육을 바라는 많은 교사, 학생, 학부모들의 소망이 지금은 꺾이고 있는 것처럼 보이지만, 머지않아 우리 아이들도 스무 명 남짓이 원탁에 둘러앉아 스스로가 중요한 것으로 선택한 주제를 놓고 공부하고, 시험은 성적 매기기가 아닌 공부의 진척 상황을 재는 잣대가 되고, 학교를 나오면 모두가 자기 재능과 적성에 맞는 곳에서 일할 수 있는 그런 사회가 올 것입니다. 아무도 다른 사람을 억누르거나 다른 사람한테 억눌리지 않고, 아무도 다른 사람 몫을 가로채거나 다른 사람한테 빼앗기지 않고, 힘닿는 대로 일하면 필요한 것을 얻을 수 있는 그런 사회 말입니다.

참교육은 이런 사회를 앞당기기 위한 징검다리가 되는 교육을 말합니다.

돌이 어머니.

지금 일어나고 있는 일들은 바로 그런 참교육을 이 땅에 뿌리내리게 하기 위한 과정에서 생기는 일시적인 진통에 지나지 않습니다. 너무 염려하지 마세요.

자본주의사회와 청소년 비행

 청소년들의 비행이 늘고 있다는 말을 들을 때마다 혹시 세상인심이 야박해져서 청소년들의 일시적인 잘못을 범죄행위로 못 박아버리는 풍조가 늘고 있는 것이나 아닐까 하는 생각이 드는 때가 많다. 이렇게 의심이 드는 것도 무리가 아니다. 얼마 전에 라디오를 들었더니 어떤 청년이 다음과 같은 내용의 상담을 하고 있었다.
 그 청년이 다른 청년들 몇과 기분 좋게 술을 마시고 집으로 돌아가던 도중에 과수원 옆을 지나게 되었는데, 마침 울타리 너머로 매달린 과일이 탐스러워 보여서 네 개를 따서 하나씩 나누어 먹고 있다가 주인에게 들키게 되었다는 것이다. 그 과수원 주인이 자기들을 도둑으로 경찰에 고발을 하겠다고 하기에, 사실은 술을 먹고 집에 돌아가다가 장난 삼아 하나씩 따먹었는데, 그렇게 말씀하시면 섭섭하다, 그러니 참으시고 과일 값을 달라는 대로 드릴 테니 없었던 일로 넘어가자고 말하니까, 주인이 100만 원을 내라고 하더라는 것이었다. 처음에는 화가 단단히 나서 농담 비슷하게 하는 이야기인 줄 알았더니, 정말 100만 원을 내지 않으면 경찰에 고발하겠다고 부득부득 우기는 바람에 나중에는 이쪽에서도 화가 나서 그렇다면 같이 경찰서에 가서 법으로 해결하자고 뻗대게 되었다는 것이다. 결국 경찰서에 가서 조서를 받고 사안이 경미하다고 해서 곧장 풀려나왔는데, 나중에 공무원 시험을 보려고 신원조회를 해보았더니 특수절도 미수로 전과 기록이 되어 있더라는 것이었다.

상담을 맡은 사람의 의견으로는, 그것은 엄격하게 따지면 절도에 해당하는 행위이고, 그것도 여럿이 저질렀으니 특수절도에 해당한다는 것이었다. 이런, 세상에!

내가 자라던 때의 어른들이 모두 이 과수원 주인 같은 사람들이었더라면, 우리 마을 청소년 치고 한 해에도 몇 번씩 교도소에 들락거리지 않을 사람이 없었을 것이다. 한 해에도 몇 차례씩 이른바 '서리'를 한 과거를 지니고 있지 않은 사람이 없기 때문이다. 보리누름에 하는 '밀 서리'와 '보리 서리'에서부터 참외와 수박 철에는 '참외 서리'와 '수박 서리',(지금 생각하면 이 참외 서리와 수박 서리는 참 못된 짓이었다. 또 그만큼 어른들의 야단을 많이 맞은 장난이었다. 왜냐하면 깜깜한 밤중에 참외와 수박 밭에 발가벗고 기어들어가 몰래 참외와 수박을 따서 자루에 담아 나와야 하는데, 나중에 막상 먹으려고 하면 익지 않은 것이 거의 모두여서 힘들여 가꾸어놓은 것을 아깝게도 죄다 버려야 하는 일이 한두 번이 아니었기 때문이다.) '감자 서리', '고구마 서리', 한 걸음 더 나아가서 한겨울에 머리 굵은 형들이 하는 '닭 서리'에 이르기까지 우리의 청소년 시대는 그야말로 법률 용어로 '특수절도 행위'의 연속이었다고 해도 지나친 말이 아니다.

그러나 우리 가운데 누구도 그런 짓을 했다고 해서 경찰서에 끌려간 적이 없다. 그리고 내가 알기로는 우리 마을에서 나와 함께 '서리'

라는 '특수절도'의 상습범이었던 형들이나 친구들이나 동생들 가운데 그 세 살 때 버릇이 여든까지 가서 신세를 망친 사람은 하나도 없다. 도리어 그런 기억이 이제 같은 짓을 저지를지도 모르는 우리 아이들을 너그럽게 관용하는 마음을 갖도록 하는 데 도움을 주었다고 믿고 있다.

사실 비행이나 범죄의 개념은 상대적인 것이다. 나라마다 비행과 범죄의 구성 요건이 다르다. 또 같은 나라라도 시대에 따라 바뀐다. 청소년 범죄나 비행의 원인을 들먹이는 사람 가운데 흔히 어려운 가정 형편이나 편모슬하 또는 부부 사이에 갈등이 있는 집안을 들추는 사람이 있다. 아마 통계적으로 따지면 가난한 집안의 자제들의 비행이 훨씬 더 두드러질 것이다. 똑같은 비행을 저지르더라도 집안이 넉넉하고 권세 있는 집안의 아이들이 법망에서 빠져나갈 가능성이 훨씬 더 크니까 말이다. 또 넉넉하고 권세 있는 집안 아이들은 당장에 먹고 입을 것이 없어서 남의 물건에 손을 대는 범죄는 저지르지 않아도 된다. 따라서 우리가 통계를 분석할 때는 여러 가지 조건을 세밀하게 따져야 한다. 그러지 않으면 우리는 가난을 범죄시하는 잘못을 저지를 염려가 많다.

따지고 보면 우리의 이웃이 겪고 있는 물질적 어려움은 사회적인 범죄의 산물이다. 착취가 없는 사회에서는 생산물이 구성원들의 노동에 따라 고루 분배되기 때문에 일할 생각과 능력이 있는 사람이 일자리가 없어서 고통을 겪고, 그 와중에서 범죄의 소굴에 빠지는 일은 있을 수 없다.

청소년 비행의 증가는 세계적 현상이라고 이야기하는 사람이 있다.

미국에서도, 일본에서도, 프랑스나 독일에서도 거의 같은 속도로 청소년 범죄가 확산되고 있다는 것이다. 우리가 자본주의 국가들만 한정해서 살핀다면 이 말은 사실에 가깝다. 그러나 모든 나라에서 다 그렇다고 주장하면 사실에 어긋난다.

자본주의사회는 교육을 통하여 자신의 가치를 학생들에게 주입시킨다. 그 가운데 하나가 이른바 사회적 다위니즘이다. 자연계에서 피나는 싸움을 통하여 가장 힘센 생물의 종이 살아남듯이 사회라는 정글 속에서 살아남기 위해서는 어떤 수단을 써서라도 경쟁자를 거꾸러뜨려야 한다는 것이다. 이렇게 해서 모든 사람은 모든 사람에 대한 늑대가 된다.

자본주의사회의 젊은이들은 어릴 때부터 경쟁의 습관이 몸에 밴다. 경쟁의 원리는 배제의 원리다. 이 경쟁의 원리가 가장 적나라하게 드러나는 곳이 바로 올림픽 경기다. 올림픽 경기에서 하나의 금메달은 100개의 은메달보다 더 가치가 크다. 마찬가지로 반에서 1등을 하는 아이는 나머지 학생 모두보다 더 우대를 받는다. 그러니까 한 사람이 선택되기 위해서 쉰 명, 백 명, 또 어떤 때는 수만, 수십만의 사람들이 들러리를 서거나 낙오자가 되어야 하는 것이다.

언젠가 들은 적이 있는 호피 인디언의 이야기가 두고두고 머리에서 사라지지 않는다. 어릴 때 서부영화를 보고 자란 내 의식 속에 오랫동안 인디언은 나쁜 놈, 백인은 좋은 사람, 인디언은 야만인, 백인은 문화인으로 남아 있었다. 그러다가 문화인류학에 관심이 생겨서 책들을 들추어보는 가운데 북아메리카 대륙에서 인디언들이 백인들의 머리가죽을 벗긴 것이 아니라 도리어 백인들이 인디언의 머리 가죽을 벗기고 귀를 자르는 등 잔혹한 짓을 먼저 시작했다는 글을 본 적이 있었다. 그 뒤로 북미 인디언들의 도덕적 품성이 얼마나 뛰어난지에 관한 기록 보고서를 드물지 않게 보게 되었다.

미국 정부가 호피 인디언들에게 근대식 학교교육을 시키려다가 실패하게 된 이야기를 들었을 때, 당연히 그럴 수 있으리라고 생각했던 것도 인디언들에 대한 서부영화식 편견에서 어느 정도 벗어난 덕이라고 믿고 싶다.

이야기 내용이야 단순하다. 미국 정부가 호피 인디언 젊은이들에게 경쟁이라는 가치관을 심어주려고 들다가 무참히 실패하게 된 이야기니까. 백인 선생이 인디언 학생들에게 시험문제에 답안을 작성할 때는 남의 답안을 훔쳐보거나 물어서도 안 되고, 또 자기의 답안을 남에게 보여주거나 가르쳐주어도 안 된다고 누누이 강조하고 나서 시험지를 돌렸는데, 인디언 학생들은 시험지를 받아들자마자 모두 우르르 모여서 서로 바른 답안에 대해서 상의하거나 그 가운데 가장 잘 아는 학생의 답안을 보거나 하여 삽시간에 교실은 집단학습의 마당으로 바뀌게 되었다는 것이다. 그래서 백인 선생이 이 행위에 대해서 비도덕적이라고 비난을 퍼붓자 도리어 백인 선생에게 대들면서 다음과 같이 이야기했다는 것이다.

"우리 어른들은 어렸을 때부터 우리에게 누군가가 어려운 처지에 빠져 있을 때는 힘닿는 대로 도와주어야 한다고 늘 말씀하시고 몸소 실천으로 보여주셨다. 따라서 어려운 문제에 부딪쳤을 때는 서로 힘을 모아서 해결해나가는 것이 우리의 전통이다. 시험이야말로 학생들이 부딪치는 가장 어려운 문제가 아니냐? 시험을 볼 때 서로 도와서 모든 사람이 다 같이 최선의 답안을 작성하는 것이 나쁜 짓이고, 동료들이 문제를 풀지 못하고 쩔쩔매고 있는데도 답을 아는 사람이 그 답을 동료에게 일러주지 않고 저 혼자 잘되겠다는 생각으로 몰래 숨기는 짓이 훌륭한 일이라는 당신의 말은 아무리 생각해보아도 이해할 수가 없다."

결국 무엇이 비행이냐 선행이냐 하는 것도 가치관의 문제로 돌아가게 된다. 자유라는 미명 아래 사람이 사람을 억누르고 착취하는 제도를 온존시키고, 교육 현장에서 그 제도를 뒷받침하는 이념들을 학생들에게 주입시키면서 젊은이들이 착하고 바르게 성장하기를 바란다는 것은 자가당착도 보통 자가당착이 아니다.

우리는 자본주의 세계를 지배하고 있는 경쟁적 가치가 판을 치는 오늘의 현실에서 그래도 청소년들의 비행이나 범죄가 그만한 수준에 머물러 있는 것을 도리어 다행스럽게 생각해야 한다. 어렸을 때부터 제 한 몸 잘되기 위해서 열 사람, 백 사람을 거꾸러뜨려도 좋다는 교육을 받는 아이들이 커서 범죄자가 되지 않는 것이 오히려 이상한 일이다. 우리 사회는 나라와 민족의 장래를 위해서, 또 어려운 생존 조건 속에서 고통을 받고 있는 이웃을 위해서 제 몸을 불사르는 젊은이들을 가지고 있는 자랑스러운 사회다. 그동안 어른들이 저지른 온갖 추악한 비행과 범죄에도, 또 젊은이들을 더러운 자기 자신을 닮게 하려는 어른들의 온갖 못된 책동에도 많은 청소년들이 바르게 살려고 눈물겨운 노력을 계속하고 있다.

저는 학교에 다니고서는 지금 중학교 1학년이 되어서 인간적 대우를 처음 받아본 것 같습니다. 그러나 1학년 8반 아이들은 선생님의 참뜻을 모르는 것 같습니다. 선생님께서 저희에게 인간으로 대우해주시지만, 저희는 인간 아닌 동물로서 자라왔기 때문에 저희의 행동이 바뀔 것 같지 않습니다. 그러니 선생님께서는 딱 한 번 저희를 동물로 대해주시면 저희는 선생님 말씀을 잘 듣게 될 것입니다. 선생님 말씀, '참다운 인간'은 될 수 없을 것 같습니다. 저희는 동물이니까요. 윗사람 또한 동물로 자란 동물이므로 선생님 뜻을 모르는 것이 당연하다고 생각합니다.

이것은 학생들을 잘못 가르치고 있다는 이유로 학교에서 쫓겨난 많은 민주교사 중의 한 사람인 어느 중등교사가 아직 교직에 머물러 있던 올봄에 새로 중학교에 입학한 학생에게서 받은 편지의 한 부분이다. 이 편지를 보면 청소년 비행의 근본 원인이 어디에 있는지가 또렷이 드러난다.

짐승으로 바뀌어버린 어른들이 사랑으로 인간성을 일깨워주는 대신에 매를 들고, 욕을 하고, 벌을 주는 등 갖은 방법으로 젊은이들을 짐승으로 자라도록 만드는 교육 현장으로서의 우리의 현실이 바로 청소년 비행의 온상인 것이다. 그러나 자기가 어느 틈에 짐승으로 바뀌어 있다는 청소년들의 자각과 사람이 짐승으로 바뀌는 현실을 용납할 수 없다는 어른들의 굳은 의지가 교육민주화운동 같은 뜻있는 사회운동으로 번지고 있는 한 우리는 그래도 아직은 우리의 미래에 대해서 절망하지 않아도 될 것 같다.

4
가장 훌륭한 교사는 자연이다

학생들 잘못 가르쳐서 미안하이

순섭이에게.

어느덧 자네도 나도 마흔 중반이 넘어섰네. 그러니까 우리가 서로 못 보게 된 지도 서른 해가 가깝군. 그동안 자네는 아버지의 뒤를 따라 시골 우체국을 책임지게 되었고, 나는 자식을 농사꾼으로 만들고 싶어 한 아버지의 의지에 거슬러서 지방 대학 선생 노릇을 하게 되었고…….

이미 자네도 또 다른 동창생들도 내가 대학선생이 된 걸 잘한 짓으로 여기고 있겠지? 그러나 사실 나는 내 직업에 대해서 회의도 많이 했고, 그에 따라 내심의 갈등도 적지 않았네. 그래서 한때는 대학선생 노릇을 집어치우려고 했고, 거의 성공할 뻔했지. 그때가 1983년이던가, 1984년이던가. 1980년 민주화운동이 군홧발에 사정없이 짓뭉개지고 난 뒤에 마치 그동안 아무 일도 없었던 듯이 학생들 얼굴을 마주 대하는 게 하루 이틀이지, 정말 내가 무슨 짓을 하고 있는가 하는 생각이 절로 나더군. 그래서 학교에 사표를 내려고 하는 참에 내 지도교수를 만나서 이러저러해서 학교를 그만둘랍니다 하고 말씀드렸더니 그분께서 화를 벌컥 내시지 뭔가. 혼자 깨끗한 척, 잘난 척하지 말고 차라리 열심히 싸우다가 쫓겨나는 게 더 모양이 좋을 거라는 말씀이셨지.

그 뒤로 험한 일도 몇 가지 있었네. 학교에서 제적시키려고 마음먹고 있었던 운동권 학생에게 좋은 점수를 주었다고 해서 총장한테 그 학생 시험지를 제출하라는 굴욕적인 명령도 받았고, 내가 사는 산모퉁이 시골집에 형사들이 나 없는 사이에 두어 차례 방문하기도 하고, 또 한 달 동안 구류를 살아서 당연히 F 학점을 내야 할 총학생회장의 성적을 규정대로 F로 처리하지 않았다고 해서 징계위원회에 회부되어 징계를 받고 학과장직을 박탈당하기도 했고…….

이렇게 말하니까 또 자네는 대뜸 나를 '양심적인 대학교수'라고 생각할지 모르겠네만, 부끄럽게도 그렇지 못하네. 양심적인 대학교수가 그래 그 험난한 세월을 제자들 죽이고, 쫓아내고, 나 몰라라 하고, 내팽개치고 혼자만 무사히 잘 지내왔겠나?

자네도 알다시피 대학이라는 곳이 잘못하면 사회에 암적인 존재가 되는 곳이네. 먼저 대학 등록금이 얼만가? 시골에서 자식들 대학에 보낸 집은 논 팔고 밭 팔아 형편없이 몰락하고, 대학에 보내지 않은 집은 넉넉하게 사는 걸 자네 눈으로도 확인할 수 있을 걸세. 그러니까 말하자면 많은 사람들이 잠도 제대로 못 자고 열심히 일해서 번 돈으로 대학생들이 공부를 하고 있는 셈이지. 열다섯 살 난 순이가 각성제 먹으면서 밤을 새워 일해서 번 돈도 그 안에 들어 있을 걸세.

그런데 등록금도 등록금이지만 그보다 더한 것은 사지가 멀쩡하고 한창 힘깨나 쓸 나이에 있는 장대 같은 장정들을 사회적 노동으로부터 면제시켜주고 있다는 점일세. 이 사람들이 최저 임금만 받고 노동력을 판다고 가정하더라도 개개인이 받는 돈이 얼만가? 따지고 보면 그 많은 대학생들이 일을 하지 않음으로써 우리 사회가 입는 손해는 어마어마한 것이라고 할 수 있지.

우리가 가르치는 대학생들이 바로 이런 사람들일세. 그러니 이 사람들을 4년 동안 잘못 가르치면 어찌 되겠나? 간담이 서늘해질 때가 한두 번이 아니네. 자네 웃을지 모르지만, 나는 학생들을 가르치러 교실에 들어갈 때마다 누구에게인지도 모르지만 '제발 이번 시간에만은 학생들에게 거짓말하지 않게 지켜주소서.' 하고 빌고 들어간다네. 그렇지만 소용이 없어. 때로는 침묵조차, 또 비판조차 거짓이라는 걸 깨닫고 등골이 오싹해지는 때가 더 많으니까.

이 땅에 살고 있는 사람들이 이 세상에서 가장 오랫동안, 가장 부지런히 일하고 있다는 것은 온 세계가 다 아는 사실 아닌가? 정부가 공식적으로 발표한 것을 기준 삼아도 마찬가지지. 이 세계에서 산업재해율이 가장 높다는 것은 그만큼 노동 강도가 심하다는 이야기 아니겠나? 이렇게 열심히 일하다 다치고 병들어 죽어가면서도 대학생들을 노동에서 면제시켜주고 있는 까닭이 어디 있을까?

내 생각으로는 '우리가 이렇게 너희 몫까지 열심히 일해서 뒷바라지할 테니, 열심히 배워서 우리 사회가 안고 있는 이러저러한 문제들을 해결할 방법을 얼른 찾아내게. 찾아내서 다 같이 자유롭고 평등하고 평화롭게 사는 세상 만들세. 어서 통일도 되어야겠고, 민주화도 되어 일하는 우리가 이 땅의 주인 노릇 잘해야 하지 않겠나.' 이런 생각을 가지고 면제시켜주고 있는 것이나 아닐까 하는데, 또 모르지, 다른 이유가 있는지.

대학에서 학생들이 전공 공부를 잘하는 것도 중요하지. 그 공부가 제대로 된 것이라면 말일세. 제대로 되지 않은 것도 있느냐고? 부끄러운 말이지만 그렇다네. 내가 가르치는 철학만 하더라도 학생들이 사회생활을 하는 데 전공으로서 얼마나 쓸모가 있는지 가늠할 수 없네. 어느 때보다 철학이 절실히 요구되는 때라는 이야기를 주변에서 자주 듣는데도, 그 필요한 철학을 가르치는 나는 학생들에게 가르쳐주지 못하고 있는 셈이네. 내가 가르치는 것은 이 땅에서 수십 년 전부터 짜인 교과과정에 따라 학생들에게 주입시키는 서양 고·중세 철학이지. 이것이 우리 민족의 통일이나 민주화나 자주화나 민중의 주체 형성에 어떤 연관이 있는지 한 번도 생각해보지 않았네. 그쪽으로 연관시켜서 내용을 구성해본 적도 없네. 자네가 죽일 놈이라고 욕해도 어쩔 수 없네. 미안하이.

　대학이 전공 공부만 시키는 곳은 아니니까 학생들은 자기 전공 밖의 다른 공부도 해야 하네. 종합대학의 필요성은 그렇게 해서 생긴 것 아니겠나? 그러니까 대학선생은 학생에게 총체적인 사회 인식을 위한 교육도, 바른 세계관 형성에 필요한 교육도, 또 올곧은 가치관에 따르는 올바른 실천을 담보하는 교육도 시킬 의무와 책임이 있다는 것일세.

　간단히 되풀이하네만, 많은 사람들이 죽고 다치고 병들어가면서 마련한 사회적 자원이 대학생 개개인의 이기적이고 개인주의적인 삶의 유지를 위해서, 그러니까 대학 졸업한 놈 잘 먹고 잘 살아가는 데 낭비되고 탕진될 것을 바라는 사람이 어디 있겠는가? 또 그런 놈을 길러내라고 대학선생 호의호식시킬 사람이 어디 있겠는가? 생각하면 생각할수록 식은땀이 흐르네. 자네도 곧 아이들을 대학에 보내겠군. 더욱 면목이 없네. 다음에 또 소식 전함세.

1989년 2월 20일
구병이가

내가 기억하고 있는 박 선생님

박홍규 선생님을 처음 본 것은 대학교 1학년 때였다. 서양고대철학사 수업 시간에 바짝 말라서 콧날이 더 날카롭게 도드라져 보이는 선생님 한 분이 들어왔는데, 들어오자마자 콧소리가 유난한 남도 사투리로 자기소개를 하더니, 고대철학사 교재를 펼쳐들고 읽기 시작했다. 싱겁기 짝이 없었다. 게다가 가관인 것은 가끔 책을 읽다 말고 같은 줄을 두 번 세 번 되풀이해서 읽다가는 어떤 때는 "맞어, 맞어. 그래, 잉. 이 말 맞어, 잉." 하고 혼자 실쭉 웃기도 하고, 또 어떤 때는 "이 말 틀려, 잉. 이 줄은 지우게, 지워버려, 잉." 하고 말하는 것이었다.

우리가 대학에 들어오기 전까지 교육 받은 바로는, 교과서란 신성불가침한 것이어서 한 자 한 획도 틀릴 수 없는, 그야말로 진리의 구현체였다. 그럴 수밖에 없었던 것이, 그때까지 교과서를 비판적으로 읽는 방법을 우리에게 알려준 선생님도 없었거니와, 어쩌다 교과서의 내용이나 문장에 의심을 품게 되더라도 그 의심이 시험 문제의 답안지를 쓸 때까지 연장되기라도 할라치면 그 시험은 망치는 것이고, 이런 일이 되풀이된다면 틀림없이 대학 입시에서 낙방하여 인생의 낙오자가 되기 첩경이라는 언감생심이었던 것이다.

그런데 내용이 틀린 책을 교과서로 선택한 것은 뭐며, 활자로 또박또박 박혀 있는 이 엄숙한 글보다도 떠듬거리는 선생님의 말이 더 옳다는 보장은 또 어디에 있다는 말인가. 한술 더 떠서 이 선생님은 한 발짝 옮길 때마다 발밑에서 기분 나쁘게 신음을 내는 낡은 교단을 문 쪽에서 창문 쪽으로, 창문 쪽에서 문 쪽으로 잠시도 한 자리에 가만 있지 못하고 한 시간 내내 서성거리면서 가끔 가다가 칠판에 분필로 비 오고 난 뒤에 진흙 마당에 지렁이가 기어다닌 자국을 내놓곤 했는데, 처음에는 어안이 벙벙했다가 이런 일이 몇 번 되풀이되자 그 수업 시간에 대한 정나미가 뚝 떨어지고 말았다. 그리고 선생님이라면 품위가 있어야지, 걸핏하면 흘러내리는 바지춤을 추스르는 꼴을 어린 제자들에게 보여서야 될 법한 일인가. 그리고 처음 듣는 서양 고대 철학자들의 이름이란 게 무슨 공룡 시대의 파충류 이름처럼 왜 그렇게 길고 헷갈리고 끔찍스럽게 들리던지. 아낙시만드로스, 아낙시메네스, 엠페도클레스, 데모크리토스, 아낙사고라스, 파르메니데스……

나는 박 선생님의 강의를 몇 시간 들어보고, 이 따위 너절한(?) 강의에 더 이상 귀 기울이는 것은 순전히 시간 낭비라고 단정하고, 일찌감치 고대철학사 시간에 발을 끊었다. 강의실이 건너다보이는 낡은 벤치에 길게 누워 붕어담배를 뻐끔뻐끔 피우면서 교실 안에서 오만상을 찡그리고 따분해서 몸을 뒤틀고 있을 내 동료 학생들이 고소해서 풀풀 웃음을 날렸다. 덕분에 그 학기 내 성적표 고대철학사 칸에는 초승달(C 학점)이 곱게 떴다. 다음 학기에는 장학금을 주는 쪽에 체면도 안 서고 해서 강의 시간에 조금 더 부지런히 들어갔지만, 박 선생님에 대한 내 첫인상은 크게 바뀌었던 것 같지 않다.

엎친 데 덮친 격으로 고대철학강독 시간은 그야말로 완전히 지옥이었다. 전공 필수 과목이어서 울며 겨자 먹기로 신청은 했지만, 마른하늘에 날벼락이라고 이게 웬 변이란 말인가? 박 선생님은 강의실에 들어오자마자 교탁 앞쪽에 비어 있는 책걸상 서너 개를 요란스러운 소리를 내며 학생들 쪽으로 돌려놓더니 책보자기를 끌러 그 많은 책들을 그 위에 전부 펼쳐놓는 것이었다. 독일어로 플라톤(박 선생님은 '쁠라똥'이라고 발음했다. 별놈의 똥도 다 있지.)을 강독한단다. 그것도 프리드리히 슐라이어마허가 번역한 것을 한단다. 어차피 독일 말에는 혀끝이 짧아서 이놈이 번역하나 저놈이 번역하나 더듬거리기는 매일반이었지만, 소문을 들으니 슐라이어마허의 플라톤 번역이라는 게 독일 사람들도 머리를 설레설레 흔들 만큼 그리스어식 독일어여서 난해하기 짝이 없다는 것이었다.

그런데 점입가경이라, 그것도 처음부터 강독하는 게 아니라 중간부터 한다는데, 그 이유가 걸작이었다. 지금은 졸업해버린 지 오래된 선배들을 붙잡고 첫 강독을 시작했는데, 몇 쪽 읽다 보면 한 학기가 지나고, 또 몇 쪽 읽다 보면 일 년이 지나고, 이렇게 해서 박 선생님은 처음부터 계속해서 읽고 있는 셈인데, 학생들은 졸업한 순서대로 길게 줄 세워놓아야 처음부터 지금까지 아귀가 맞는다는 것이었다. 원세상에! 이게 자기 공부지, 어디 학생들을 가르치는 거야?

게다가 박 선생님이 자기 앞에 좍 펼쳐놓은 책들을 보니 그리스어(칠판에 그려놓은 지렁이 기어간 자국들이 그리스어라는 걸 그 즈음에 알았다.)에, 라틴어에, 영어에, 독일어에, 프랑스어에 참 볼만했다. 번역해 나가다가 막히면 이것 들여다보고 저것 들여다보고……. 어떤 때는 한 구절을 붙들고 씨름하느라고 두 시간 강독 시간이 다 지나가버리는 때도 있었다.

"저, 말이여, 희랍어라는 것이 처음부터 요새처럼 책으로 나온 것이 아니고 잉, 파피루스에 쓴 것이거든. 그래서 어떤 것은 베껴 쓸 때 잘못 쓴 것도 있고 잉, 또 어떤 것은 썩어버리거나 좀이 먹어서 글자가 빠져버린 것도 있단 말이여. 그것을 문헌학자들이 다시 복원을 했거든. 그런디 문헌학자마다 다르게 복원해놓은 것이 많단 말이여. 어떤 때는 이 사람 해놓은 것이 더 그럴듯해 보이고, 또 어떤 때는 저 사람 해놓은 것이 맞는 것 같고. 그래서 희랍어 원전을 읽는다는 것이 보통 어려운 일이 아니여. 어떤 때는 나도 잘 모르겄어. 흐흥, 자네들, 고전 헐라면 말이여, 문헌학을 먼저 해야 혀. 문헌학, 이것이 기초여. 그리고 희랍어 할라면 라틴어를 먼저 해야 혀, 그것이 순서여. 알았지, 잉."

이렇게 이야기해놓고도 가끔 자신이 학생들에게는 불친절하기 짝이 없는 선생이라는 자격지심이 없지도 않았던 모양, 그래서 불쑥 한다는 말이 걸작이었다.

"나는 말이여, 티처(teacher)가 아니여. 티처는 못 돼, 잉. 나는 말이여, 댕커(Denker)여, 댕커."

말인즉슨 좋은 선생은 아니지만 훌륭한 사상가란 이야기겠는데, 두고 볼 일이었다.

철학과 선배들과 동료들, 그리고 후배들 가운데 적지 않은 학생들이 박 선생님의 교육 방법에 대한 초기의 저항감을 극복하지 못하고 떨어져나갈 수밖에 없었던 것은 안타까운 일이다. 그러나 초기의 저항감을 극복한 학생들은 박 선생님의 교육 방법에 차츰차츰 깊은 매력을 느끼고 빨려들기 시작했다.

겉으로는 무척 냉정한 것처럼 보이는 박 선생님이 제자들을 무척 아낀다는 사실을 확인한 것은 대학교 3학년 때였던 것으로 기억한다. 박 선생님은 누구에게선가 내가 라틴어 기초를 익혔다는 소문을 들었나 보다. 어느 날 나를 부르더니 묻는 것이었다.

"자네, 라틴어 한다며? 얼마나 했어, 응?"

"기초만 조금 했습니다."

"자네,《갈리아 전기》읽었어?"

"부분 부분 읽었습니다."

"그럼 말이야, 이번 방학 때부터 우리 집에 와. 와서 라틴어 같이 읽세."

이렇게 해서 나는 성북동에 있는 박 선생님의 낡은 일본식 집에 라틴어 개인 교습을 받으러 다녔고, 지금 전북대에 있는 박전규 선생님, 서울대에 있는 이태수 선생과 함께, 그리고 나중에는 지금 고려대 영문과에 있는 김우창 선생님도 같이 라틴어를 배웠다. 키케로의 글이 중심이었다.

박 선생님 강의의 진면목이 드러나는 것은 대학원 과정부터라는 말이 있는데, 정말 그랬다. 박 선생님은 철학도 다른 학문이나 마찬가지로 구체적인 자료(data)에서 출발해야 한다고 굳게 믿고 있는 분이었다. 박 선생님은 걸핏하면 독일 철학자들을 비웃어 마지않았는데, 그 이유는 그 사람들이 구체적인 자료에서 문제를 찾지 않고 현실에는 있지도 않은 문제들을 머릿속에서 꾸며내서 만날 뜬구름 잡는 이야기만 하기 때문이라는 것이었다. 박 선생님이 그리스 철학과 프랑스 철학에 그토록 큰 애착을 보인 것은 이 두 철학의 풍토가 구체적인 자료에서 출발한다고 보았기 때문이다.

"메타피직(metaphysics)이란 말이 왜 생겼는지 알아?"

"그야 로도스의 안드로니코스가 아리스토텔레스의 저술들을 정리하다가 자연학(physica) 다음에 이름 없는 원고가 있었는데, 그것이 자연학 뒤에 있다고 해서……."

"그건 껍데기만 아는 것이여. 그런 지식은 아무짝에도 쓸모가 없어. 그 의미를 알아야 돼. 그 의미를……."

"그 의미가 도대체 뭡니까?"

"형이상학(metaphysics)을 공부하려면 반드시 먼저 자연학을 공부해야 한다는 게 요점이여. 자연학을 공부하지 않고 형이상학을 하려는 건 웃기는 짓이지. 독일 철학이 왜 둔켈(dunkel, 뭐가 뭔지 종잡을 수 없다는 뜻인 듯했다.)한지 알어? 독일 철학은 실증과학의 뒷받침이 없어. 철학 따로, 실증과학 따로여. 그래서 만날 엉뚱한 소리만 혀. 프랑스 철학은 안 그려. 실증과학이란 말 처음 만들어낸 콩트 있지? 콩트, 그 사람 프랑스 사람이여. 베르그송만 하더라도 그려. 그 사람 물리학, 수학, 생물학, 신경생리학 다 공부한 사람이여. 그래서 헛소리를 안 혀. 철학 하는 사람들끼리만 알아듣는 이론은 말짱 헛것이여. 자연과학 하는 사람 앞에서 그런 말 하면 다 웃어. 그런 철학은 아무 소용이 없어."

박 선생님이 평생을 두고 관심을 가져온 문제는 철학에서, 그리고 모든 학문에서 형이상학적 가설이 차지하는 자리를 확정시키는 것이었다. 형이상학적 가설은 아무나 제멋대로 머리를 굴려서 꾸며낼 수 있는 것이 아니라는 것이 박 선생님의 믿음이었다. 우리가 몸담고 사는 이 세상은 시공 연속체다. 공간 축과 시간 축이라는, 연속되어 있으면서도 맞서 있는 이 두 축을 전부 살필 수 있으면 세계에 대한 일반 이론은 수립될 수 있다. 이 일반 이론을 수립하면 과학에 바탕을 둔 형이상학적 가설 수립의 임무는 끝난다.

그러나 시간 축과 공간 축을 동시에 본다는 것은 지극히 어려운 일이다. 운동과 정지를 동시에 파악할 수 있는 인식 틀은 아직 확립되지 않았다. 공간 축을 중심으로 세계를 파악하려는 시도는 아리스토텔레스가 했고, 형이상학적으로 보면 아리스토텔레스의 이 가설 체계는 아직도 유효하다. 시간 축을 중심으로 세계를 파악하려는 시도는 베르그송이 했다. 문제는 이 둘을 하나의 통일된 틀 속에서 유기적으로 결합시키는 것인데, 플라톤이 그것을 시도했지만, 당시 그리스 사회의 실증과학 수준이 저급한 상태에 머물렀기 때문에 완성된 가설 체계를 수립할 수 없었다.

내가 섣부르게 판단한 박 선생님의 문제의식은 이런 것이 아니었나 싶다. 박 선생님은 이런 문제의식을 가지고 철학에 임했고, 실증과학의 새로운 성과에 대한 예민한 관심을 표명했을 뿐만 아니라 동서양의 다양한 철학적 모색을 끊임없이 점검해왔다고 본다.

우리는 알게 모르게 박 선생님의 관심 분야로 휩쓸려들면서 박 선생님과 함께 플라톤의 《우주론(Timaeus)》, 《국가론》, 《파르메니데스 편》, 《소피스트편》, 《필레보스편》, 아리스토텔레스의 《영혼론(De Anima)》, 《형이상학》, 《자연학》, 그리고 베르그송의 《물질과 기억》,

《의식에 주어진 것에 관한 두 시론》,《창조적 진화》,《종교와 도덕의 두 원천》 같은 책들을 읽었다. 또 루크레티우스의 《사물의 본성에 관하여(De Rerum Natura)》도 정독했다.

우연과 필연, 운동과 정지, 규정성과 무규정성, 같음과 다름, 시간과 공간, 있음과 없음 …… 이런 추상적인 개념들이 박 선생님의 신탁이나 선문답 같은 불친절하고 아리송한 설명과 함께 우리의 머리를 바윗덩어리, 점점 더 커지고 더 무거워지는 어마어마한 암괴와 같이 짓눌러서 언제 골통이 부셔질지 모르는 위기의식을 공유하고 있었기 때문에 우리는 성북동 시절이나 방배동 시절, 관악 시절, 그리고 과천 시절에 이르기까지 스무 해가 넘도록 박 선생님의 수업이 끝나면 어둠을 타고 '쌍과부집'이나 '한잔집' 같은 막걸리 집으로 직행했다.

초기에는 주로 이태수 선생과 내가 골을 싸맸고, 점차로 두통 환자들이 늘어나서 지금 서울대에 있는 김남두 선생, 고인이 된 성대의 김진성 선생, 동국대에 있는 양문흠 선생, 이화여대에 있는 남경희 선생, 건국대에 있는 기종석 선생, 외국어대에 있는 박희영 선생, 방송통신대에 있는 이정호 선생, 조선대에 있는 염수균 선생 등이 모두 '한잔학파'에 가입해서 막걸리 요법으로 장기 치료를 받았고, 지금도 이 전통은 후배들을 통해서 면면히 이어지고 있다.

한 선생님 밑에서 공부한 동학들이 떼거리를 지어 막걸리 집에 죽치고 앉아 밤늦도록 말도 안 되는 소리를 주절거리며 서로 눈알을 부라리면서 삿대질하는 모습을 자주 본 실없는 사람들이 이 두통 환자들을 일러 '박홍규 사단'이라는 이름을 붙여준 모양인데, 박 선생님 자신은 내가 알기로는 당신의 후임으로 믿음직한 제자를 앉혀야겠다는 소박한 욕심이 있었을까, 제자들이 일자리를 찾는 데 한 번도 발 벗고 나서본 적이 없는 분이었다. 그 방면에서는 그야말로 무능이 지나쳐서 무심하기 짝이 없는 분이었다. 그러나 박 선생님의 제자들이 저 나름으로 이 대학 저 대학에서 박 선생님을 흉내 내며 밥을 빌어먹고 있는 것을 보면 '박홍규 선생'이라는 간판이 무섭기는 무서운 모양이다.

잘 알다시피 박 선생님은 아직도 저서가 없다. 한 번도 대학 밖에서 외도를 한 일도 없고, 드러내놓고 현실 문제에 참견을 한 일도 없는, 그야말로 '학문에 살고 학문에 묻힌' 분이다. 일흔을 넘긴 오늘도 마냥 한결같은 모습이다. 그러나 이런 박 선생님 밑에서 수학을 한 제자들은 정도의 차이는 있을지언정 모두 현실 문제에 대한 첨예한 관심을 가지고 있다. 어떤 분들은 이런 현상을 보고 고개를 갸웃거릴지도 모른다. 그러나 제자들만은 박 선생님이 현실 문제에 대해서 얼마나 큰 관심을 보이는지 모두 잘 알고 있다. 대북방송과 대남방송의 열렬한 청취자이고, 신문을 보는 데도 많은 시간을 보내고 있으며, 스탈린주의의 본질에 대해서 누구보다 예민하게 꿰뚫어보고 있다는 사실도 제자들은 안다.

박 선생님은 한 번도 제자들에게 선후배나 동창생끼리 사이좋게 지내라는 이야기를 해본 적이 없다. 그러나 박 선생님 밑에서 배운 이른바 '박홍규 사단'의 휘하 장병들은 오늘까지도 친형제나 다름없이 허물없게 지내고 있다. 이렇게 된 데는 막걸리를 쏟아부어 머리를 식힐 수밖에 없도록 만든 박 선생님의 가혹한 사고 훈련 탓도 있지만, 곰곰이 생각하면 제자들을 모두 집으로 불러 한자리에 둥글게 앉혀놓고 가르친 선생님의 교육 방식과 그때마다 과일과 차를 때맞추어 들여놓던 사모님의 정겨운 손길이 알게 모르게 우리를 따뜻하게 감쌌기 때문이 아닌가 한다.

"자네 지금 무슨 말을 하고 있나? 나, 자네가 무슨 이야기를 하는지 하나도 모르겠어. 뭐라고? 구체적인 데이터를 놓고 말해. 철학은 말로 하는 게 아니여. 현실에서 설명해, 현실에서. 뭐라고? 자네 이론이 맞다고? 그러면 어디 이 안경을 그 이론으로 설명해봐. 이 안경은 구체적인 자료여. 그 이론으로 이 안경도 설명 못하는디, 그런 놈의 이론이 뭐가 맞는 이론이여. 다 말장난이지. 안 그래? 그렇지, 잉. 윤구병이 한번 대답해봐."

참, 아직도 등골에서 식은땀이 흐르네! 아무래도 '한잔학파'를 끌어 모아야 할 모양이여.

더 좋은 배움터란?

내가 학교에 있었을 적 일이다. 해마다 입학시험 철이 되면 학생들 면접시험을 보는데, 그때마다 거의 빼놓지 않고 되풀이해서 물었던 질문이 있다. 이를테면 "무엇 하러 철학과에 들어오려고 하지요?" 같은 질문이다.

이런 질문에 대다수 학생들은 미리 준비한, 그럴듯한 대답을 한다.

"삶의 의미를 찾으려고요."

"나중에 철학 교수가 되려고요."

개중에는 다른 과를 선택하고 싶었는데 성적이 모자라서 어쩔 수 없었노라고 솔직하게 털어놓는 학생들도 있다. 그런데 가끔 뜻밖의 대답을 듣는 경우도 있다. 언젠가 아주 순박해 보이는 시골 출신 학생에게 "철학은 왜 공부하려고 하지요?" 하고 물었더니 그 학생 대답이 걸작이다.

"포항제철에 들어가려고요."

"예? 철학 공부와 제철회사에 들어가는 것이 무슨 관련이 있지요?"

"철학을 공부하면 철에 대해서 많이 알게 되잖아요."

웃자고 꾸며서 하는 얘기가 아니라 실제로 있었던 일이다.

이것은 극단의 예이지만, 고등학교를 졸업하면서 대학에 들어가는 학생들 가운데 많은 학생들이 자기가 선택하는 학과나 학문에 대해서 잘 모르는 채로, 어떤 때는 부모나 선생이 권하는 대로, 또 어떤 때는 성적이나 그 밖의 사정으로 고르는 경우가 많은 것으로 알고 있다.

우리 사회에서 젊은이들을 기다리고 있는 직종이 얼마나 되는지 나는 잘 모른다. 어림짐작을 하면 수만 가지로 나누어지겠지. 이 가운데 꼭 대학에 들어가야만 선택하는 데 유리한 직종은 손으로 꼽을 정도다.

에디슨이 초등학교 문턱을 넘어서자마자 쫓겨났다는 것은 누구나 다 아는 이야기고, 요즈음 우리가 손을 꼽는 유명한 화가나 음악가나 위대한 발명가나 사상가 가운데 대학이 어떻게 생겼는지도 모르던 분들이 수두룩하다. 그때는 대학이 없었거나 드물었기 때문에 그랬을 거라고 생각하는 사람도 있을 것이다. 그러나 15년 동안 대학교수 노릇을 하면서 느낀 바를 한마디로 추스르면 거의 대다수 학생들에게 대학은 하고 싶은 공부를 하는 데 큰 도움을 주는 교육기관이 아니라는 것이다. 정말 삶의 지침이나 삶에 필요한 정보를 얻으려고 대학에 들어가려는 학생이 지금 몇이나 될까? 그리고 대학에 들어가면 그런 지침이나 정보를 얻을 수 있을까? 대학선생들 가운데 그런 지침이나 정보를 줄 사람이 몇이나 될까?

우리 집 큰애를 예로 들어 이야기하면, 이 아이는 분장이나 무대장치를 꾸미는 데 흥미를 느껴 어느 대학 연극영화과를 지망했다. 그런데 막상 대학에 들어가 보니 그 분야에 대한 정보를 가르쳐주는 선생이 하나도 없었다. 아예 그런 과목의 강좌도 없었다. 실망을 느낀 이 아이가 그 뒤로 학교생활에 정을 붙이지 못하고 방황하는 모습은 보기에 민망할 정도다. 학교에 들어간 지 5년이 되는데 앞으로 얼마나 더 다녀야 졸업을 할지 아버지인 나도 가늠을 할 수 없다.

그렇다고 훌훌 떨치고 나와서 자기가 하고 싶은 공부를 할 용기도 못 낸다. 대학 간판이 없이도 삶의 길을 개척할 수 있다는 자신감이 그사이에 많이 꺾인 탓도 있고, 대학 간판이 없으면 제대로 대접 받는 직종을 선택하기 어렵다는 두려움 탓도 있을 것이다. 이 아이가 '서태지와 아이들'을 좋아한다. 어떻게 생각하면 그만한 또래 아이들이 좋아하니까 덩달아서 좋아하겠지 하고 단순한 유행으로 돌려버릴 수도 있지만, 달리 생각하면 왜 하필이면 '서태지와 아이들'에게 그렇게 남다른 호감을 지니게 되었는지, 까닭이 그것만은 아닌 성싶다.

나는 어떤 계기로 '서태지와 아이들'을 두 차례나 만나본 적이 있다. 그래서 이 세 젊은이 가운데 한 사람은 고등학교를 다니다가 학교에서 가르치는 것이 자기가 배우기를 바라는 것과는 거리가 멀다고 여겨 스스로 그만두었고, 한 사람은 아예 대학에 갈 실력이 안 되어 시험공부를 하지 않았고, 또 한 사람은 더 공부하고 싶은 생각도 없지 않았으나 집안 형편이 어려워 진학을 포기했다는 사실을 알게 되었다. '서태지와 아이들'이 이런 이야기를 나에게 거리낌 없이 했던 것으로 보아 다른 기회에 다른 사람에게도 털어놓았고, 따라서 우리 아이 또래의 청소년들도 이 사실을 알고 있었으리라고 본다. 그리고 그네들이 보여주는 노래와 춤 솜씨에도 빠져들었지만, 학벌을 대단치 않게 여기는 그네들의 '나의 길을 가련다.'는 꿋꿋한 의지에도 마음이 기울었던 것으로 보인다.

그 뒤로 이 젊은이들은 실제로 노래와 춤사위를 통해서 입시지옥으로 바뀐 학교제도를 비판하고, 청소년다운 순수성과 열정으로 민족 분단의 비극을 슬퍼하며 통일을 염원하는 간절한 소망을 피력함으로써 '신세대'나 이른바 '엑스세대'가 어른들이 염려하듯이 그렇게 비뚤어지지도, 불건전한 가치관을 가지고 있지도 않다는 것을 몸으로 보여주었다.

얼마 전에 나는 우리나라에서 가장 좋다는 어느 대학원의 박사 과정 학생들과 이야기를 나눈 적이 있었다. 농사를 짓다보니 씨 뿌리는 단순한 연장에서부터 원자력이나 화석 연료를 대체할 수 있는 공해 없는 동력에 이르기까지 농촌 사정에 맞는 '작은 기술', '환경을 살리는 과학'에 관심이 많아져 그 젊은이들을 붙들고 혹시 그런 방면으로 연구를 하는 교수나 학생이 있느냐고 물었다. 그랬더니 모두 고개를 저었다. 배우고 싶어 하는 학생들이 있을지도 모르지만, 그런 쪽에 관심을 가지고 가르쳐주는 교수가 없다는 것이었다. 고개가 끄덕여졌다.

실제로 나날의 삶에 필요한 지혜와 현실 생활에 유용한 정보와 기술과 과학은 대학에서 배울 수 없다. 도리어 이런 진짜 공부는 당면한 문제를 해결해야 하는 현실 생활 속에서 이루어진다.

작업장이나 일터에서 땀 흘려 일하면서 삶의 보람을 찾으려는 마음가짐이 되어 있을 때 비로소 참 공부는 시작된다고 본다. 이 말은 농사꾼으로 살아온 지난 한 해 동안 내가 배운 것이, 교수로서 15년 동안 책상 앞에 앉아 책에서 얻은 것보다 훨씬 더 많음을 느끼기에 스스럼없이 하는 말이다.

가장 훌륭한 교사는 자연이다

우리가 어렸을 때만 해도 각 지역마다 색다른 문화가 제각기 자라나 온 나라가 서로 다른 예쁜 꽃들이 다투어 피는 아름다운 꽃밭 같았다. 옹기나 항아리나 사발 같은 것도 제주도 것 모양 다르고 경기도 것 모양 달랐다. 노래만 하더라도 '진도아리랑' 다르고 '정선아리랑' 다르고 '밀양아리랑' 달라서 이 노래 듣다가 저 노래 들으면 맛도 새 맛이요 흥겨움도 그때마다 새롭게 느껴졌다. 어찌 그릇이나 소반이나 장롱이나 노래나 어깻짓만 달랐을까. 말도 다르고 행동거지도 다르고 잔치나 제사 방식도 다르고 해서 여기 가도 구경거리, 저리 가도 구경거리였다.

그러나 서구 자본주의 상품경제가 국경을 무너뜨리고 지역 간의 경계를 없애면서 이제 온 나라의 어린이들이 똑같은 과자를 먹고 똑같은 옷을 입고 똑같은 놀이터에서 놀고 똑같은 가방을 들고 똑같은 책걸상에 앉아 똑같은 교과서를 펼쳐놓는 문화의 획일화가 급속도로 진행되었다.

자율적인 생산 공동체인 마을 공동체와는 달리 앞서고 뒤졌다는 차이, 크고 작은 차이는 있어도 모든 자본주의 도시는 닮은꼴이다. 공동체 문화는 다양성을 바탕으로 싹트지만 자본주의 도시 문화는 획일적이다. 자본주의 도시 문화가 획일성을 지향하는 것은 문화의 주체가 도시에 사는 주민들이 아니라 도시에 자리 잡은 자본가들이기 때문이다. 모든 술꾼이 진로 소주를 가장 좋아하기 때문에 진로를 마시고, 오비 맥주를 맛있다고 여기기 때문에 오비를 마시는 것이 아니다. 맛좋기로 치면 한산 소곡주, 안동 소주, 개성 인삼주가 훨씬 더 좋다. 그런데도 사람들이 이제까지 줄곧 마셔대던 것이 진로 소주요 오비 맥주였다면 이 술들을 만드는 회사들이 술의 생산과 판매에 독점권을 지니고 있었기 때문이다. 그리고 독과점 기업은 다양한 술들을 조금씩 만들어 파는 것보다 한 가지 술을 한꺼번에 많이 만들어 이 사람에게도 먹이고 저 사람에게도 먹이는 것이 훨씬 더 이문이 많이 남는다는 사실을 알기 때문에 늘 획일화된 술맛에 사람들의 혀가 길들기를 바라고, 그렇게 할 수만 있다면 온 나라 술꾼들이 자기네가 만들어 파는 술이 아닌 다른 술을 마시면 온몸에 두드러기가 나게라도 하고 싶어 하는 것이다.

　음식 문화 가운데 음주 문화를 예로 들어 설명했지만 어찌 이것이 대표적인 예라고 할 수 있으랴. 술만 해도 나은 셈이다. 그래도 술맛에는 민족의 특성이 조금쯤은 섞여 있으니 말이다. 그러나 이른바 고급문화라고 알려진 쪽으로 눈길을 돌리면 이 획일화 현상은 훨씬 더 두드러진다. 아니, 구태여 고급문화 쪽으로 눈길을 돌릴 필요도 없다. 우리가 걸치고 있는 옷차림과 미국 사람, 일본 사람, 어디어디 사람이 걸치고 있는 옷차림은 도시에 살고 있는 사람들을 기준 삼아 볼 때 어슷비슷해서 옷차림만 보아서는 어디 사는 사람인지 알 길이 없는 형편이 되었다.

 모든 자본주의 후진국은 자본주의 선진국을 뒤따라가기에 혈안이 되어 있어서 이른바 지식인·문화인·경제인·예술인으로 불리는 상류계급에 속하는 사람들은 어떻게 하면 옷차림에서 집 안에 있는 가구, 말투에 이르기까지 선진국의 상류계급을 빼박을 수 있을까에 골몰하고 있다. 그러니 이 사람들이 좌지우지하는 교육정책이라고 해서 이른바 '선진국의 교육정책' 틀에서 어찌 벗어나기를 기대할 수 있겠는가. 제 딴에는 진보적이라고 으스대는 사람들조차도 영국에서는 어쩌고 미국에서는 어쩌고 독일에서는 어쩌고 한데, 우리는 지금 그에 미치지 못하고 있으니 말이나 되냐는 투로 한탄하는 경우가 적지 않다.

 모든 생명체는 저마다 살기에 알맞은 자리가 따로 있어서 제주도에서 자라는 감귤나무가 강원도에서 제대로 자랄 수 없고, 산에 사는 진달래를 캐어 논둑에 심어놓고 제대로 살기를 기대하기 힘들다. 사람이라고 해서 어찌 다르랴. 획일화한 도시 환경에서 자라는 아이들의 겉모습만 보고 그런대로 잘 자라고 있지 않느냐고 말할 사람도 있겠지만 내 생각은 다르다. 모든 산 것 가운데 목숨이 질기기로 이름난 것이 사람이어서 그런대로 목숨을 부지하고 있지만, 도시에서 자라는 아이들은 생물학적으로 보면 사형 선고를 받은 것이나 다를 바 없다. 도시 아이들은 감각이 아주 빠르게 퇴화해서 혀로는 음식 맛도 제대로 못 가리고 코로는 냄새도 구별 못하고 귀로 가려들을 수 있는 자연의 소리도, 눈으로 보고 알 수 있는 동식물도 몇 안 된다. 그러니 이 아이들이 제 손으로 자기 먹을 것을 길러내거나 찾아내기를 기대할 수 없다.

　제 손으로 자기 삶의 문제를 해결할 감각 능력도 없고 신체 기능도 없는 아이들이 어떻게 자율과 창조의 문화를 이루고 살기를 기대할 수 있겠는가? 그저 먹여주는 대로 먹고, 입혀주는 대로 입고, 시키는 대로 일할 수밖에 없는 살아 있는 로봇이 되는 길뿐이다. 그런데 자본주의사회에서 먹여주고 입혀주고 일시키는 사람은 제 잇속을 먼저 생각하지, 자기가 부리는 사람들의 사람다운 삶을 먼저 생각하지 않는다.

　그런데도 사람들은 그동안 자본주의사회의 상품경제에 너무나 깊이 세뇌된 나머지 도시라는 죽음의 공간을 가장 이상적인 삶터로 여기고 너도나도 도시로 도시로 몰려든다. 아니지, 모여든다는 것은 겉으로 보니 그렇고, 사실은 보이지 않는 채찍에 의해서 도시로 쫓겨오는 것이다.

　다양한 생명체들이 저마다 자기에게 알맞은 삶터를 찾아서 둥지를 틀고 있는 자연으로 아이들을 돌려보내 아이들이 스스로 자기에게 알맞은 삶의 형태를 찾아내도록 하는 것이 세계를 살리고 인류의 미래를 보장하는 유일한 길이라고 한다면 과장일까? 그러나 나는 이 길만이 우리 아이들을 살리고 미래를 살리는 길이라고 본다. 아이들이 감각으로 배우고 일 속에서 땀으로 배우는 살아 있는 교실을 만드는 일이 시급하다. 이 세상에서 획일적이지 않은 가장 훌륭한 교과서도 자연뿐이고, 아이들에게 삶에 필요한 구체적인 교육을 할 수 있는 유일한 교사도 자연밖에 없다.

어디 저게 학교야?

텔레비전 화면을 통해서 발도르프 학교(슈타이너 학교라고도 부른다.)의 교육 방식과 내용을 지켜본 분들은 그동안 우리가 받아왔고 또 지금 이 순간에도 우리 아이들이 받고 있는 교육과 이 학교의 교육이 너무 다른 것을 확인하고 적지 않게 놀랐을 것이다. 이 학교 아이들은 초등교육 과정에서부터 고등학교 과정에 이르기까지 노래, 춤, 춤과 비슷한 체조, 그림, 뜨개질, 재단과 재봉, 목공일, 도자기 빚기, 대장간 일 같은 것을 중심으로 교육 받는다. 교과서도 없고 국어, 수학, 과학, 사회 따위로 나누어진 교과과정도 없다.

그런데도 이 학교를 다니는 학생들은 대학에 가려는 마음만 먹으면 한 해 동안 바짝 입시공부를 하면 거뜬히 그 어려운 대학 입학 자격시험에 합격한다. 독일 대학 교육제도는 대학 입학 자격시험에만 붙으면 어느 대학이나 바라는 대로 갈 수 있고, 또 등록금이나 수업료가 없기 때문에 입학 자격시험에 합격하기가 우리나라 명문대학 들어가는 것 못지않게 어려운데도 그렇다.

우리 학부모들이 보기에는 "어디 저게 학교야? 놀이터 아니면 작업장이지."라고 여겨질 만큼 이른바 학과 공부가 소홀히 이루어지고 있는 것처럼 보이는 이 학교에서 어떻게 그 많은 학생들을 대학에 보낼 수 있을까? 그리고 그 학교에 다닌 학생들은 어떻게 그렇게 일상적인 노동에서부터 악기 다루는 일, 말과 몸짓을 통해서 자기를 자유롭게 표현하는 일에 이르기까지 다양한 교육을 무리 없이 받아들일 수 있을까?

흔히 슈타이너 학교교육을 감성교육 중심의 교육이라고 말하지만 그 말만으로 이 학교의 교육 이념을 뭉뚱그리기는 쉽지 않다. 설핏 보고 지나치기 쉽지만 슈타이너 학교에 교실이나 강의실보다 훨씬 더 많은 작업장이 있다는 사실을 잊어서는 안 된다. 그리고 그 작업장에서 이루어지는 작업이 모두 우리의 의식주와 긴밀하게 연관이 있는 자연친화적인 일이라는 것도 놓쳐서는 안 된다. 채소를 가꾸는 텃밭, 옹기 가마, 대장간, 목공실 같은 곳은 아이들이 부지런히 손발을 놀리고 구슬땀을 흘리면서 노동을 해야 하는 일터이다. 말하자면 한편으로 슈타이너 학교 학생들은 끊임없이 손발을 놀려야 하는 노동교육을 초등학교에서 고등학교에 이르기까지 집중적으로 받는 것이다.

그러면 이 노동교육이 인지 발달과 감성 발달에 무슨 연관이 있을까? 이 질문에 대해서 나는 '노동교육이 없으면 참된 의미에서 인지 발달도 감성 발달도 기대하기 힘들다.' 고 확신을 가지고 대답하고 싶다. 노동은 아이들의 신체 능력을 전체로서 요구한다. 일을 하는 동안에 아이들의 손과 발을 비롯한 온몸의 운동기관과 감각기관은 부지런히 활동을 한다. 그리고 이 과정에서 활성화한 운동과 감각 기관은 우리의 대뇌와 활발한 대사 작용을 하고, 그러는 동안 모르는 사이에 왼쪽 뇌와 오른쪽 뇌는 기분 좋은 자극을 받고 활동이 왕성해진다. 아이들의 감수성과 인지능력을 풍부하게 발달시키려면 아이들에게 힘에 맞는 일을 꾸준히 시켜야 한다는 것이 발도로프 학교교육의 숨은 이념 가운데 하나다.

뭘 하고 싶으냐?

교수보다는 눌리고 앉기면서도 말없이 우리가 먹고 입고 살 곡식과 옷과 땔감과 집을 마련해주는 농사꾼과 날품팔이와 광부 같은 사람이 더 우대를 받아야 한다고 믿고 있다. 그러나 나 스스로도 내 자식이 그런 직업에 종사하겠다고 대답할 때 얼굴 표정이 어떻게 변할지는 알 수 없는 일이다.

우리가 정말로 자식들의 장래 소망을 알고자 한다면 우리는 먼저 질문의 방식을 바꾸어야 한다. 그 질문은 "무엇이 될래?"가 아니라 "뭘 하고 싶으냐?"로부터 출발해야 한다. 같은 뜻을 지닌 질문인 것 같지만 그렇지 않다. '무엇이 될래?'라는 질문은 이미 이루어진 세계를 어린아이가 있는 그대로 받아들여야 한다는 생각을 밑에 깔고 있다. 그러나 뭘 하고 싶으냐는 질문은 열려 있는 물음이다. 우리가 이렇게 묻는 것은 다만 호기심 때문만은 아니다. 그것은 어린아이들의 소망을 듣고, 그들이 커서 하고 싶은 일을 할 수 있도록 힘닿는 대로 미리 터를 닦아주겠다는 마음가짐이 드러나는 질문이다.

그러나 부모가 자식에게 무슨 질문을 어떤 방식으로 하느냐는 부모 개개인의 생각이나 태도가 어떠냐는 문제만은 아니다. 그 질문 뒤에는 그 부모가 몸담고 사는 사회가 버티고 있다. 거칠게 말하면 개인의 의식은 사회 현실을 비추는 거울이라는 말이다.

개인이라는 말은 본디 역사의 산물이다. 이 말에는 현실의 부정적인 측면이 반영되어 있다. 어른이나 어린아이나, 여자나 남자나, 머리가 좋거나 나쁘거나를 가릴 것 없이, 모두가 힘닿는 대로 일하고 그 일로 거두어들이고 빚어낸 것들을 필요한 대로 골고루 나누어 쓰고 네 것 내 것이 없던 옛 원시공동체에서는 이 말이 없었다. 그러다가 이른바 귀족이나 봉건지주 같은 지체 높은 양반들이 나타나고, 그들이 노예나 일반 민중이 애써 만들고 가꾼 것들을 빼앗아서 제 몫으로 차지하고, 아무리 재주 있고 사람됨이 뛰어나도 제 패거리에 끼지 못하면 제구실을 할 마당을 주지 않게 되면서 보통 사람들의 자율성이 침해되고 정치적으로 경제적으로 사회적으로 핍박을 받게 되자, 차츰 이들이 스스로의 처지를 돌이켜보는 일이 생겼다. 그런 과정에서 고려시대의 노예 만적이 말한 것처럼 "임금이나 벼슬아치들이 별거냐? 나라를 차지하는 데 성공하면 왕이요, 실패하면 역적으로 몰리는 거지." 식의 생각이 움트게 되었다.

이 예는 좀 극단적인 것이지만, 아무튼 이제까지 운명이거니, 하늘의 뜻이거니, 인과응보거니 하고 체념해왔던 자기들의 신분이나 그에 따르는 사회·경제적인 처지나 그것을 뒷받침하는 종교나 법이나 관습 같은 것들이 사실은 모두 말짱 사람 손으로 이루어진 것이고, 따라서 사람 손으로 바꿀 수도 있는 것이라는 깨우침이 생기게 되었다. 이러한 자각은 서양에서 그네들의 특수한 역사적 상황 때문에 먼저 빛을 보게 되었는데, 서양의 문예부흥, 종교개혁, 계몽기 같은 여러 시대에 걸쳐 커오다가 산업혁명을 통해서 농사일 밖에도 여러 가지 일거리가 생기고, 알몸으로 이농을 해도 품을 팔아먹고 살길이 트이면서 널리 퍼지게 되었다.

도시가 커지고 도시에 여러 일자리가 생기고, 그 안에서 사람들이 서로 저마다 다른 일을 하게 되면서, 옛날과는 달리 너와 내가 다르고 더 나아가서 너는 너고 나는 나라는 생각을 갖게 되는 것은 어쩔 수 없는 일이었다. 이러한 생각을 더욱 부채질한 것은 장사를 하거나 공장을 세워서 돈벌이를 하려고 마음먹은 상인들과 산업자본가들이었다. 그들은 일반적으로 함께 일하고 기쁨도 슬픔도 함께 나누며 살면서 생긴 농촌 사람들의 공동체 의식, 곧 네가 있음으로 해서 내가 있고 내가 있기 전에 우리가 있다는 의식을 깨뜨리려고 무진 애를 썼다. 그들에게는 농민들을 봉건적인 신분 질서에서 해방시켜 그들의 일품을 싼 값으로 사들이는 것이 자본을 늘리는 지름길로 여겨졌기 때문이다. 많은 일을 시키고 품삯은 적게 주어 거기에서 남는 이문을 챙기자는 것이 그들의 생각이었다. 그래서 그들은 개인은 존엄한 것이며, 그들은 모두 자유롭고 평등하고 자율성을 지니고 있고 열린 마음을 지니고 있다고 부추기기 시작했다.

본디 서양에서도 동양에서와 마찬가지로 우주를 하나의 완전한 공동체로 보고 인간의 사회도 이 우주 공동체가 땅 위에 실현된 것으로 보는 전통이 강했다. 그리고 이 공동체의 다른 이름인 사회의 이익보다 사사로운 개인의 이끗을 더 앞세우는 사람들을 용납하지 않았다. 그러나 시간이 흐르면서 어느 틈에 말로는 사회의 중요성을 외치면서도 자유나 평등이나 존엄성이나 자율성 같은 것은 자기들 사이에나 통하는 특권으로 여기고 보통 사람들에게는 허용하지 않으려는 사람들이 나타나게 된 것이다.

그런데 장사를 하거나 공장을 세워 만들어낸 물건을 팔아넘기려는 사람들에게는 봉건적인 신분 질서와 그것을 뒷받침하는 농촌 공동체의 생산방식과 생활 태도는 어떤 방식으로든지 극복해야 할 장애물이었다. 도대체 '누가 뭐라고 하건 나는 나다.' 라는 의식을 가지고 자기의 품이나 자기가 만든 물건을 마음대로 팔 수 있는 자유가 없는 사람을 어떻게 일손으로 부리거나 거래 상대로 삼을 수 있단 말인가! 평등한 입장에서가 아니라면 어떻게 마음 놓고 품을 사고팔거나 물건들을 바꿀 수 있단 말인가! 서로의 신분이나 종교나 관습이 어떻든 이문이 남으면 거래를 틀 수 있는 열린 마음이 없다면 어디에 물건을 팔고 어디에서 일손을 얻을 수 있단 말인가! 개인에게 너는 남의 간섭을 받을 필요가 없는 사람이요, 네 몸과 마음을 네 뜻대로 움직일 수 있는 인물이요, 남과 어깨를 나란히 견주어 꿀릴 데가 없는 사람이요, 관습이나 종교나 신분적인 구속에 얽매여 행동에 제한을 받지 않는 사람이라는 의식을 자꾸자꾸 일깨워줄 필요가 있었다.

이러한 의식을 심어주는 데는 글깨나 하고 말깨나 한다는 사람들도 한몫 단단히 했다. 지구가 우주의 중심이며 우주는 하나의 봉쇄된 체계라는 세계관은 갈릴레오 갈릴레이나 조르다노 브루노 같은 과학자들의 연구 성과에 힘입어 금이 가기 시작했다. 그와 더불어 지구 중심의 중세 기독교적인 우주관도 흔들리기 시작했다. 내가 있음이 세계가 있음의 바탕이 된다는 르네 데카르트나, 이 세상에 있는 모든 것은 저마다 독립된 하나의 우주이고, 그들 사이에는 완전한 독립이 보장

되어 있어서 어떤 것도 다른 것에 간섭할 수 없다는 고트프리트 라이프니츠 같은 철학자들의 견해가 밝혀지고, 그에 앞서거니 뒤서거니 하면서 자연과학자들이나 사상가들이 사회는 개인들이 모여서 이룬 하나의 계약 체계이고 개인이 없으면 사회도 없다는 생각을 저마다 열심히 주장하게 되면서 이제 개인(라틴어로는 'individuum'이라고 쓰는데, 이 말은 더 이상 쪼갤 수 없는 기본 단위라는 뜻을 지닌 그리스어 'atom'을 그대로 옮겨놓은 것이다.)은 공동체보다 훨씬 더 기본적이고 중요하다는 생각이 널리 퍼지게 되었다. 그들이 이렇게 개인을 앞세우고 개인주의 사상을 떠받들게 된 데는 다른 이유도 있지만, 가장 중요한 이유는 이들이 거의 모두 새로 힘을 얻기 시작한 서양 중산층(부르주아지) 출신이었다는 것이다.

그러나 본디는 봉건영주들의 핍박과 착취에서 농민들을 해방시키고, 그들을 옴짝달싹 못하게 묶어놓았던 땅으로부터 벗어나게 하여 더 많은 것을 만들어 더 많이 나누어 갖자는 생각에서(물론 거기에서 생기는 이문을 되도록이면 더 많이 제 것으로 삼자는 다른 속셈이 더 앞섰지만) 서양 부르주아지들이 이끈 산업혁명은 사람들이 지니고 있는 다양한 가능성을 개발해내고, 전에는 튼튼한 몸이나 꿋꿋한 용기나 재빠른 계산 솜씨만 우대하고 나머지는 홀대함으로써 사람의 힘이 모두 생산적인 데로 이용되는 것을 막았던 사회제도를 허물어뜨려 생산에 비약적인 발전을 가져왔으나, 그 자신이 안고 있는 내부 모순 때문에 곧 심각한 어려움에 맞닥뜨리게 되었다.

자기가 가꾸거나 빚은 것은 자기가 쓰고, 어떤 것은 값어치는 그것이 지닌 쓸모에 의해서 다져지던 때가 지나고, 이제 누가 무엇을 얼마나 요구하느냐에 따라 물건 값이 오르내리고, 어떤 것의 값어치는 거래가 이루어지는 곳에서 결정되는 시절이 오면서 생산이 사회화되었는데, 이처럼 사회화된 생산에 쓰이는 도구나 설비나 땅은 개인이 차지하고 있는 데서 모순이 드러난 것이다. 그러다 보니 도구도 설비도 땅도 지니지 못하고 지닌 것이라고는 몸뚱어리 하나뿐이어서 먹고살려면 별 수 없이 몸을 팔 수밖에 없는 신세가 되어버린 사람들에게는 개인의 자유니 평등이니, 자율성이니 관용이니 하는 말들은 모두 공염불이 되어버린 것이다.

남들은 자기더러 자유롭다고 하는데 자유롭게 살 수 있는 경제적인 뒷받침도 자유롭게 고를 수 있도록 열려 있는 직장도 없으니 그 자유는 무엇에 쓰는 자유며, 너도나도 평등하다고들 해쌓는데 어떤 사람은 배불리 먹고 등 따습게 지내고 하고 싶은 일을 다 할 수 있지만 자기는 이놈 눈치 보고 저놈에게 굽실거려야만 살 수 있으니 무슨 얼어 죽을 평등이며, 무슨 일이든지 자기 책임 아래 자율적으로 하라고들 하는데 다른 직장에서는 몇 푼 더 준다고 해서 그리 옮기고 싶은 생각은 굴뚝같지만 우선 한 달 먹고 살 밑천이 없어 옴짝달싹 못하고 그저 돈 쥐고 있는 놈이 죽으라면 죽는 시늉까지 해야 할 판이니, 개인의 존엄성이나 자율성은 어느 부처의 코빼기냐는 푸념이 저절로 나올 판이 되었다.

이처럼 개인주의를 뒷받침해주어야 할 모든 기본적인 가치들이 죄다 알맹이는 빠지고 껍데기만 남게 되자, 만들 때는 네 것 내 것 안 따지는데 거기에서 생기는 소득은 네 것 내 것 가리는 제도 자체에 문제가 있다. 개인이 앞선다고 말만 그럴듯하게 해놓고 정말 자율적으로 존엄성을 지키면서 자유롭고 평등하게 살 길은 죄다 막아놓았으니 어디에 발붙이고 살란 말이냐. 사람이 정말 사람답게 살려면 네 것 내 것 가리지 않고 콩 한 쪽이라도 고루 나누어 먹는 사회를 만들어야 한다. 개인이 잘 살면 사회도 저절로 잘 살게 된다는 말은 이제까지 경험해봐서 알지만 말짱 거짓말이다. 개인이 지닌 탐욕과 이기심을 없애고 정말 모두가 잘 살 길은 이제까지 몇몇 개인이 독차지하고 있던 공장이나 논밭이나 도구들을 다 거두어들여 사회 전체가 차지해야 한다 등등의 생각이 움트기 시작했다.

이제까지 두서없이 말한 것을 추슬러 말하면, 시대에 따라 어떤 때는 공동체로서의 사회가 더 중요시되고, 어떤 때는 공동체의 구성원인 개인이 더 중요하게 여겨졌는데, 그렇다고 해서 이것이 잘 안 되면 저것을 해보고, 저것이 잘 안 되면 이것을 해보고 하는 식으로 갈팡질팡한 것이 아니고, 이런 과정을 통해서 우리의 삶이 더 넉넉해지고 우리의 생각도 더 깊어지는 역사의 발전이 이루어져온 것이다.

이렇게 중언부언한 것은 여기에서 개인과 사회에 대한 얕은 토막지식을 늘어놓자는 것이 아니고, 개인과 사회 중에 어느 것이 더 중요한가를 결정하는 데 기준이 되는 것은 사람이 현실적으로 발붙이고 사는 공동체의 역사적·시대적·지역적 특성에 대한 바른 판단이라는 것을 보이기 위해서이다.

그러면 지금은 코흘리개로서 어리광이나 부리고 있는 듯이 보이지만 얼마 지나지 않아 미래의 우리 사회를 책임질 우리 자식들에게 어떻게 제대로 개인의 존엄성을 살리면서 건전한 사회인이 될 수 있는 교육을 시킬 수 있을까?

개인이 존엄성을 지키면서 동시에 건전한 사회를 이루려면 평등한 인간관계, 협동적인 삶의 태도, 자율성과 창조성의 보장, 이웃에 대한 참된 사랑에 바탕을 둔 공동체 의식 같은 덕목들이 다만 입에 발린 말로만이 아니라 나날의 삶에 구체적으로 드러나야 한다. 자유·평등·우애·관용·협동·자율성이 없이는 사람다운 삶을 누릴 수 없다는 생각은 예나 지금이나 모두 해오면서도, 우리의 삶이 참된 의미에서 자유롭지도 않고, 평등하지도 않고, 상대방에 대한 존중도 없고, 자율성도 창조성도 찾아볼 길이 없는 각박한 것으로 바뀐 데는 여러 가지 이유가 있으나, 그 중에 가장 큰 원인은 몇 안 되는 개인이 이기적인 동기에서 남의 몫까지 가로채는 데 있다고 볼 수 있다.

개인의 자유 없이 자유로운 사회라는 것이 있을 수 없고, 불평등한 개인들이 모여서 이루는 평등한 사회가 있을 수 없듯이, 건전한 사회적인 삶을 건전한 개인적인 삶과 떼어서 생각할 수 없는 것이다. 이렇게 생각할 때 가장 감수성이 예민하고 지능의 분화도 빠른 어린 시절의 대부분을 가정에서 보내도록 되어 있는 우리 사회에서 부모들이 하기에 따라 우리 자식들은 건강한 사회의 건강한 개인이 될 수도 있고, 오늘처럼 목숨을 지키기 위해서 더 많은 사람들을 죽일 수 있는 무기를 만들어야 하고, 자식을 올바르게 교육시키기 위해서 아비가 부정과 불의를 마다하지 않아야 되고, 원조와 자선을 베풀기 위해서 먼저 남의 몫을 가로채야 하고, 더 튼튼하고 오래 살기 위해서 더 오염된 음식을 더 자주 더 많이 먹고 마셔야 하고, 불확실한 미래의 정의와 복지와 안전을 위해서 확실한 오늘의 불의와 궁핍과 고난을 견뎌야 하고, 더 사람다운 삶을 누리기 위해서 더 기계화된 세계를 만들어야 하는 이율배반적이고 살벌한 사회 현실을 유산으로 물려받을 수도 있다.

우리 자식들에게 이 부정적인 사회 현실을 대물림하지 않기 위해서 가정 단위에서 우리 부모들이 무엇보다 앞서서 해야 할 일은 가족 이기심을 없애는 일이다. 물론 가족 이기심은 다만 부모가 책임질 성질의 것만은 아니다. 사회 전체가 경쟁을 부추기고 출세주의와 황금만능주의가 판치는 세상에서 사회의 대세에 거슬리려는 가족 단위의 노력이 얼마나 효과가 있겠으며, 도대체 이기심이 없이 이 험난한 세파를 어떻게 헤쳐 나갈 수 있겠느냐는 의문이 당연히 있을 수 있다. 그러나 우리가 자식을 낳아 기른다는 것은 조상으로부터 이어받은 생명을 미래의 세대에까지 연장시킨다는 것이다. 따라서 그것은 우리의 목숨에 관계되는 일이다. 한편으로 가족 이기심은 부조리한 사회 현실이 가정에 반영되어 싹튼 것이기도 하지만 다른 한편으로 부조리한 사회는 가족 이기심으로부터 양분을 빨아들여 스스로의 목숨을 지탱해나가기도 한다.

가족 이기심은 가족의 울타리 밖에 있는 더 큰 사회 단위를 인정하지 않으려는 데서 생긴다. 병든 사회에서 사는 개인의 의식에는 가정이라는 울타리를 벗어나는 더 큰 세계는 끊임없이 가정의 안정과 평화를 해치려는 적대적인 힘이 판치는 곳이요, 억압과 착취와 투옥과 비명횡사의 가능성으로 가득 찬 곳으로 비친다. 이들에게는 참된 의미에서 공동체라는 것은 가정밖에 없다. 인간은 본디 하나의 뿌리에서 움튼 생명의 나무이기 때문에 제대로 그늘 없이 자라고 정상적으로 사회에 편입된 사람에게는 인류 공동체라는 하나의 공동체가 가장 자연스러운 것으로 여겨진다. 그러나 이 자연스러운 공동체 의식은 외부의 압력과 잘못된 가치관의 탓으로 국가 단위에서 이익집단 단위로, 이익집단 단위에서 혈연집단 단위로, 혈연집단 단위에서 결국에는 그 마지막 단위인 가족 단위로 점점 움츠러들어 나중에는 이기심만 가득한 개인에서 끝장을 보게 된다. 이렇게 해서 토머스 홉스가 이야기하는 모든 사람이 모든 사람에게 늑대로 바뀌는 피비린내 나는 세계가 나타난다.

우리는 이러한 사회를 내 귀한 목숨을 미래 속으로 연장시켜줄 자식들에게 유산으로 물려줄 수는 없다. 가정은 가족 이기심으로 자식을 망치는 지옥이 되어서는 안 된다. 가정은 새로운 생명의 가지가 싹터서 더 큰 생명의 줄기인 사회를 키워내고, 결국에는 인류 공동체, 더 나아가서는 생명의 공동체라는 커다란 생명의 나무를 기르는 그루터기가 되어야 한다. 그러기 위해서는 비록 의롭지 못한 사회에서 의로운 개인을 길러내는 일이란 어려운 일 중에서도 어려운 일이지만, 온갖 어려움을 다 견디면서라도 가정의 울타리를 넓히려고 애써야 한다.

우선 내 집에 놀러오는 이웃집 어린아이들을 귀찮다는 생각에서 밖으로 몰아내는 일부터 그만두자. 그리고 자식들이 부모의 마음에 안 드는 행동을 하거나 소망을 지니고 있더라도 그것을 꾸짖거나 금지하기에 앞서 잠깐만이라도 왜 그럴까 생각해보는 여유를 갖자. 많은 경우에 어린아이들은 다만 부모가 하는 행동과 달리 행동하고, 부모가 생각하는 것과는 다르게 생각할 뿐이다. 그리고 이처럼 달리 행동하고 다르게 생각한다는 것은 어느 면에서는 당연한 것이다. 왜냐하면 그들은 부모가 사는 세상과는 다른 세상에서 살 사람들이기 때문이다. 어린아이가 적응해가야 할 세계가 바람직한 것이 못 되고 오히려 어린아이의 소망이 더 정당하다면 먹지 못한 떡은 쳐다보지도 말라는 식으로 말할 것이 아니라 어린아이의 소망에 따라 비뚤어진 현실을 바꾸어나갈 길을 먼저 생각해야 한다.

아이들은 모두 하나의 생명에서 싹텄기 때문에 본능적으로 사회적인 동물이다. 따라서 건전한 사회 속에서 자라는 아이들은 저절로 건강한 인류 공동체의 일원으로 커가게 된다. 그 건전한 사회를 이룰 책임은 우리에게 있지, 아이들에게 있지 않다.

자식들을 문 밖으로

　우리나라는 이 세상에서 가장 아름다운 곳이다. 나는 1980년대 초반에 유럽 여러 나라를 두루 돌아다녀본 적이 있다. 지중해의 여러 나라도 가보고, 스위스와 북구도 가보았다. 여기저기에 아름다운 곳이 있었지만, 나라 전체가 우리나라처럼 아름다운 곳은 어디에도 없었다. 나는 중학교 3학년 때부터 우리나라 곳곳을 무전여행 다니면서 살펴보았다. 유럽도 배낭여행으로 석 달 동안 돌아다녔다. 그러니까 비록 겉으로일망정 내가 사는 땅은 속속들이 보았다고 할 수 있다. 우리가 복 많은 땅에 살고 있다는 느낌이 들었다. 우리나라가 세계에서 가장 인구밀도가 높은 곳에 속한다는 것도 자랑스러웠다. 살기 좋은 땅이니까 사람들이 많이 모여 사는 것이 당연한 것이 아니겠느냐는 생각이 들었기 때문이다.
　도심 한복판에 사는 사람이라도 30분만 버스를 타면 산에 오를 수 있다. 우리나라 산에는 갖가지 나무들이 자라고 있다. 나무 종류만 살펴도 유럽보다 우리나라가 훨씬 더 많다. 계곡에 흐르는 물은 더 말할 나위도 없다. 스위스의 산수가 아름답다고 하지만 스위스의 산들은 너무 크고 밋밋하다. 그리고 계곡을 흐르는 물도 대부분이 석회수여서 마음 놓고 마실 수가 없다. 서울의 대기 오염도가 1950년대 런던의 대기 오염보다 훨씬 더 심하지만, 서울 시민들이 떼죽음 당하지 않는 까닭은 산에서 부는 맑은 바람이 날마다 더럽혀진 공기를 씻어주기 때문이 아닐까 하는 생각도 들었다.

이렇게 우리는 이 세상에서 가장 복 받은 자연환경 속에서 살고 있지만, 동시에 이 세상에서 가장 추한 모습으로 살고 있기도 하다. 우리가 사는 도시 환경은 내가 유럽에서 본 어느 곳보다 더 더럽혀져 있다. 길가에 버려져 있는 쓰레기만 두고 이야기하는 것이 아니다. 건물들의 생김새, 색깔, 상점의 간판에서부터 버스 색깔에 이르기까지 우리의 눈길이 닿는 어느 한 곳에도 마음을 포근하게 감싸주는 것이 없다.

대도시만 그런 것이 아니다. 우리가 사는 남녘땅 어디도 사람 손으로 더럽혀지지 않은 곳이 없다. 휴전선을 따라 동서로 600리가 넘는 땅이 철책으로 갈라져 있다. 아름다운 산봉우리마다 우중충한 레이더 기지가 어김없이 자리 잡고 있다. 내가 고등학교에 다닐 때 꿈길처럼 밟으면서 올라갔던 동해안 백사장에는 길고 긴 철조망이 둘러쳐져 있다. 멱 감고 놀던 시냇물은 공장 폐수로 시커멓게 썩어 들어가고 있다. 수돗물도 마음 놓고 마실 수 없게 되었다.

우리 아이들은 이처럼 이 세상에서 가장 아름다운 곳인 동시에 이 세상의 모순이 집중된 가장 더러운 곳에서 자라고 있다. 우리는 자라는 아이들에게 우리가 살고 있는 이 땅의 여러 모습을 있는 그대로 두루 보여주어야 한다. 대개가 도시에서 자라고 있는 우리 아이들은 자연과 노동의 소중함을 모른다. 아침 밥상을 예로 들어보자. 쌀밥이 있고, 그것이 담긴 스테인리스 밥그릇이 있다. 미역국이 담긴 사기 사발이 있다. 푸성귀도 있고, 고등어조림도 있다. 된장찌개도 있고, 간장 종지도 있다. 모두 밥상 위에 있다. 아이들에게 쌀밥이 어떻게 밥상에 오르는지 물어보라. 스테인리스 그릇이 어떻게 만들어지는지도 물어보라. 그 밖에 우리가 먹는 음식과 그것을 담는 그릇이 어떻게 생산되는지 하나하나 물어보라. 모르는 아이들이 많을 것이다.

이렇게 우리 삶의 기본이 되는 의식주 문제조차 구체적으로 모르는 아이들이 더 깊고 넓은 삶의 여러 가지 문제들을 어떻게 알겠는가? 방학 동안에라도 시골에 보내서 농사일을 경험하게 해야 한다. 정 어려우면 도시 근교에 있는 들판 구경이라도 자주 시켜야 한다. 그래서 농사짓는 분들이 사는 모습을 보고 그분들의 이야기를 귀담아듣도록 해야 한다. 옹기나 사기 가마에도 가보고, 스테인리스 그릇 공장도 견학시켜야 한다. 텃밭이나 비닐하우스에서 푸성귀가 자라는 모습도 보고 스스로 길러보게 해야 한다. 바닷가에 나가 고기잡이배에도 올라 보고 그물 잡는 일도 돕게 해야 한다. 목공소에 보내 밥상 만드는 일도 거들게 해야 한다.

우리 교육 환경이 제대로 되어 학교마다 연습림이 있고, 실습 농장이 있고, 해양 훈련소가 있고, 목공소를 비롯한 실험 실습장이 있으면 오죽 좋겠는가? 그렇다면 올 여름에는 연습림에 가서 동식물의 생태를 조사하고 약초를 캐고 계곡에서 가재를 잡고, 올 가을에는 농장에 가서 추수를 거들고 닭과 돼지를 기르고, 내년 여름에는 해양 훈련소에 가서 바닷고기를 건지고 조개를 파고, 학과 시간이 끝나거나 주말이 되면 학교 목공소나 기계 실습실에서 밥상을 만들고, 걸상을 짜고,

자동차 운전을 배우고, 선반을 깎고……. 이렇게 제 손으로 의식주 문제를 해결하는 법을 어렸을 때부터 몸에 익힐 수 있을 것이다.

꿈같은 이야기라고? 그렇지 않다. 우리의 생산력 수준으로 지금 동포의 가슴에 총부리를 맞대는 데 낭비하는 돈을 아끼고 재벌들이 독차지하고 있는 산과 들을 거두어들인다면 당장이라도 가능한 일이다. 그러나 불행하게도 현재 정치하는 사람들이나 제도교육을 좌우지하는 사람들 머릿속에는 우리 아이들의 미래가 없다. 그러니 어떻게 하겠는가? 자식 둔 죄라고 부모들이 이런 일들을 해야 한다. 혼자 힘으로는 안 된다. 힘을 모아야 한다. 서너 집, 또는 여남은 집 부모들이 모여서 아이들과 함께 일정을 짜고 갈 곳을 정해 배낭여행이라도 보내야 한다. 남자아이들이라면 자기들끼리 가도록 하는 것도 좋다.

나는 중·고등학교 시절에 혼자서 무전여행을 다녔다. 산모퉁이에서 담요를 둘둘 말고 비 맞으면서 잔 적도 있고, 굶으면서 뙤약볕 밑을 걸은 적도 있다. 그 어린 시절의 방랑이 내 몸과 마음을 튼튼하게 길러주었다고 나는 믿고 싶다. 우리 속담에 "젊어 고생은 사서도 한다."는 말이 있다. 자식들이 사서 고생하는 것을 안쓰럽게 여겨서는 안 된다. 일부러라도 시켜야 한다. 그리고 부모의 품에서 떠난 자식들을 감싸서 보호해주고 키워주는 대자연의 품에 대한 든든한 믿음을 가져야 한다. 자연처럼 위대한 스승이 따로 없으니까.

외국에서는 혼자 배낭을 메고 여행하는 여학생들도 드물지 않게 볼 수 있다. 그러나 우리 사회에서는 세상이 험한데다가 봉건적인 윤리의식 때문에 여식들을 홀로 세상에 내보내기가 망설여질 것이다. 그래도 길은 있다. 남자 어른들이 따라가거나 안심해도 좋은 곳에 미리 연락하여 그곳 사람들에게 보호를 부탁하면 된다.

이렇게 아이들에게 어려서부터 세상 구경을 많이 하도록 해야 한다. 그냥 놀러 보내서는 안 된다. 지나치게 보호해서도 안 된다. 독수리는 깎아지른 돌벼랑에 집을 짓고 사는데, 새끼가 날개를 펼 때가 되면 벼랑 끝에 세우고 등을 밀어버린다고 하지 않는가? 독수리가 제 새끼를 아끼지 않아서 그렇게 하는 것은 아니다. 그렇게 해야 독수리가 제 힘으로 살 수 있기 때문에 그렇게 하는 것이다.

아이들이 우리가 사는 땅을 구석구석 누비면서 자연의 아름다움을 가슴에 담고, 또 그 자연이 훼손되는 모습을 직접 목격하게 되면 이다음에 자라서 우리 어른들이 지금 살고 있는 것처럼 추한 모습으로 살지는 않을 것이다. 우리 아이들은 지금 입시교육 때문에 몸과 마음이 많이 병들어 있다. 병들어 있기는 부모들도 마찬가지다. 내가 아이들을 방학 동안만이라도, 단 일주일만이라도 문 밖으로 몰아내서 세상 구경 시키라고 하면 당장에 그동안 공부를 못하면 어떻게 하나 하고 걱정할 부모들이 많을 것이다. 그러나 그런 걱정은 부질없는 걱정이다. 또 어차피 아무리 밤새워 공부하더라도 열에 여섯 아이는 대학에 들어가지 못한다. 병든 몸과 마음으로 대학에 들어가느니 건강한 몸과 마음으로 대학 입시에 떨어지는 편이 아이의 먼 장래를 위해서는 더 좋을 수 있다. 앞으로 우리 아이들이 만들어나갈 새 세상에서는 학벌이나 출세보다는 튼튼한 몸과 마음이 백 배나 더 값진 것으로 평가받을 테니까.

걱정하지 마시라. 내 딸이 올해 고등학교 3학년 학생이지만 나는 그 녀석을 올 여름방학에 꼭 문 밖으로 쫓아낼 셈이다.

실험학교와 새로운 공동체

우리나라는 삼면이 바다요, 국토는 70퍼센트 넘게 산으로 이루어져 있다. 그리고 오랜 세월에 걸쳐 농업을 주업으로 삼아왔다. 우리가 잘 사는 길은 자연이 베풀어주는 여러 혜택을 제대로 누리면서 사는 길이다. 따라서 잘 살려면 들살림, 산살림, 갯살림을 잘해야 한다. 그런데 지금 형편으로는 들살림이 거덜 난 지경이고, 산살림과 갯살림도 제대로 돌볼 사람이 없는 지경이다. 이 세 가지 살림 형태가 중요한 것은 다만 우리나라에만 해당하지 않는다. 세계 어느 지역이나 이 세 가지 기본 살림이 튼튼하지 않으면 오래 살아남을 수 없다. 지난 300년 동안 기술 문명이 부추겨온 '도시 살림'의 폐해는 이루 말할 수 없이 크다.

인류 역사에서 오늘날 도시 아이들처럼 불행한 환경에서 아이들이 자란 적이 없었다. 자연과 동떨어진 인공의 외딴 섬에서 수많은 아이들의 감각과 의식이 잠들거나 죽어가고 있다. 늘어나는 청소년 범죄는 아이들을 점점 자연과 격리시켜서 살벌한 시멘트 벽에 가두어놓은 어른들의 범죄행위에 대한 보복으로 보아야 한다.

아이들을 기르는 부모들이 잊어서는 안 되는 일이 몇 가지 있다.

첫째는 아이들의 감각을 제대로 일깨워주어야 한다는 것이다. 그런데 도시의 삶에서는 이 일이 거의 불가능에 가깝다. 갓 태어나서 살갗이 부드럽고 입맛과 냄새를 생생하게 느끼며 눈과 귀가 상하지 않은 아이들에게 감각을 제대로 일깨워주는 일은 사람이 하는 일이 아니다. 그것은 자연만이 할 수 있는 일이다. 감각의 기초 정보를 자연에서 얻지 못하면 그 사람은 자라서도 자연 속에서 자연과 더불어 살 힘을 기를 수 없다. 유럽의 오래된 도시들이 곳곳에 널찍한 공원을 만들고 아이들을 그 안에서 뛰어놀게 하는 것은 살벌한 도시 안에서나마 아이들에게 자연과 가깝게 해서 감각이 비뚤어지지 않게 하려는 배려라고 보아도 좋다. 도시 사회를 건설한 우리나라의 지배 세력의 의식 속에는 아이들에 대한 이와 같은 최소한의 배려도 없었다. 따라서 우리의 도시는 모두 죽음의 땅이 되어버렸다. 이 죽음의 땅에서 벗어나는 길을 찾자는 것이 새 학교를 중심에 둔 새로운 공동체를 건설하려는 동기의 하나라고 할 수 있다.

둘째는 아이들을 충분히 놀려야 한다는 것이다. 아이들 문화는 놀이 문화다. 아이들은 노는 가운데 일할 힘을 기르고 공동체의 성원으로 자란다. 아이들 놀이는 혼자 방에 누워 빈둥거리는 것이 아니다. 가장 좋은 아이들 놀이터는 자연이다. 이 놀이터에서 아이들은 떼 지어 논다. 놀되 그냥 노는 것이 아니라 일정한 규칙을 만들면서 논다. 이 규칙은 어른들이 정해놓은 것일 수도 있고 아이들 스스로 만들어낸 규칙일 수도 있다. 그러나 어떤 경우이든 아이들이 자기네 것으로 받아들인 것이다. 따라서 이 놀이의 규칙을 따르는 것이나 만드는 것이나 고치는 것이나 모두 자기들 생각대로 한다. 노는 가운데 아이들의 감각과 신체 운동은 통일을 이루고 사회성은 북돋워진다.

노는 아이들을 보면 쉴 새 없이 손발을 '놀리고' 온몸을 '놀린다.' 이 과정을 통해서 손 따로 발 따로 몸 따로 놀던 운동 감각의 통일이 이루어지고 생각에 따라 손발과 몸이 움직이게 된다. 일을 할 준비가 이루어지는 것이다. '부지런히 일한다' 는 뜻으로 쓰이는 우리말이 '손발을 열심히 놀린다' 로 표현되는 것은 우연이 아니다. 손을 열심히 '놀리고' (놀게 하고) 발을 열심히 '놀리고' (놀게 하고) 온몸을 열심히 '놀려야' (놀게 해야) 일을 잘할 수 있다.

셋째는 끼리끼리 어울리게 해야 한다는 것이다. 일정한 나이가 지나서도 혼자 노는 버릇이 있는 아이를 둔 부모는 그 아이를 눈여겨보아야 한다. 특수한 경우가 아니라면 자폐 증세가 있는 아이를 빼고는 혼자 놀려는 아이가 거의 없다. 아이들은 또래들이 함께 어울려 끼리끼리 논다. 함께 놀면서 말도 배우고 사회성도 기르고 올바른 행동거지가 무엇인지도 깨닫는다. 그리고 이기심을 억제하고 욕심을 없애는 법도 배운다. 어른의 금지 명령이나 설득은 아이들이 말귀가 열리는 나이에 이르지 않으면 공염불일 뿐이다. 도리어 아이의 가장 훌륭한 선생은 그 아이보다 한두 살 더 많은 언니나 오빠다. 아이들 세계와 어른들 세계는 다르다. 따라서 어른들 삶의 규범은 일정한 변형을 거치지 않으면 아이들에게 받아들여지지 않는다.

넷째는 자유롭게 느낌과 생각을 드러내도록 부추겨주어야 한다는 것이다. 아이들은 형태보다 소리에 더 민감하다. 처음에 개를 보고 네 발짐승의 특징을 구별하기 시작한 어린애는 한참 동안 소를 보아도 개라고 하고 말을 보아도 개라고 한다. 그러다가 세부적인 차이를 가려볼 나이가 되어야 비로소 말을 말이라 하고 소를 소라고 한다. 그러나 소리로 사물을 식별하는 능력은 훨씬 더 빨리 자란다. 그래서 개를 개라고 하는 것보다 '멍멍이'라고 하면 더 빨리 알아보고, 고양이보다는 '야옹이'가, 닭보다는 '꼬꼬'가 훨씬 더 빨리 아이들에게 말과 사물의 관계를 깨우쳐준다.

그리고 같은 사물이라도 움직이고 있는 모습이 움직이지 않는 모습보다 훨씬 더 아이들의 눈에 잘 띈다. 그래서 의성어와 의태어, 그리고 여기에 따르는 소리 흉내와 몸짓 흉내가 아이들의 놀이 문화의 큰 부분을 차지한다. 노래하고 춤추는 것은 아이들이 자기를 둘러싼 자연 세계, 그 가운데서도 생명 세계에 동화하고 그 세계를 이해하는 자연스러운 경로라고 할 수 있다. 이 소리 흉내와 몸짓 흉내가 바탕이 되어 아이들의 신명이 자란다. 손의 특수 기능을 요구하는 그림 그리기는 아이의 손동작이 어느 정도 자유로워지고 난 뒤에야 시작되는데, 손동작이 자유로워지고 난 뒤에도 손과 눈의 협응관계는 귀와 입의 협응관계보다 뒤늦게 이루어진다고 보아야 한다.

어쨌거나 아이들은 자기가 감각기관을 통해서 받아들인 만큼, 그리고 놀이를 통해서 손과 발과 몸을 자유롭게 움직일 수 있는 만큼 표현한다. 그런데 도시의 환경은 아이들의 감각기관을 제대로 성장시키는 데 큰 장애가 된다. 그리고 마음 놓고 뛰놀고 뒹굴 곳이 없는 도시 공간은 아이들의 몸동작을 크게 제약한다. 이런 악조건 속에서 자라는 아이들이 자유롭게 자기표현을 할 수 있기를 기대하는 것은 삶은 밤에 싹 나기를 기다리는 것이나 진배없다.

살갗도 혀도 코도 귀도 눈도 형태만 남아 있을 뿐 기능이 극도로 퇴화해버린 위에 손발조차 제대로 놀리지 못하고 같이 놀 동무 하나 없이 산송장이 되어 홀로 버려진 아이들에게 새로운 삶터에서 새로운 삶의 방식(이것은 옛날에는 모든 아이들에게 어린 시절부터 허용된 자연스러운 것이었지만 요즈음에는 도시 밖 외딴 시골에서 자라는 몇몇 아이들만 누릴 수 있는 삶으로 되어버렸다.)을 익히도록 하여 다음 세상이 이 아이들 손으로 건설되도록 하자. 그래서 인류를 도시 문명의 재난으로부터 구해내자는 것이 새 학교, 새로운 공동체를 꿈꾸는 사람들의 염원이다.

내 손으로 찾는 소리와 빛의 세계

나는 음치다. 음치의 비극은 누구보다도 더 노래 부르기를 좋아하는 것이다. 내가 처음으로 피아노라는 악기를 만난 것은 중학교 입학 시험 때였는데, 음악 선생님이 초등학교 교과서에 나오는 노래 한 소절을 뚱땅거리더니 곡 이름을 대라는 것이었다. 그 악기에서 나오는 소리가 초등학교에 다닐 적에 만날 들었던 풍금 소리와 너무나 달라서 나는 음을 구별할 수 없었다. 나중에야 그 곡이 '장다리 꽃밭에서 봄 나비 한 쌍'으로 시작되는, 내가 늘 부르던 노래였다는 것을 들어 알았다. 그 뒤로 나는 내가 음악을 가르치면, 우리 선생님들이 나를 가르쳤던 것과는 다른 방식으로 가르치겠다는 주제넘은 생각을 하게 되었다.

우리를 둘러싼 세계는 소리로 가득 차 있다. 시골이라면 앞산이나 뒷산에서 서로 소리를 주고 받아가며 우는 소쩍새나 꾀꼬리 울음, 강아지가 멍멍 짖는 소리, 그 밖에 온갖 가축의 울음으로부터 풀벌레 우는 소리, 나무숲이나 들판을 지나는 바람 소리, 시냇물 흐르는 소리, 번개 치고 난 뒤의 천둥소리 같은 것이 끊임없이 우리의 귀청을 두드릴 것이요, 대도시라면 자동차 구르는 소리, 호루라기 소리, 철판 두드리는 소리, 철로로 기차 지나가는 소리, 그 밖에 온갖 기계음과 인공적인 소리가 우리의 귀를 가득 채울 것이다. 귀를 기울이든, 기울이지 않든 태어나서 죽을 때까지 정상적인 청각을 가진 사람은 늘 소리에 둘러싸여 살아간다.

우리가 말을 배우고 노래를 배우는 것은 우리 귀에 들리는 소리를 가리는 일에서부터 시작한다. 사람 소리 다르고, 개 소리 다르고, 새 소리 다르다. 밥솥에서 김 오르는 소리 다르고, 대문에서 울리는 초인종 소리 다르다. 같은 엄마의 목소리라도 어를 때 목소리 다르고, 야단칠 때 목소리 다르다. 갓 태어난 아이는 얼마 지나지 않아 귀청을 울리는 이 모든 소리 가운데 자기의 삶에 도움이 되는 소리와 삶을 위협하는 소리를 가려듣게 된다. 화난 어머니의 신경질적인 쇳소리는 위협적으로 들린다. 눈을 들여다보면서 웃는 얼굴로 '까꿍' 하는 소리는 따뜻하게 울린다.

말을 배운다는 것은 소리에 일정한 규칙이 있다는 것을 깨우치는 것이다. 그리고 이러한 규칙은 말에 뜻을 담으려고 만들어졌다는 것을 아는 것이다. '엄마'와 '아빠'는 같은 입술소리로 이루어져 있지만 소리에 차이가 있고, 이 차이는 자기에게 늘 젖꼭지를 물리는 사람과 한 번도 가슴을 열고 젖을 주어본 적이 없는 사람의 차이로 연결된다. 이처럼 소리의 차이는 대상의 차이를 드러낸다. 우리는 소리를 통해서 사물의 본질을 아는 경우도 많다. 우리는 눈에 보이지 않는 염소와 소를 울음소리로 구별한다. 놋그릇과 유리그릇의 차이도 소리로 알 수 있다. 더 나아가서 이러한 사물의 질적인 차이뿐만 아니라 양적인 차이까지도 소리를 통해서 가려볼 수 있다. 크기가 똑같은 유리컵에 저마다 다른 양의 물을 넣고 젓가락으로 컵 가장자리를 두드리면 컵마다 다른 소리를 낸다.

아이들을 소리의 세계로 이끄는 것은 어려운 일이 아니다. 막대기를 쥔 손으로 아무것이나 두들겨보도록 하는 것으로 시작할 수도 있다. 책상 모서리가 이지러지고 유리창이 한두 장 깨질지도 모르지만, 그리고 온 교실이 온갖 잡음으로 가득 찰지 모르지만, 해볼 만한 시도다. 두들기고 나면 긁어보게 한다. 그 다음에는 여러 가지 줄을 매달아놓고 퉁겨보게 한다. 그 다음에는 이것저것 불어보게 한다. 두들길 때나 퉁길 때와는 달리 불 때는 소리가 나도록 신경을 써주어야 할 필요가 있다. 소리의 질적인 차이와 양적인 차이를 아이들이 깨우치고 나면 이어지는 소리를 이런저런 방식으로 끊어내는 방법을 일깨워준다. 이때 자연에서 들을 수 있는 소리에 맞추어 끊어낸다면 기억하기도 쉬울 뿐만 아니라 흥겨움을 더해줄 것이다. 고양이는 야옹야옹, 암탉은 꼬꼬댁 꼬꼬 꼬꼬댁 꼬꼬, 수탉은 꼬끼요오 꼬끼요오, 강아지는 멍멍 멍멍멍 멍멍 멍멍멍, 소쩍새는 쑥꾹쑥꾹 쑥꾹쑥꾹, 제비는 지지배배 지지배배 하는 식으로 장단과 가락을 나눌 수 있다. 아이들 손에 꽹과리와 징과 북 같은 타악기, 피리나 날라리나 퉁소 같은 관악기, 해금이나 거문고나 가야금 같은 현악기를 들려주는 것은 그 다음 일이다.

또 노래를 가르칠 때는 느낌은 뜻을 따라가야 한다는 것을 일러줄 필요가 있다. 다시 말하면 가락은 가사를 따라가야 한다는 뜻이다. 그런데 노랫말은 말로 이루어져 있고 말은 소리를 일정한 장단과 가락으로 끊어서 만들어냈으므로 그 장단과 가락을 어기면 뜻을 알 수가 없다는 것을 일러주어야 한다는 것이다. 그동안 우리나라에서 이름난 성악가로 알려진 사람들이 배운 발성법이라는 것이 우리말의 가락과 장단에 상관없는 이른바 벨칸토 창법인데, 이 벨칸토 창법은 이탈리아어 가락과 장단에 따라 부르는 창법이다. 우리말을 외국 말 가락과 장단에 따라 늘였다 줄였다, 높였다 낮추었다 하니 듣는 사람 귀에 가사가 전달될 리가 없고, 가사가 전달이 안 되니, 그 노래에 무슨 뜻이 담겨 있는지 알 턱이 없다. 이와는 달리 판소리 창법은 이른바 벨칸토 창법보다 훨씬 웅숭깊고 갈라지고 쉬어터진 것이지만, 옛말과 요즈음 말이 달라서 못 알아들을 대목은 있을지언정 생판 낯선 구석은 없다.

북녘에서는 어릴 때부터 음악교육을 철저히 시켜서 한 사람이 적어도 악기 하나는 마음대로 가지고 놀도록 하고 있다는데, 악기를 마음대로 가지고 노는 사람이 음치일 리는 없다. 어떤 사람은 음치가 타고난다고 하기도 하고, 한번 음치는 영원한 음치라고도 하지만, 나는 내가 어린 시절에 소리의 세계에 잘못 접어들어서 음치가 된 것이지 음치로 타고나서 구제불능성 음치가 되었다고는 믿지 않는다. 아무렴, 절대로 그렇게 믿지 않고말고! 말을 배울 능력이 있는 사람은 모두 노래를 배울 수 있다. 문제는 아무도 어머니가 아이들을 말의 세계로 이끌 때 지니는 사랑으로 아이들을 음악의 세계로 이끌지 않는다는 데 있다.

눈이 멀쩡해도 빛이 없으면 우리는 이것저것을 가려볼 수 없다. 이것저것을 가려보는 것은 살기 위해서 꼭 필요하다. 벼랑에 선 사람이 땅과 허공을 가려보지 못하면 몇 길 몇십 길 낭떠러지 아래로 떨어져 즉사할 수도 있다. 밤이 되면 사람뿐만 아니라 대부분의 짐승들이 활동을 하지 않는 것은 빛이 없어서 이것과 저것을 가릴 수가 없고, 그에 따라 살길이 막히고 죽을 길이 열리기 때문일 것이다. 올빼미 같은 짐승은 밤에도 나다니지 않느냐고 묻는 사람에게는, 올빼미도 눈으로 이것과 저것을 가려보는데, 빛이 아예 없으면 눈은 아무짝에도 쓸모없는 것이라, 우리 눈에는 안 보이는 빛이 올빼미 눈에는 보이기에 그러는 것 아니겠느냐는 대답으로 충분하다.

돌이 지나면 아이들은 벌써 낙서를 시작한다. 처음에는 아무 생각 없이 한다. 연필이나 크레파스를 쥐고 방바닥이나 벽에 문질렀더니 이제까지 없던 줄이 생겼다. '어? 이거 재미있는데!' 낙서는 이렇게 시작된다. 그 다음에는 차츰차츰 의식적이 되고, 벽에 달걀귀신 모습이 그려진다. 아이가 연필로 동그라미를 그리는 것은 아이에게 대단히 힘든 일이면서 아주 뜻깊은 일이기도 하다. 아이는 동그라미를 그림으로써 텅 빈 공간에서 무엇인가를 도려낸 것이다. 동그라미 때문에 동그라미 안에 있는 것은 동그라미 밖에 있는 것과 완전히 구별되었다. 이제까지 아이는 이것과 저것이 다르다는 것을 눈으로만 가려보았는데, 이제 제 손으로 이것을 저것으로부터 떼어낼 수 있게 되었다. '이건 대단한 일이야! 난 이걸 그렸는데. 그래, 이건 엄마 얼굴이야!' 이 동그라미는 아이에게 가장 소중한 엄마 얼굴이 되었다가 곧이어서 아빠도 되고, 고모도 되고, 강아지나 고양이도 된다.

글이 고도로 추상화된 그림이라는 사실은 누구나 잘 알고 있다. 눈이 없으면 글도 없다. 그러나 동시에 손이 없어도 글이 없다. 글은 눈과 손이 잇대어지는 데서 생겨난다. 우리 조상들은 소를 나타낼 때 우리처럼 '소'라고 쓰는 대신에 바위에 소의 모습을 그리거나 아로새겼다. 짐승을 나타낼 때는 그 짐승이 내는 소리를 듣고 사람이 그 짐승 소리를 내어 무슨 짐승인지 나타내기도 했다. 또 짐승 소리를 내면 그 짐승을 그린 그림을 보고 그 소리가 그림 속의 짐승이 내는 소리라는 것도 알았다. 그러나 눈과 귀가 하나로 이어져서 귀에 들리는 것을 모두 그림으로 바꾸거나 눈에 보이는 것을 모두 소리로 바꿀 수 있다는 생각은 못했다. 이를테면 소나무는 입이 없어서 소리를 못 내기 때문에 강아지를 '멍멍이'라고 부르듯이 소나무를 그렇게 부를 수는 없었다. 다른 온갖 식물들도 마찬가지였다. 아이들이 말을 먼저 배우고 글을 나중에 배우듯이, 인류도 말로 이것저것을 나타내 버릇한 것이 훨씬 빨랐다. 글은 공동체의 단위가 커지고 멀리 떨어진 곳에 사는 사람들끼리 의사소통할 필요가 생기면서 도시에서 발생했다.

귀에 들리는 소리를 입으로 옮기는 것은 그래도 쉽지만, 눈에 보이는 것을 손으로 옮기는 것은 쉽지 않다. 어린애가 땅바닥에 금을 긋는 것은 새로운 것을 드러내는 작업이다. 손에 쥔 댓가지를 땅에 대고 움직이자마자 이제까지 볼 수 없었던 새로운 선이 생겼다. 처음에는 잇달아 생겨나는 이 새로운 선에 매혹되어 아무렇게나 금을 긋는다. 그러다가 일정한 단계에 이르면 눈이 가려보던 이것과 저것을 손으로 옮겨놓을 수 있다는 가능성을 발견한다.

크기를 가지고 있는 것은 동시에 형태가 있다. 한 사물의 형태는 그 사물이 끝나는 곳에서 드러난다. 그 사물이 끝나는 곳은 그 사물의 한계선이다. 모든 사물은 이 한계선을 가지고 있다. 따라서 모든 사물은 그 사물이 끝나는 한계선을 그림으로써 그림으로 옮길 수 있다. 아무 한계선도 없는 빈 공간에 금을 그음으로써 새로운 한계선을 만들어내는 이 작업은 따지고 보면 노동의 시작이다. 또 과학의 시작이다. 물질을 가공하면 이제까지 그 물질에 없었던 새로운 선이 드러난다. 우리는 그 가공물의 한계선을 보고 그것을 그릇이나 책상이나 집이라고 부른다. 물리학자들은 물질을 더 작게 더 작게 자꾸 쪼개왔다. 물질을 쪼개면 이제까지 드러나지 않았던 새로운 한계선이 드러난다. 물질의 구조는 그 물질에서 드러낼 수 있는 한계선이 늘어남에 따라 더 세밀하게 드러난다.

어린애는 처음에는 아무렇게나 긋던 금에 곧 일정한 질서를 부여한다. 다시 말하면 모든 선이 우리가 눈으로 보는 사물의 한계선이라는 것을 깨우치면서 그 선으로 사물을 드러내려고 드는 것이다. 흔들리는 선으로 삐뚤빼뚤 동그라미 비슷한 것을 그려놓은 아이에게 "그게 뭐니?" 하고 물으면 자랑스럽게 '엄마'나 '강아지'라고 대답하는 것을 볼 수 있다. 이때 "무슨 강아지가 이렇게 생겼니?" 하고 핀잔을 해서는 안 된다. 생텍쥐페리는 《어린 왕자》에서 코끼리를 삼킨 보아 뱀을 그렸다가 어른들이 "모자를 그린 거냐?" 하고 묻는 바람에 다시는 그림을 그리지 않게 되었다고 고백한 적이 있다. 아이들이 그리는 그림은 어른의 눈으로 보기에 잘 그렸건 잘 그리지 못했건 모두 아이들의 자주성과 창조성이 담겨 있다. 두 살짜리 아이가 아무렇게나 그려놓은 듯싶은 비뚤어진 동그라미도 그 아이의 눈으로 보기에는 영락없는 어머니의 모습이다.

아이들은 그림을 그림으로써 다만 눈에 보이는 세계를 화폭에 옮겨놓는 것이 아니라 그 그림에 자기가 느끼는 즐거움과 슬픔, 무서움, 꿈, 흥미, 욕구 같은 것을 담고 생각을 불어넣는다. 아이들의 그림에는 아무리 못 그린 그림이라도 어른의 눈에는 이미 보이지 않게 된 세계의 내적인 질서가 다양한 형태로 드러난다. 아이들의 손으로 화폭에 그려진 선 가운데 어느 것도 의미가 담기지 않은 것이 없고, 느낌이 담기지 않은 것이 없다. 폭우로 집을 물에 떠내려 보낸 아이의 눈에 빗방울은 주먹만 한 크기로 보이는 것이다. 그 아이의 그림을 보고 "바위가 굴러 내려서 집이 짜부라진 거니?" 따위로 이야기해서는 안 된다.

언젠가 홍수로 마을이 물에 잠긴 적이 있는 동네 아이들에게 그 동네의 빈 시멘트 담벼락에 벽화를 그리도록 이끈 어떤 미술학도의 이야기를 들은 적이 있다. 그이가 보여준 벽화는 바로 그 홍수 난 날의 광경을 그린 것이었는데, 나는 이제까지 훌륭한 화가로 자처하는 어른들의 그림 중에서도 그만큼 감동적인 그림을 본 적이 없다. 그래서 그이에게 아이들을 어떻게 지도했기에 이렇게 훌륭한 그림을 그릴 수 있게 되었느냐고 물었다. 그랬더니 그이가 말하기를, 자기는 그 아이들의 심부름만 열심히 했다는 것이다. 시키는 대로 물감을 섞어주고, 시멘트 벽에 연필로 밑그림을 그리는 아이들에게 순식간에 닳아버리는 연필심을 열심히 깎아주고, 의자 위에 올라가 그림 그리는 아이의 몸이 흔들리지 않도록 의자를 붙들어주고 하는 일이 자기가 한 일이었다는 것이다. 그러면서 "훌륭한 미술 교사란 아이들의 연필을 열심히 깎아주는 사람"이라는 말로 이야기를 추슬렀다.

그렇다! 훌륭한 미술 지도는 아이들의 생각과 느낌의 흐름이 방해받지 않고 화폭 위에 자유롭게 흐르도록 돕는 역할에 충실해야 한다. 아이들은 누구나 그림 그리기를 좋아한다. 아이들은 저마다 자기의 느낌과 생각, 소망과 욕구를 선과 색채로 나타낸다. 아이들의 그림에는 잘 그리고 못 그린 그림이 없다. 다른 아이들에 견주어 깨우치는 과정이 더디기 때문에 꼴찌로 불리는 아이들도 그리는 일에 즐거움을 느끼고 열심히 그리면 그 그림은 그 나름으로 훌륭한 그림이 된다. 내 마음속에는 한 교실의 모습이 떠오른다.

"자, 책상을 한번 만져봅시다. 느낌이 어때요? 딱딱한가요? 차가운가요? 여러분의 느낌을 색깔로 나타내보세요. 어떤 색깔이 차갑게 느껴질까요? 그 다음에는 옆에 있는 동무의 손을 잡아봐요. 느낌이 어떤가요? 따뜻하다고요? 이 악기에서 나는 소리를 가만히 들어보세요. 소리가 똑똑 끊어지나요? 부드럽게 이어지나요? 선으로 나타내 봅시다. 이 음악을 듣고 그림을 그려보세요……."

이처럼 우리가 눈으로 보는 세계뿐만 아니라 만지고, 듣고, 냄새 맡고, 혀로 맛보아서 아는 세계까지 아이들이 그림으로 나타내도록 아이들의 감각 세계를 넓혀주는 일도 미술교육 과정에 들어 있어야 한다. 이렇게 해서 어떤 아이의 그림에서는 징 소리를 듣고, 어떤 아이의 그림을 보고는 매운 맛을 느낄 수 있도록 되어야 한다.

내 마음속에는 잇달아 또 하나의 광경이 떠오른다. 서울을 비롯한 모든 도시의 황량한 담과 건물과 고가도로 천장에 어린아이부터 할아버지까지, 그 도시에 사는 모든 사람들이 달라붙어서 벽화를 그리는 장면이다.

나는 음치에다 그림도 못 그리는 사람이다. 내가 음치인 까닭은 악보에 그려진 고정된 음의 체계를 도무지 있는 그대로 재현할 수 없다는 데 있다. 겉으로는 "똑같은 음을 열 번이고 스무 번이고 그대로 되풀이해서 부르는 것이 무슨 예술이람!" 하고 허세를 부리지만, 그것은 열등감의 표현에 지나지 않는다.

  나는 어려서 만화가가 되고 싶었다. 그래서 만화에 나오는 주인공을 열심히 베꼈다. 그 다음에는 미술 책에 나오는 화가들의 그림을 베꼈다. 그 어느 것도 제대로 베껴지지 않았다. 나는 힘만 들고 성과가 없는 이 노릇을 그만두면서 그림 그리는 일도 그만두었다. 그렇지만 좋은 노래를 들으면 따라 부르고 싶고, 나도 좋은 노래를 작곡할 수 있으면 하는 소망은 아직까지도 버리지 못하고 있다. 음악을 사랑하는 마음이 없어서 음치인 것은 아닌 것이다. 또 나는 내가 좋아하는 사람의 모습이나 내가 기억해두고 싶은 장면을 머릿속에만 말고 화폭에도 담고 싶다는 생각을 해본 적도 한두 번이 아니다. 그러나 나는 그런 그림이 사실적이어야 하고, 사실적이라는 것은 사진으로 찍어놓은 것과 같은 것이라는 선입관 때문에 그리지 못하고 있다. 그런 점에서 나는 동그라미 하나 그려놓고 그것이 엄마의 모습이라고 자랑스러워하던 어린 시절의 세계에서 멀리 벗어나 있는 것이다.

  우리의 아이들만은 음악 교과서에서 처음으로 음의 질서를 발견하거나 미술 교과서에서 형태와 색채를 배우는 그런 불행을 맛보지 않아야 한다. 어른들은 아이들이 자기를 둘러싼 구체적인 삶의 세계에서 살아 있는 소리와 빛을 자기 힘으로 발견하도록 도와야 한다. 아이들이 자기들의 귀와 눈으로 늘 새로워지는 소리의 세계와 빛의 세계의 질서를 찾아내고 자기 손으로 빚어내도록 길러야 한다. 그래서 우리의 미래 세대는 질서와 조화가 생활화된 삶의 공간에서 자주적이고 창조적인 문화를 형성하는 주체로 살아가야 한다.

꿈이 있는 공동체 학교

윤구병 지음

1판 1쇄 발행일 2010년 2월 8일
1판 2쇄 발행일 2011년 7월 18일

발행인 | 김학원
편집인 | 선완규
경영인 | 이상용
편집장 | 위원석 정미영 최세정 황서현
기획 | 나희영 임은선 최윤영 김은영 박정선 조은화 김희은 김서연 정다이
디자인 | 김태형 유주현
마케팅 | 이한주 하석진 김창규 이선희
저자·독자 서비스 | 조다영 함주미(humanist@humanistbooks.com)
스캔·출력 | 이희수 com.
용지 | 화인페이퍼
인쇄 | 청아문화사
제본 | 정민제본

발행처 | (주)휴머니스트 출판그룹
출판등록 | 제313-2007-000007호(2007년 1월 5일)
주소 | (121-869) 서울시 마포구 연남동 564-40
전화 | 02-335-4422 팩스 | 02-334-3427
홈페이지 | www.humanistbooks.com

ⓒ 윤구병 2010

ISBN 978-89-5862-304-5 03810

만든 사람들

기획 | 선완규(swk2001@humanistbooks.com)
편집 | 김선경 임미영
디자인 | 민진기디자인